运动人体科学概论

周　越　著

北京体育大学出版社

策划编辑　钱春华
责任编辑　钱春华
审稿编辑　李　飞
责任校对　张　洋
版式设计　杨建莉
责任印制　陈　莎

图书在版编目（CIP）数据

运动人体科学概论/周越著. －北京：北京体育大学出版社，2012.11
ISBN 978－7－5644－1207－4

Ⅰ. ①运…　Ⅱ. ①周…　Ⅲ. ①人体运动－人体学－高等学校－教材　Ⅳ. ①G804

中国版本图书馆 CIP 数据核字（2012）第 266785 号

运动人体科学概论　　　　周　越　著

出　　版　北京体育大学出版社
地　　址　北京海淀区信息路 48 号
邮　　编　100084
邮 购 部　北京体育大学出版社读者服务部 010－62989432
发 行 部　010－62989320
网　　址　www. bsup. cn
印　　刷　北京昌联印刷有限公司
开　　本　787×1092 毫米　1/16
印　　张　13

2012 年 12 月第 1 版第 1 次印刷
定　价　35.00 元
（本书因装订质量不合格本社发行部负责调换）

序

运动人体科学是研究体育运动与人体的相互关系及其规律的学科群。它包括运动解剖学、运动生理学、运动生物力学、运动生物化学、运动心理学、体质测量与评价、保健康复学及运动医学等学科，是体育学领域的重要基础学科。

掌握和正确运用运动人体科学的基本理论、基础知识和基本技能可以有效地指导运动训练和科学健身。新中国成立以来，我国运动员取得了举世瞩目的成绩。在金牌背后，不仅有运动员的拼搏、教练员兢兢业业的奉献、管理者细致入微的工作，同时也凝结着体育科学工作者的辛勤汗水。运动人体科学知识在竞技体育中的运用，为运动员科学训练提供了可靠的保障。

全民健身的发展水平是一个国家体育发展水平的重要标志。全民健身对提高劳动者的全面素质，建立科学、文明、健康的生活方式，促进竞技体育与群众体育的协调发展，推动社会主义物质文明和精神文明建设等，都将产生积极的作用。运动人体科学在指导全民健身方面发挥了重要作用。

目前，体育院校开设专业逐渐增多，如开设了体育新闻、体育管理、体育外语等专业。这些体育人文社会科学专业的学生需要掌握必要的运动人体科学初步的理论和基本知识，以便深入理解竞技体育、全民健身活动中无处不在的运动人体科学知识对运动训练和运动健身的重要性，并用这些基本理论和基础知识指导自己的工作。

为了满足体育人文社会学各专业学生教学和学习的需要，周越教授编写了《运动人体科学概论》一书。在编写本书的过程中，北京体育大学运动人体科学所属各学科的专家、教授给予了大力的帮助和指导，使全书的内容和结构不断丰富和完善。该书概括了运动解剖学、运动生理学、运动生物力学、运动生物化学、运动心理学、体质测量与评价、保健康复及运动医学等学科的主要知识体系，介绍了运动人体科学的基本理论、基础知识和基本方法。该书的内容丰富、深入浅出、通俗易懂、图文并茂，是一本很好的学习指导和教学参考书。

相信本书的出版有助于读者全面、正确地认识和了解运动人体科学的知识体系，为体育人文社会学各专业教学和学习提供非常有价值的教学参考书和学习指导书，为我国体育事业的发展作出贡献。

王瑞元

2012 年 7 月于北京

前言

运动人体科学是体育学一个重要的组成部分和理论基础，它是了解人体、深入认识体育运动与人体相互影响的重要桥梁，是竞技体育中指导运动训练、提高运动成绩的科学保障。

通过本课程的学习力求使体育院校中非体育专业学生了解运动人体科学各学科的任务、研究内容、研究现状以及发展趋势，了解运动人体科学在体育科研、专业训练及全民健身中的应用。在此基础上使学生对运动人体科学具有基本的了解与认识，为今后从事相关工作打下基础。

本书在整体编排上体现出运动生理学、运动生物化学解决竞技体育中的体能问题；运动解剖学、运动生物力学解决竞技体育中的技术问题；体育保健和运动医学解决竞技体育中的伤病问题；运动心理学解决竞技体育中运动员的赛场表现问题等。同时也兼顾体育教育和全民健身过程中所涉及的一些内容。

本书在编写过程中力求做到清楚和全面的解释关键概念、重要的基础知识。通过相关理论的举例和思考题的设计，以使学生达到学以致用和理论联系实际的目的，为相关专业的读者打开全面认识体育科学的新视野。

在全书的编写过程中，相关章节的撰写工作得到了北京体育大学运动解剖学教研室主任罗冬梅教授、运动生物化学教研室主任曹建民教授、运动医学教研室主任王琳教授、运动生物力学教研室主任曲峰教授、运动心理学教研室主任毛志雄教授的帮助与指导；曹春霞、刘阳为本书完成了大部分的图片制作和后期处理工作。在此表示深深的谢意。

周　越

2012 年 7 月

目录

第一章 绪 论

提要

本章介绍了我国运动人体科学的发展过程及研究特点，同时也介绍了运动人体科学的学科组成及其研究应用范围。最后介绍了与运动人体科学相关的研究机构及学术组织等。

第一节 运动人体科学的特点

运动人体科学（sports science，human movement science，Kinesiology）是应用人体解剖学、生理学、营养学和体育保健学、生物力学、心理学等多种人体科学学科理论和方法研究体育运动对人体形态结构、生理功能、心理状况的影响，以及体育运动中的技术表现与保健规律的综合性科学知识体系，是体育运动实践中重要的基础理论。

运动人体科学是研究体育运动与人的机体的相互关系及其规律的学科群，包括运动解剖学、运动生理学、运动生物力学、运动生物化学、保健康复及运动医学和运动心理学等学科。运动人体科学为科学地开展全民健身和竞技体育活动提供依据。

一、运动人体科学学科的发展

我国运动人体科学专业是从研究生教育开始的，1954 年 2 月，北京体育大学前身中央体育学院先后聘请了前苏联专家进行运动生理、运动解剖、体育卫生等运动人体科学专业硕士研究生的培养。恢复高考后，1978 年原北京体育学院成立基础理论系，开始培养运动人体科学有关的各专业本科生。1988 年 30 多所体育院校、师范院校相继开设运动人体科学专业。1990 年我国体育院校培养的第一个运动人体科学方向博士生获得学位。

1998 年国家教育部对高等学校本科专业设置进行调整，教育部原先布点的两个体育类学科专业：体育生物科学基础专业、体育保健与康复专业合并为运动人体科学专业。2004 年经国家教育部同意、备案，泰山医学院、温州医学院、赣南医学院、山东中医药大学等 6 所医学院校相继开设运动人体科学专业。现在国内运动人体科学相关专业的毕业生已遍布于国内体育科研所、体育院系、体育运动中心（原省体工大队）、医院康复科等单位，从事着体育科学研究、体育基础学科教学、运动队训练服务和康复指导等工作。

二、学习运动人体科学的意义

学习和掌握运动人体科学的基本理论和方法，可以合理解释和科学对待体育教学和运动训练中所遇到的身体机能反应，正确认识机体运作规律，从而防止运动伤害的发生，提高体育教学和运动训练的科学性和有效性，提高体育锻炼的自觉性和生活质量，提高运动竞技水平。学习和掌握运动人体科学的基本理论和方法，也为国家的奥运争光计划和全民健身计划的实施提供理论指导。

运动人体科学是从事教练、运动营养与运动伤害防护师、体育科学研究人员、全民健身指导员、体育师资以及其他相关专业技术工作的专门人才必备的基础理论知识。

三、运动人体科学学科的研究特点

体育科学是研究和揭示利用体育的方法与手段，全面提高、改善和发展人类身体、心理和社会特性的规律的一类学科群。体育科学可以分为体育社会科学和体育自然科学。

（一）体育社会科学与运动人体科学的研究特点比较

体育社会科学是从社会本质上来把握体育的特征、功能、手段、途径等。体育社会科学主要分析体育现象及其与其他社会现象相互作用关系的学科。体育社会科学多宏观研究，研究主体不仅有科研人员，政策制订者、管理人员也很容易作为研究主体直接介入研究，体育社会科学研究成果多需首先被体育领导人接受，转化为政策法规，而后形成生产力。体育社会科学所应用的研究方法主要为访谈法和调查法（问卷调查、电话调查、网上调查）以及案例分析、观察法和理性思维法分析等社会学方法，以定性分析为主。

运动人体科学主要属于体育自然科学领域。体育自然科学的研究对象主要是运动环境中的人体与内外环境变化之间的关系。运动人体科学研究主体基本为科研人员、教练员，研究成果多直接转化为训练方法、手段或运动器材设备等应用于训练竞赛，效果较直接明显。以体育自然科学为主的运动人体科学学科研究侧重于实验法、典型分析法、数理统计法、数学模型法等，并以定量分析为主。

（二）体育社会科学与运动人体科学研究内容的比较

体育科学研究反映的是当今体育运动理论和实践的需要。

体育社会科学多以宏观研究为主。全国哲学社会科学规划领导小组曾批准立项的国家社科基金体育学重点项目，如“国际体育科学研究新进展与我国体育科学理论创新研究”、“青奥会与奥运会主要特点之比较——兼论对南京青奥会的启示”、“我国体育产业发展与政策研究”等。国家体育总局曾批准的体育哲学社会科学研究重点项目，如“扩大内需背景下我国公共体育服务的发展对策研究”、“体育与城市发展关系研究”、“中国特色职业体育法制建设研究”、“我国奥运会主要对手国近年的发展变化研究”、“中国足球运动发展的制约因素及其改进措施”等等。

运动人体科学多细致微观的研究，并且大致可以分为三个方向或层面的研究。

1. 人体运动的基础理论研究

如国家自然基金委批准的研究项目“雄激素对运动骨骼肌 mTOR 信号的调控及机理”、“有氧运动诱导衰老血管功能重塑的平滑肌 K^+ 通道机制”、“有氧耐力相关功能型分子标记生物学活性研究”等。

2. 竞技体育科研攻关、运动员服务保障等研究

如国家体育总局曾评选出的第 28 届奥运会科研攻关与科技服务奖一等奖，“刘翔雅典奥运会夺金综合攻关服务”、“国家皮划艇队训练创新和科技服务体系建设”、“国家跳水队备战雅典奥运会综合科研攻关与科技服务”。

3. 全民健身方法、体质测评等方面的研究

如“中国青少年儿童身体形态、机能与素质的研究”、“儿童少年生长发育 12 年追踪研究”、“中国成年人体质测定标准的研究”、“社区居民健康促进模式的研究”、“国民体质监测”工作等。

（三）竞技体育科研攻关是多学科的综合应用

竞技体育科研攻关曾经是运动人体科学研究的主战场。科技人员与教练员紧密配合，运用多种手段随时随地对运动员身体机能、运动能力、技战术特点、健康水平以及训练方法的有效性进行监控和评定，并采取有效措施加以应对，是运动员取得优异成绩的重要因素之一。

在中国体操队备战北京奥运会的过程中，运动心理、运动生化和运动生物力学等方面的 10 多个体育科研专家成为了中国体操队中除教练之外重要的指导人员；而刘翔的科研保障团队则联合了北京和上海两地的科研专家多达数十人。据报道，在整个北京奥运备战期间参与的科研人员来自国内外 80 多个单位，共有 36 支科研团队，总人数达到 3600 人次。研究涉及运动训练的各方面，包括科学选材、专项训练规律、运动员体能恢复与运动营养、运动员心理训练、伤病防治、反兴奋剂以及比赛器材等方面。

第二节 运动人体科学的学科组成与应用

运动人体科学的学科组成有：运动解剖学、运动生理学、运动生物化学、运动生物力学、运动医学、运动心理学等。

运动人体科学在众多的体育学类学科中是重要的应用基础学科，它为体育教育学、运动训练学、社会体育学、民族传统体育学等学科提供理论基础，并促进其他学科的发展。

运动人体科学因吸收着其母学科——生物学、医学等学科的发展成果而不断发展，同时也因不断探索运动训练、全民健身活动中的各种现象和问题而完善。

一、运动解剖学

运动解剖学（sport anatomy）是人体解剖学的一个分支，它是在正常人体解剖学基础上研究体育运动对人体形态结构产生的影响和发展规律，探索人体机械运动与体育动作的关系，隶属运动人体科学范畴的一门基础学科。

运动解剖学主要研究内容：(1) 体育运动对人体器官组织形态结构影响的研究。(2) 优秀运动员身体形态特征及儿童少年运动员选材形态学基础的研究。(3) 骨骼肌形态结构和功能的研究。(4) 人体结构机械运动规律的研究。(5) 运动损伤形态学基础的研究。

二、运动生理学

运动生理学（exercise physiology）是人体生理学的分支，是专门研究人体的运动能力和对运动的反应与适应过程的科学，是体育科学中一门重要的应用基础理论学科。

运动生理学的研究任务是：在对人体生命活动规律有了基本认识的基础之上，揭示体育运动对人体机能影响的规律及机制，阐明体育教学、运动训练和运动健身过程中的生理学原理，指导不同年龄、性别和训练程度的人群进行运动锻炼，以达到提高竞技运动技术水平、增强全民体质、提高工作效率和生活质量的目的。

三、运动生物化学

运动生物化学（exercise biochemistry）是生物化学的一门分支学科。生物化学是从分子水平来研究生物体内基本物质的化学组成和在生命活动中所进行的化学变化规律以及与生理机能的关系的一门科学。

运动生物化学着重于研究生物体在进行运动时体内发生的化学变化（代谢反应）以及进行体育锻炼引起体内分子水平适应性变化的一门学科。

运动生物化学和运动生理学关系极为密切，共同探讨运动时生命现象的本质，运动生物化学着重于从代谢的分子水平进行研究，运动生理学更多是从器官系统的角度进行研究，但二者关系密切，常不易完全划分清楚。

运动生物化学与运动医学、体育保健、康复医学间的联系也十分紧密。代谢过程的异常必然表现为疾病，如过度训练和体内代谢异常有密切的关系。脂质代谢异常与肥胖病、冠心病、动脉粥样硬化的发病也有密切的关系。

四、运动医学

运动医学（sports medicine）是医学与体育相结合的一门综合性应用科学。它既属于体育科学的范畴，也属于医学科学范畴。运动医学主要研究与体育运动有关的医学问题。

运动医学主要内容包括：医务监督、运动损伤、运动性疾病、运动卫生、按摩和医疗体育几部分。

运动医学主要任务是：(1) 研究体育运动参加者的身体发育、健康状况与机能水平，为体育教学、训练和比赛提供科学依据。(2) 研究体育教学、运动训练和比赛的组织与方法是否符合体育运动参加者的身体特点，进行医学指导与服务。(3) 研究影响体育运动参加者健康和机能的各种因素，研究慢性疾病的预防和治疗，并制定相应的卫生措施。(4) 研究运动性伤病的发生规律、防治方法与康复措施。

五、运动生物力学

运动生物力学（sports biomechanics）是以人体解剖学、人体生理学、力学的理论与方法，研究人体运动器系的生物力学特性和人体运动动作规律，并根据影响人体运动的内部和外部条件寻求人体运动技术的合理性和更佳化以及训练手段的有效性，为发展运动能力提供理论依据。

运动生物力学的主要任务：(1) 研究人体形态、结构和机能的生物力学特征。(2) 研究人体的各类动作技术，确定各种动作的技术原理，建立动作技术模式，用以指导教学、学习、训练和劳动。(3) 结合运动员、某些专业人员的个人身体形态、机能和素质等特点，研究适合个人的最佳动作技术方案，并通过动作技术诊断使之逐步完善。(4) 探索预防运动创伤、劳动损伤和康复医疗手段的生物力学依据。(5) 按照人体形态、结构和机能的生物力学特征，设计、改进运动器械、运动设施、运动服装与用具、劳动机器、器械和工具等。

研究范围包括：预防运动损伤、提高运动成绩；设备研发（如鞋、织物、游泳衣、头盔、球拍等）；技术发展改进；康复研究如伤残人的运动与假肢训练等。

六、运动心理学

运动心理学（sport psychology）是心理学的一个分支学科，它是阐明体育运动的心理学基础，研究人在体育运动中心理活动的特点及其规律的科学。

运动心理学的任务是要研究人在体育运动中认识活动的特点和规律，情感和意志表现的特点和规律以及人的个性差异（包括年龄差异、性别差异、能力差异、性格差异等）与体育运动的关系；研究掌握运动知识、形成运动技能和进行身体训练、技术训练、战术训练、心理训练等运动活动的心理规律；研究运动竞赛的心理状态和比赛制胜的心理手段等问题。

心理学主要研究人类的行为特征；而运动心理学则是研究人的行为与运动或竞技相关关系的科学。

运动心理学的研究范围：赛前焦虑；运动与减压；体育与自尊；人格与运动成功；运动与坚持；运动中的攻击性；过度训练；运动员的补剂滥用；团队凝聚力等。

第三节 运动人体科学的研究机构与学术组织

一、运动人体科学的研究机构

从事运动人体科学研究的主要机构有各体育院校的相关教研室和实验中心、国家级及省市级体育科学研究所，也有部分医学院校的运动医学专业系（部）等。当然不同的研究机构所从事的研究侧重点有所不同。

（一）体育院校的教研室与科研中心

体育院校中关于运动人体科学的研究涉及面较广，既有运动人体科学相关学科的基础理论方面的研究，也有提高运动员成绩的跟队研究和应用于大众健康方面的研究。如北京体育大学、上海体育学院、天津体育学院及其他体育学院校、师范大学体育学院等。

北京体育大学运动人体科学学院成立于 1958 年。2002 年，运动人体科学专业被教育部批准为国家级重点学科。学院师生曾承担多项奥运攻关课题、国家自然基金课题、科技部研究课题等。在运动与内分泌、优秀运动员选材、低氧训练、运动机能监测与评定、运动营养补充、动作技术分析、运动损伤防治与康复、运动员心理训练与恢复、运动与慢性疾病的预防和治疗等方面具有大量的研究成果。学院也是中国国民体质研究的主要承担者之一。

北京体育大学体育科学研究中心成立于 2007 年，整合了全校的高精端的科研设备和实验资源。2008 年北京奥运期间，中心为跆拳道、柔道、赛艇、艺术体操、速滑、游泳、竞走等多支国家队和优秀运动员备战奥运会提供了全方位的科技服务。

（二）体育科学研究所

体育科学研究所的主要任务是进行提高优秀运动员和青少年运动技术水平和竞技能力研究，同时也进行国民体质监测和健身方法、体育社会科学和体育仪器器材等方面的研究。主要有国家体育总局体育科学研究所、国家体育总局运动医学研究所、各省市自治区体育局的体育科学研究所等。

国家体育总局体育科学研究所（CISS）成立于 1958 年，是我国成立最早、规模最大的国家级综合性体育科研机构。现有六个研究中心（群众体育研究中心、竞技体育研究中心、运动生物科学研究中心、体育社会科学研究中心、体育仪器器材研究中心和健康与恢复研究中心）、一个综合测试与实验中心；设有国家国民体质监测中心、奥林匹克研究中心、中国体育科学学会的日常办事机构；建立了运动训练监控、运动心理训练两个国家体育总局重点实验室；编辑出版高水平体育学术期刊——《体育科学》和《中国体育科技》。

1987 年成立的国家体育总局运动医学研究所现今主要包括兴奋剂检测中心、运动营养研究中心、医疗监督和运动创伤研究室（体育医院）三个部门。兴奋剂检测中心于 1989 年通过国际奥委会（IOC）的考试，取得了国际检测资格。运动营养研究中心是我国体育系统唯一的一家专门从事运动营养工作的机构，主要从事运动营养生化研究、营养生化测试、运动营养咨询、运动营养保健品开发研制和运动营养保健品功能评价和指导。成立于 2000 年的体育医院以运动医学研究为主，开展日常的内科、外科、中医、按摩、针灸、理疗等门诊和关节镜下膝半月板修复术、交叉韧带重建术、关节软骨及滑膜病变等微创治疗手术，为国家队运动员提供高水平、高质量的医疗服务保障。

（三）医学院校或医院的运动医学研究所

在医科大学和医院中的运动医学研究所则以体育运动中伤病防治研究为重点，如北京大学运动医学研究所。

北京大学运动医学研究所是1959年成立的国内第一家运动医学研究所。现今运动医学研究所已成为涵盖运动创伤、运动康复、运动营养和医务监督四个专业，集医疗、教学、科研及下运动队服务为一体的综合性运动医学研究所。主要从事运动相关性疾病的预防、诊治和康复工作，多年来为国家各级运动员、各类体育赛事及全民健身提供高质量的医疗服务和健康保障。

二、学术组织

中国体育科学学会（China sport science society，CSSS）是我国最大规模、最高层次的体育科技学术社会团体。其中，运动人体科学涉及的专业面较广，所包括的专业内容分别隶属于中国体育科学学会下属的运动医学分会、运动生理与生物化学分会、运动生物力学分会、运动心理学分会和体质研究分会（图1－1）。

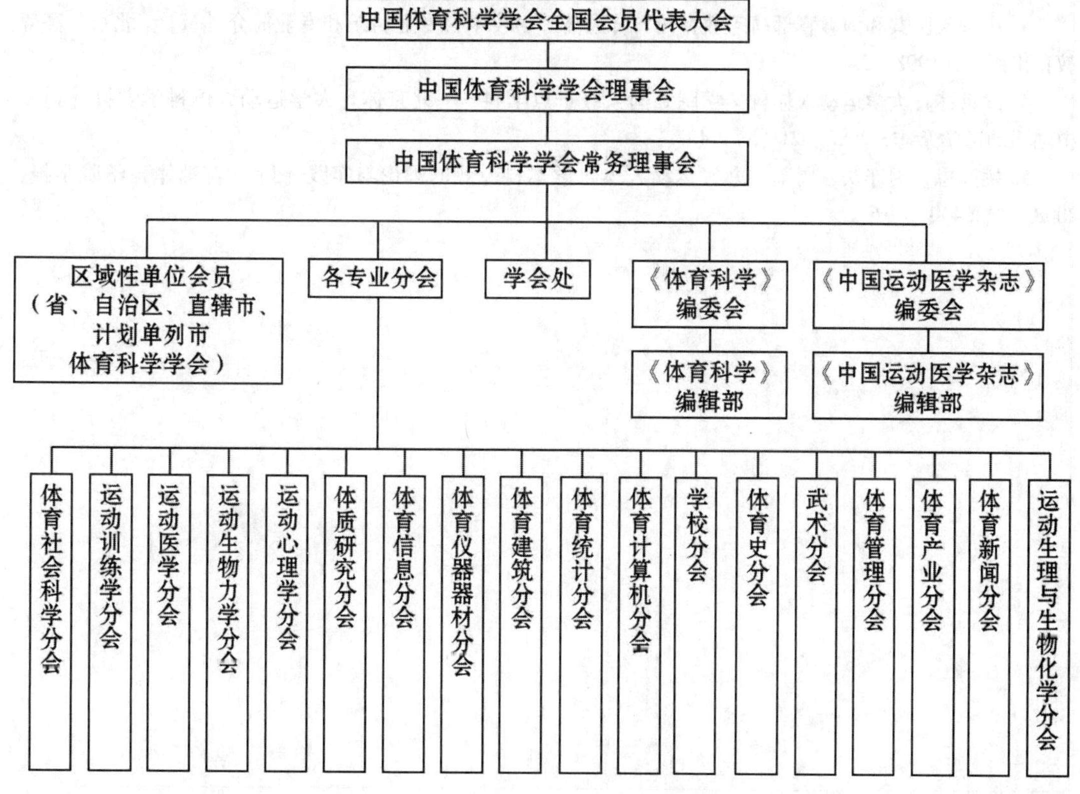

图1－1 中国体育科学学会组织结构图

相关的专业委员会或分会定期组织开展国内、国际体育学术交流活动；组织开展体育科普活动；开展课题研究，组织成果鉴定；组织编辑出版体育科技书籍、期刊、科普读物，开展相关研究等。

名　词

运动人体科学、运动解剖学、运动生理学、运动生物化学、运动医学、运动生物力学、运动心理学

复习思考题

1. 运动人体科学的学科组成有哪些?
2. 试述运动人体科学在竞技运动、体育教育、全民健身等领域的应用?
3. 学习运动人体科学的意义是什么?

主要参考文献

1. 国务院学位委员会办公室，教育部研究生工作办公室编．授予博士硕士学位和培养研究生的学科专业简介［M］．北京：高等教育出版社，1999：77－81.

2. 黄汉升．中华人民共和国体育科技发展史［M］．北京：科学出版社，2002：308.

3. 中华人民共和国教育部高等教育司．普通高等学校本科专业目录和专业简介［M］．北京：高等教育出版社，1998：2.

4. 北京体育大学运动人体科学学院．国家级重点学科——北京体育大学运动人体科学学科［J］．中国运动医学杂志，2002，21（5）：457.

5. 姚鸿恩，阎守扶，周军．办好运动人体科学本科专业的理论与实践［J］．首都体育学院学报，2008，20（4）：1－6.

第二章 运动系统

提要

本章介绍了运动解剖学的基本概念及组成运动系统的骨骼、骨连结和骨骼肌的基本特征。较系统地描述了人体主要的骨和肌肉名称与功能，分析了身体练习中常见动作中肌肉参与工作的情况。最后描述了与运动有关的肌肉特性。

第一节 运动系统的组成

一、组织、器官和系统的划分

人体是由许多细胞共同组成的复杂的有机体，细胞（cell）是机体形态结构和生理功能的基本单位。

组织（tissue）是由许多形态和功能近似的细胞和细胞间质（细胞间质是细胞之间的一些不具细胞形态结构的物质）共同构成的结构，如上皮组织（被覆上皮、腺上皮和感觉上皮）、结缔组织（血液、纤维结缔组织、软骨和骨等）、肌肉组织（骨骼肌、心肌和平滑肌）、神经组织（神经细胞和神经胶质细胞）。

器官（organ，apparatus）是由几种不同的组织结合在一起，构成具有一定形态和功能的结构，如肾、肺、肝和胃等。

许多在结构和功能上具有密切联系的器官结合在一起，共同执行某种生理功能，即构成系统（system）。人体可从形态和功能上分为：运动系统、消化系统、呼吸系统、泌尿系统、生殖系统、脉管系统、感觉器、神经系统、内分泌系统等九器官系统。

二、人体的方位、基本轴和基本面

人体是由系统和器官等复杂构造组成的，其各部的相对位置在生活中是经常变化的，为了避免学习和研究中的混乱，必须要有相对固定的姿势作为标准，在观察、研究和描述任何结构时均应以此为依据进行描述。因此解剖学确定标准姿势、方位、基本轴、基本面等基本概念的定义，使对人体方位及运动的描述规范统一。

（一）标准解剖学姿势

解剖学所采用的标准姿势是，身体直立，双眼平视，手臂下垂，掌心向前，两足并拢，脚尖向前（图2－1）。

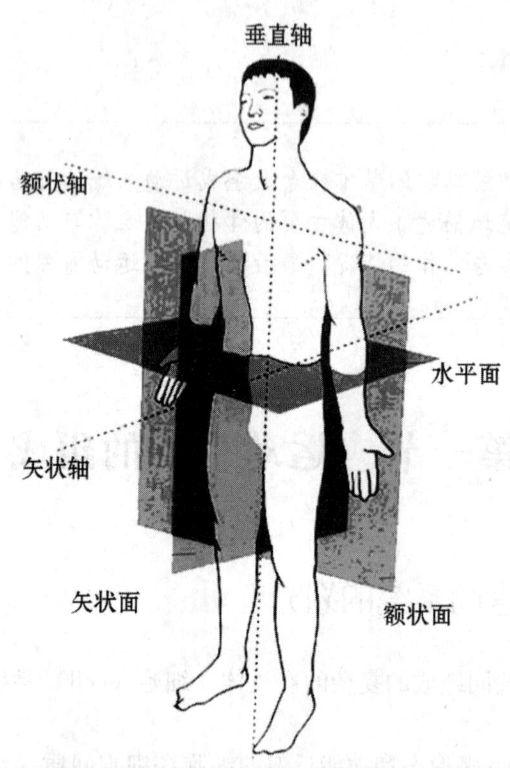

图2－1　人体的解剖学轴、面、方位

（二）方　位

解剖学描述的方位（direction）包括上、下，前、后，内、外，深、浅等。

上（superior）和下（inferior）：按解剖学姿势头在上，足在下，故近头者为上，近足者为下，如眼位于鼻的上方，而口位于鼻的下方。

在四肢结构中，接近躯干的上端为近端（proximal），远离躯干的下端为远端（distal）。

前（anterior）或腹侧（ventral）和后（posterior）或背侧（dorsal）：近身体前面者为前或腹侧；近背面者为后或背侧。

内侧（medial）和外侧（lateral）：靠近正中面者为内侧、反之为外侧。在上肢其内侧称尺侧（ulnar），外侧又称桡侧（radial）；在下肢其内侧又称胫侧（tibial），外侧又称腓侧（fibular）。

内（internal）和外（external）：在空腔器官近腔面者为内，远腔面者为外。

深（profound）和浅（superficial）：远离体表或器官表面者为深，反之为浅。

左和右、垂直、水平与中央等则与一般概念相同。

（三）基本轴

按照解剖学方位，人体可有互相垂直的三条基本轴（anatomical axes），分别为矢状轴、冠状轴和垂直轴。

矢状轴（sagittal axis）：由前向后平伸并与地面平行，与身体长轴垂直的轴。

冠状轴或额状轴（coronal axis）：左右平伸并与地面平行的轴，是人体两侧同高点的连线，与矢状轴垂直。

垂直轴（vertical axis）：自上而下与地面垂直，与身体长轴平行的轴，与前两条轴垂直。

（四）基本面

按照解剖学方位，人体可有互相垂直的三个面（anatomical planes），分别为矢状面、冠状面和横切面。

矢状面（sagittal plane）：按矢状轴方向，将身体分为左、右两部分的纵切面，与地平面垂直。

冠（额）状面（coronal plane）：按冠（额）状轴方向，将身体分为前后两部分的纵切面，与地平面及矢状面相垂直。

横切面（transverse plane）或水平面（horizontal plane）：沿身体的横径所作的与地面平行的切面，它将身体分为上、下两部分，与上述两个面垂直。

三、运动系统的组成

运动系统（locomotor system）是由骨（bones）、关节（joints）和骨骼肌（muscles）组成，占成人体重60%。其中骨起杠杆作用，关节是运动的枢纽，而骨骼肌是运动的动力器官。

（一）骨

1. 骨的分类

骨根据形态可以分为长骨（long bone）、短骨（short bone）、扁骨（flat bone）、不规则骨（irregular bone）等（图2-2）。

2. 骨的构造

骨的构造包括骨膜、骨质和骨髓。

（1）骨膜（periosteum）：为结缔组织膜，包括骨外膜及骨内膜。骨外膜分布于除关节面之外的骨表面，内有丰富的血管、淋巴管及神经，其中含有成骨细胞，经过分裂和分化，参与骨质的形成。骨内膜分布于骨髓腔内表面及骨松质表面，其中含有破骨细胞。

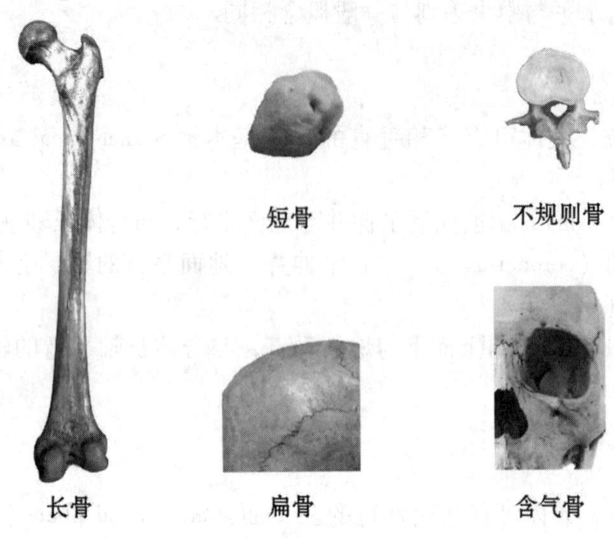

图2-2 不同类型的骨

（2）骨质（bone substance）：分为骨密质（compact bone）和骨松质（spongy bone）。骨密质在骨的外层，集中分布于长骨的骨干，坚硬且抗压、抗扭曲力强。骨松质在内层，呈海绵状，由骨小梁（trabeculae）构成，呈现杆状或片状。骨小梁的排列方向、粗细及数目多少与所受拉压、扭曲力及肌肉、韧带对骨的拉力有关（图2-3）。

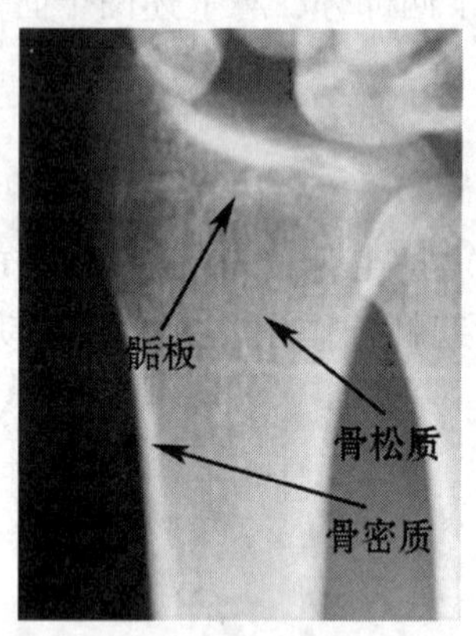

图2-3 骨的构造

（3）骨髓（bone marrow）：分为具造血机能的红骨髓（red marrow）和以脂肪为主的黄骨髓（yellow marrow）。

长骨的中间部分为骨干，内部为骨髓腔，充有骨髓；两端为骺（epiphysis）。

3. 骨的化学成分和物理特性

（1）化学成分：骨的有机物（organic material）为胶原纤维和粘蛋白，构成支架，赋予骨的弹性和韧性。骨的无机物（inorganic salts）主要是碱性磷酸钙为主的钙盐，赋予骨硬度和脆性。

（2）物理特性：骨有很大的硬度；有一定的弹性与韧性；可塑性强。

4. 骨的生长

（1）骨的发生：分为膜内成骨和软骨内成骨。膜内成骨即在结缔组织膜的基础上骨化而成的骨，如颅的顶骨。软骨内成骨是在软骨的基础上经过骨化而成的骨，如四肢的长骨。

（2）骨的生长：在儿童少年时期，骨的增粗主要是骨外膜内的成骨细胞不断分泌骨质，使骨增粗；同时骨内膜破骨细胞不断破坏与吸收骨质，使骨髓腔扩大。

在儿童少年时期，骨的加长主要是长骨的骨骺与骨干之间存在骺软骨，不断增生骨化，使长度不断增加。12～18 岁期间，大部分骺软骨生长速率快，四肢骨尤甚。18 岁以后，各骨渐次停止生长。一般女子在 22 岁、男子在 25 岁之后，骺软骨全部骨化，骨干与骺结合成一个整体，骨的长度不再增加，身高停止生长。

（3）骨龄（bone age）：是骨骺和小骨骨化中心出现的年龄及干骺愈合的年龄，它常用来确定生物年龄。由于各块腕骨的出现和掌、指骨的愈合呈年龄梯度，能够较好地反映骨龄，因而测定儿童少年骨龄时，多拍摄手和腕骨的 X 线片（图 2－4）。

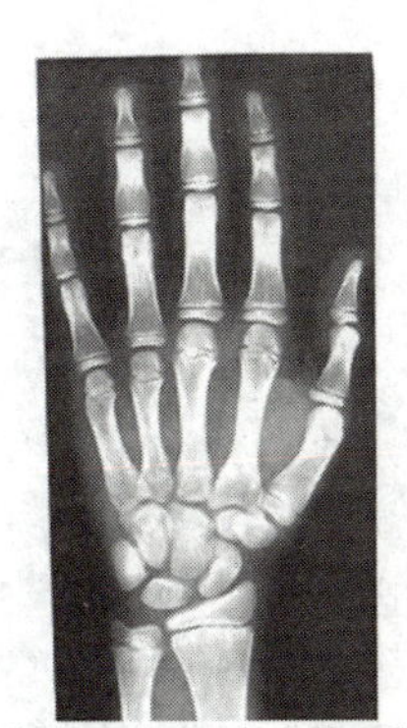

A.男性12岁半手腕骨X光片

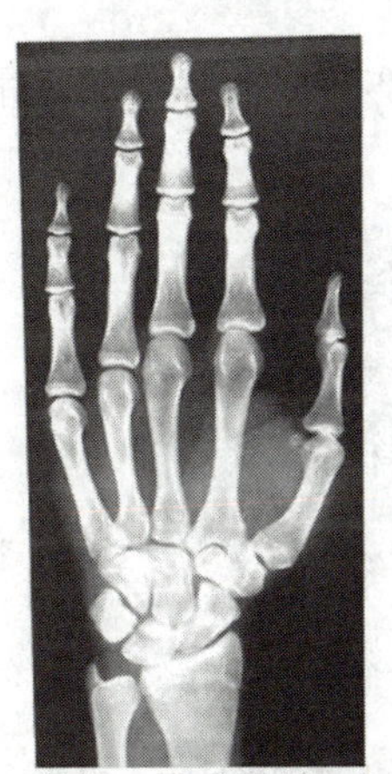

B.男性18岁手腕骨X光片

图 2－4 手腕骨发育过程中 X 光片比较

（注：根据指骨、掌骨、腕骨及桡尺骨远端的骨骺及骨化中心的发育程度来确定骨龄。）

骨龄结合儿童少年生长发育的身高变化特点，常用来预测儿童少年的身高（图 2－5）。骨龄也可判断儿童少年的发育情况（早熟、正常、晚熟）（张绍岩，1995），广泛应用于运动员选材。

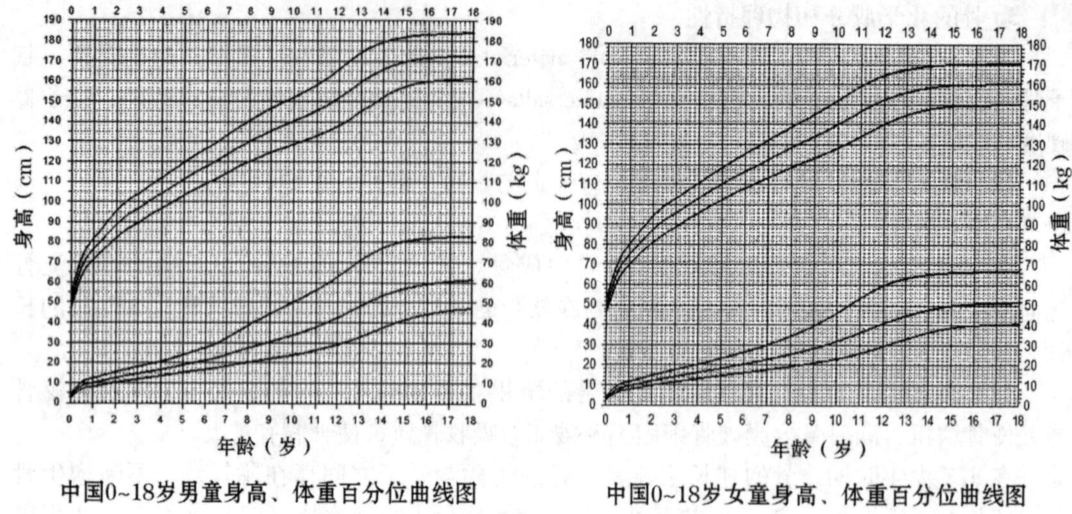

图 2 –5　中国儿童少年身高、体重生长发育曲线

（注：身高生长曲线结合骨龄可以更准确地进行身高预测和评价。）

（绘图数据依：李辉，季成叶，宗心南，等. 中国 0 ~ 18 岁儿童、青少年身高、体重的标准化生长曲线［J］. 中华儿科杂志，2009，47（7）：487 ~ 492.）

（二）骨连结

骨的连结可以分为直接骨连结和间接连结（图 2 –6）。

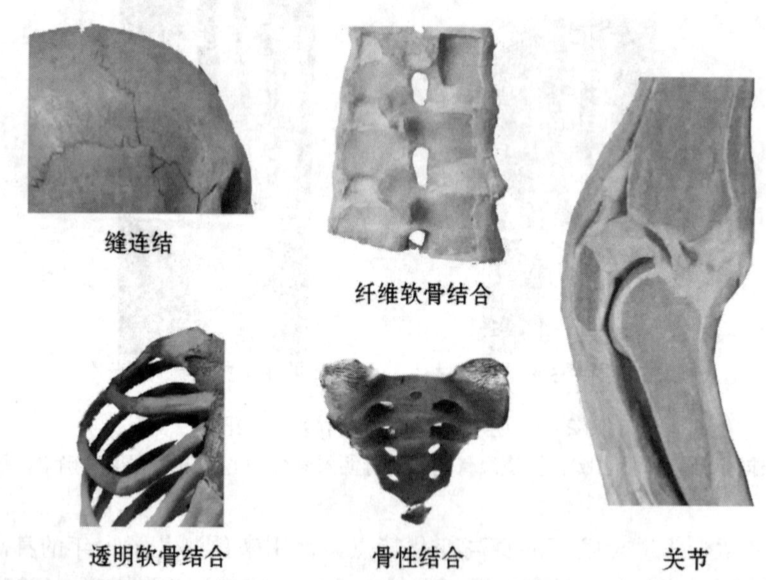

图 2 –6　骨连接的类型

（注：颅骨的冠状缝和人字缝，脊柱椎骨间的黄韧带等均为韧带连结。第一肋骨连于胸骨的透明软骨，相邻椎骨椎体之间的椎间盘〈纤维软骨〉均为软骨结合。5 块骶椎由软骨结合经骨化演变融为一块骶骨则为骨性结合。关节则以两骨相对骨面形成关节面，周围包以关节囊构成。）

1. 直接骨连结

直接骨连结是借结缔组织、软骨或骨相连结，其间无间隙，活动范围小。直接骨连结有纤维连接（如前臂骨和小腿骨的骨间膜）、软骨结合（如儿少时期髋骨的髂骨、耻骨、坐骨之间的连结，椎间盘等）和骨性结合（如骶椎、尾椎的椎骨之间的骨性结合）。

2. 间接连结

间接连结是借膜性囊互相连结，其间有间隙，活动性大，为动关节，通常也简称关节。关节的基本构造包括关节面、关节囊、关节腔三大要素。关节还有一些辅助结构，包括韧带、关节内软骨和关节唇等。

3. 关节的运动

关节的运动一般都是旋转运动，即运动环节绕关节的某个轴来进行。关节的运动可以分解为屈伸、收展、回旋和环转等简单运动方式的组合（图2－7）。

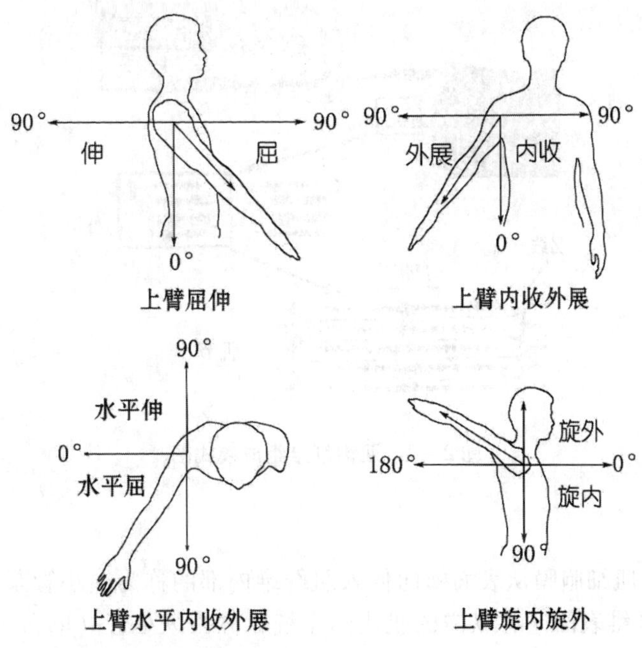

图2－7　肩关节的运动形式

（1）屈和伸（flexion and extension）：指运动环节绕额状轴在矢状面内，向前运动为屈，向后运动为伸（膝关节及其以下关节相反）。

（2）收和展（adduction and abduction）：指运动环节绕矢状轴在额状面内，环节末端远离正中面为外展，靠近正中面为内收。

（3）回旋（rotation）：运动环节绕其本身的垂直轴在水平面，由前向内旋转（顺时针方向，右臂为例）为旋内（medial rotation）；由前向外旋转（反时针方向，右臂为例）为旋外（lateral rotation）。旋内亦称为旋前（pronation），旋外亦称为旋后（supination）。

（4）环转（circumduction）：关节头在原位转动，骨的远端作圆周运动，实际为屈、外展、伸和内收的综合运动。

（三）骨骼肌

1. 骨骼肌纤维的一般结构

骨骼肌纤维（skeletal muscle fiber）呈长圆柱状，其结构包括肌膜（sarcolemma）、细胞核（nucleus）和肌浆（sarcoplasm）。细胞内有多个甚至几百个细胞核，位于细胞周缘。肌浆内含有肌原纤维、肌质网、高尔基复合体、线粒体、肌红蛋白、脂滴、糖原颗粒等。

2. 肌原纤维

肌原纤维（myofibril）是细胞的功能结构，呈细丝状，沿细胞长轴平行排列，每条肌原纤维都有明暗相间的横纹，且每条肌原纤维的横纹皆整齐地排列在同一水平。肌原纤维的最小结构功能单位是肌小节，即两条 Z 线之间的结构（图 2－8）。

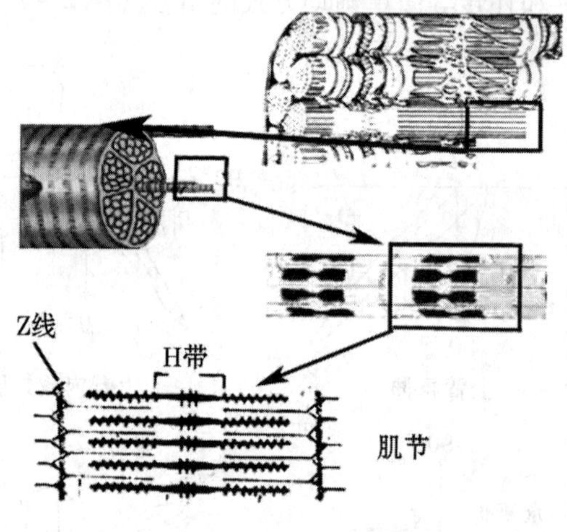

图 2－8　肌肉纤维组成模式图

3. 肌管系统

横小管系统：肌细胞膜从表面横向伸入肌纤维内部的称为横小管系统（transverse tubule system）。肌纤维表面还有纵向的肌质网系统，称为纵小管（longitudinal tubule）。肌质网在接近横小管处形成特殊的膨大部分称为终池（terminal－cistern）。每一个横小管和来自两侧的终池构成复合体称为三联管结构（triplicate－tube）。

4. 骨骼肌的收缩

骨骼肌的收缩是在神经的支配下进行的。神经肌肉接头中的递质乙酰胆碱，将动作电位由神经传递到骨骼肌细胞，影响到终池的通透性，释放的 Ca^{2+} 与细肌丝的蛋白相结合后引起粗细肌丝的相对滑动，进而产生骨骼肌的收缩。

5. 骨骼肌的起止点、配布和作用

（1）骨骼肌的起止点：骨骼肌一般附着于邻近两块或两块以上的骨面上，中间跨过一个或多个关节，收缩时使两骨彼此位置移动而产生关节的运动。肌肉靠近身体正中面或在四肢近端的附着点为起点；肌肉远离身体正中面或在四肢远端的附着点为止点。

（2）骨骼肌的配布：在一个运动轴的相对侧配布有两组作用相反的肌肉，这两组作用相反的肌肉互称为拮抗肌，如运动肘关节的肌有两组，一组在肘关节冠状轴前方为屈肌；另一组在肘关节冠状轴的后方为伸肌。

身体各部肌群配布的多少与该部关节运动轴的多少密切相关。双轴的桡腕关节周围配布着屈、伸、收、展四组肌；三轴以上的关节如肩关节，除屈、伸、收、展肌外，还有排列在垂直轴相对侧的旋内和旋外两组肌。

（3）骨骼肌的协作关系：根据肌肉在运动中所起的作用，可以把骨骼肌分为原动肌（包括主动肌、次动肌）、对抗肌、固定肌和中和肌等。其中直接完成某动作的肌肉叫做原动肌。如肱肌、肱二头肌、肱桡肌和旋前圆肌 4 块肌肉是屈肘关节的原动肌。其中前两块在原动肌中起主要作用，为主动肌；后两块起次要作用，为次动肌（或副动肌）。与原动肌功能相反的肌肉叫对抗肌。如肱三头肌就是屈肘关节的对抗肌。将原动肌所附着的骨固定起来的肌肉叫固定肌，如屈肘关节时，在肩关节固定肱骨的肌肉就是固定肌。限制或抵消原动肌发挥其他功能的肌肉叫中和肌。如胸大肌可使上臂屈、内收和内旋。背阔肌可使上臂伸、内收和内旋。当胸大肌和背阔肌完成上臂内收和内旋时，它们相互限制或抵消屈、伸功能，因此这时胸大肌和背阔肌就互为中和肌。

6. 肌肉的辅助装置

（1）筋膜：筋膜（fascia）是包在肌肉外面的结缔组织，可分为浅、深两层。浅筋膜（superficial fascia）分布于皮下，由疏松结缔组织构成。内含浅动、静脉、浅淋巴结和淋巴管、皮神经等。深筋膜（profundal fascia）又叫固有筋膜，由致密结缔组织构成，遍布全身，包裹肌肉、血管神经束和内脏器官。深筋膜除包被于肌肉的表面外，当肌肉分层时，固有筋膜也分层。在四肢，由于运动较剧烈，固有筋膜特别发达、厚而坚韧，并向内伸入直抵骨膜，形成筋膜鞘将作用不同的肌群分隔开，称为肌间隔。

筋膜除对肌肉和其他器官具有保护作用外，还对肌肉起约束作用，保证肌群或单块肌的独立活动。

（2）滑膜囊：在一些肌肉抵止腱和骨面之间，生有结缔组织小囊，壁薄，内含滑液，叫做滑液囊（synovial bursa），其功能是减缓肌腱与骨面的摩擦。

（3）腱鞘：腱鞘（tendon sheath）是套在肌腱外的双层鞘管。存在于活动性较大的部位，如腕、踝、手指和足趾等处。位于腱鞘中的肌腱既可被固定在一定位置上，又可滑动并减少与骨面的摩擦。

第二节　人体主要的骨及骨连结

成年人身体内有 206 块骨。根据位置，骨可分为：颅骨（skull）、躯干骨（bones of trunk）和四肢骨（appendicular skeleton）等（图 2－9）。

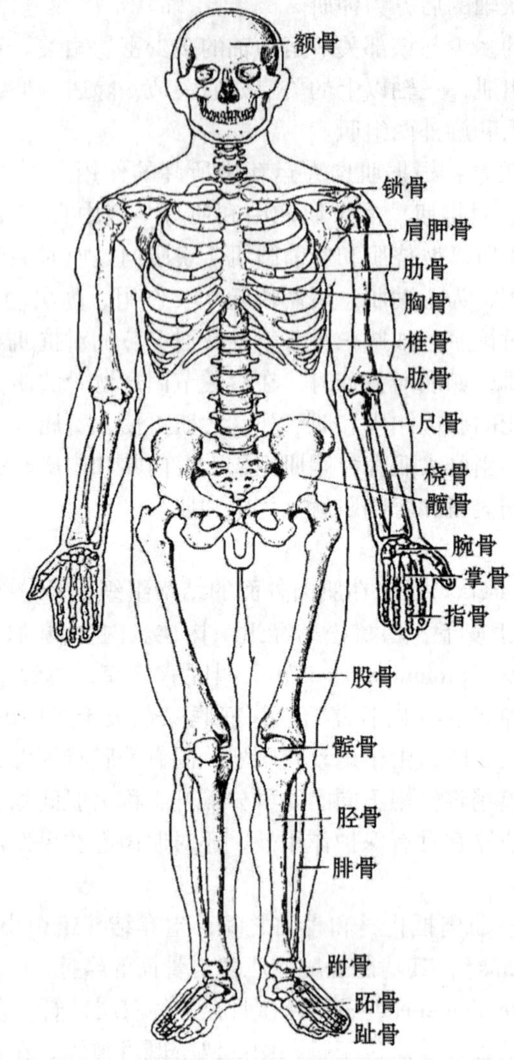

图 2－9　人体的主要骨骼

一、颅骨及其骨连结

（一）颅骨的组成

颅骨包括脑颅骨、面颅骨和听小骨 3 部分。

脑颅骨（cerebral cranium）有 8 块：单一的额骨（frontal）、筛骨（ethmoid）、蝶骨（sphenoid）、枕骨（occipital），成对的颞骨（temporal bone）、顶骨（parietal bone）。

面颅骨（bones of facial cranium）有 15 块：单一的下颌骨（mandible）、犁骨（vomer）、舌骨（hyoid），成对的上颌骨（maxillary）、鼻骨（nasal bone）、泪骨（lacrimal bone）、腭骨（palatine bone）、颧骨（zygoma）、下鼻甲骨（inferior turbinate bone）。

听小骨（auditory ossicles）有6块：位于颞骨岩部内，两侧对称，自外向内依次为锤骨（malleus）、砧骨（incus）和镫骨（stapes）。

（二）颅骨的连结

颅骨大部分以缝的形式相连结，小部分以软骨连结形式（如颅底骨）相连结，以关节形式连结的为颞下颌关节（图2－10）。新生儿颅骨尚未完全骨化，骨间存在结缔组织膜，如囟门。一般在生后两年内此结缔组织膜将骨化。

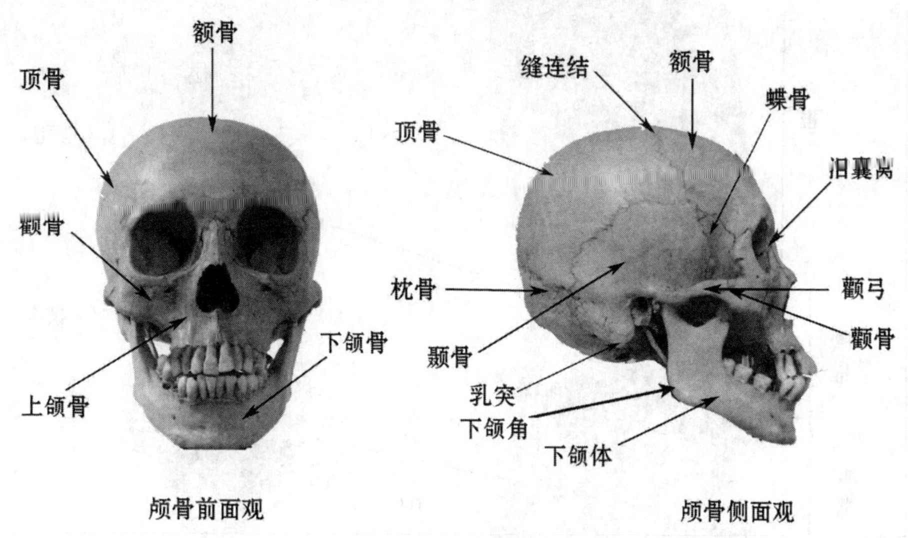

图2－10　颅骨的组成

二、躯干骨及其骨连结

躯干骨包括椎骨（24块）、骶骨（1块）、尾骨（1块）、肋骨（12对，24块）、胸骨（1块），共51块。

（一）脊　柱

脊柱（vertebrae）是由椎骨、骶骨和尾骨组成，包括24块独立的椎骨（vertebrae）、1块骶骨（sacrum）、1块尾骨（coccyx）以及连结它们的23块椎间盘、关节和韧带装置构成。脊柱从上向下包括颈椎（cervical，C 1～7）、胸椎（thoracic vertebrae，T 1～12）、腰椎（lumbar vertebrae，L 1～5）、骶椎（sacral vertebra，S 1～5）、尾椎（coccygeal vertebra，Co 3～4，4～5）。其中内有椎孔连成的椎管，内藏脊髓，两侧各有23个椎间孔，脊神经由此通过（图2－11）。

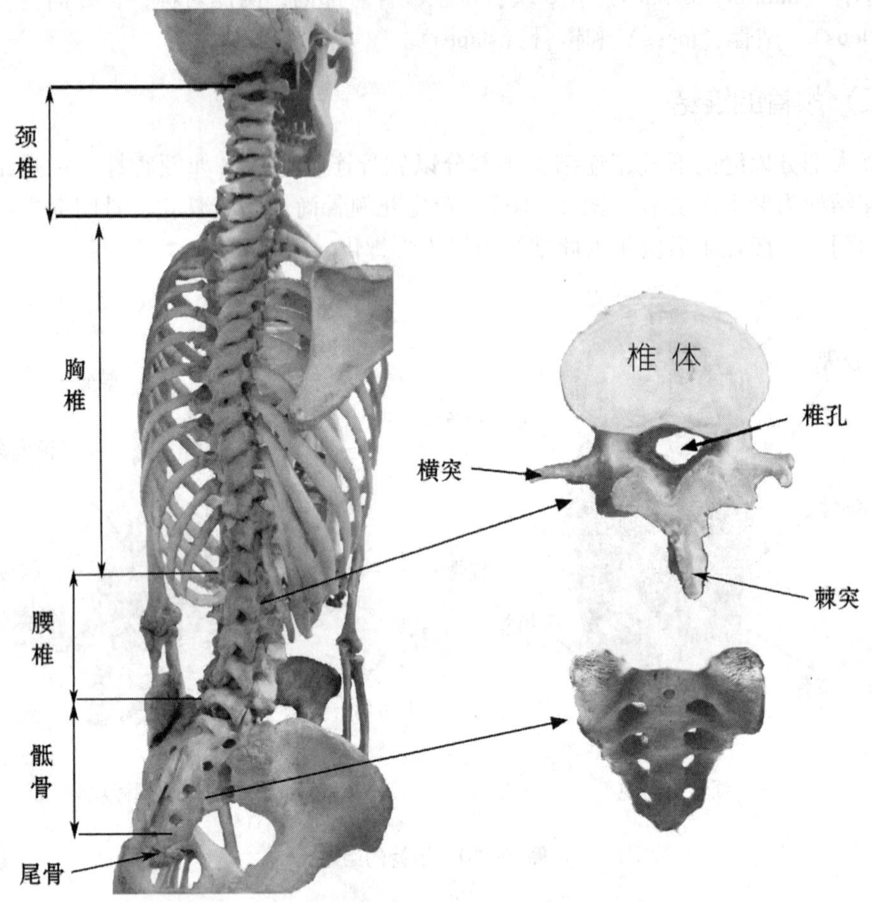

图2－11 脊椎的形态与构成

从侧面观察脊柱，可见4个生理弯曲，即颈曲、胸曲、腰曲和骶曲。其中颈曲和腰曲凸向前，胸曲和骶曲凸向后，这是人类在漫长的进化过程中形成的。

脊柱构成人体躯干的中轴和支柱，具有支持负重的功能，其正常弯曲可使身体总重心稍向后移，至人体中轴的垂线上，有利于维持身体的平衡、人体直立和行走。脊柱的生理弯曲也具有良好的弹性，可以传递压力，缓冲震动的作用。脊柱参与一些腔壁的构成，如椎管、胸腔、腹腔、盆腔，以容纳保护脊髓和内脏器官等。

1. 椎骨的一般形态

每一椎骨都包括前方的椎体和后方的椎弓两部分。椎体和椎弓共同围成椎孔，全部椎骨椎孔连续成椎管，容纳脊髓。两个相邻椎弓根的上、下切迹在侧围成椎间孔，脊神经和血管由此通过。椎弓上有7个突起，即向后的1个棘突，向两侧的2个横突，向上1对突起为上关节突，向下的1对为下关节突。

2. 椎骨间的连结

椎骨间的连结包括椎间盘（相邻两椎体间的纤维软骨板）、椎间韧带（连结椎骨的结缔组织膜）、椎间关节（由相邻椎骨的上下关节突连结而成）。

（二）肋 骨

肋骨（ribs）左右12对，其中1~7为真肋、8~10为假肋、11~12为浮肋。肋骨与肋软骨连结成肋。

肋骨与椎骨的连结：肋骨的后端与胸椎相连，构成两个关节，即肋头关节和肋横突关节，合称肋椎关节。肋前部围绕这个关节或升或降，胸廓随之扩大或缩小，产生呼吸。

肋与胸骨的连结：第1肋软骨与胸骨柄的肋切迹间构成软骨结合，第2~7肋软骨分别与胸骨构成胸肋关节；第8~10肋软骨与上位肋软骨相连，在两侧形成肋弓；第11、12肋软骨游离，不和胸骨相连。

（三）胸 骨

胸骨（sternum）包括胸骨柄、胸骨体和剑突3部分，其中胸骨柄与体连接处微向前突称为胸骨角，其两侧平对第2肋，是计数肋的重要标志（图2-12）。

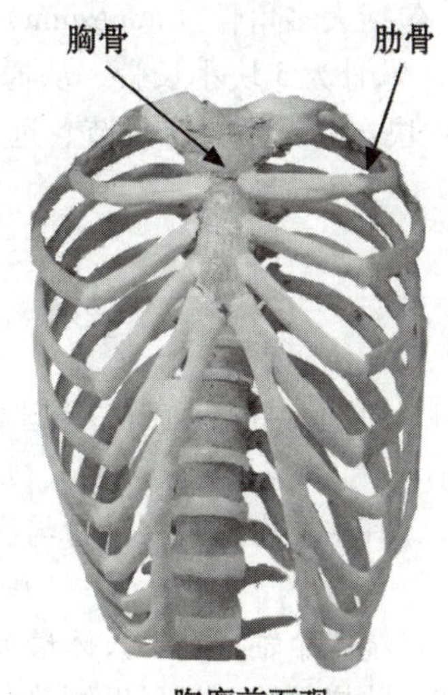

图2-12 胸廓的组成

胸廓由12块胸椎、12对肋骨、1块胸骨构成。胸廓围成胸腔，具有保护心肺及重要血管、神经及参与呼吸运动的功能。

三、上肢骨及其骨连结

上肢骨包括上肢带骨和自由上肢骨；上肢骨连结亦是包括了上肢带骨间的连结和自由上肢骨的连结。

（一）上肢带骨

上肢带骨包括锁骨（clavicle）、肩胛骨（scapula）。其中锁骨分胸骨端、肩峰端与锁骨体（呈“~”形弯曲）。肩胛骨呈三角形扁骨，贴于胸廓后外面。

肩胛骨下角对第7肋，在皮下可以触知，是测量胸围的骨性标志。肩胛骨的肩胛冈，其外侧端膨大且向上翘起，称为肩峰（acromion），是测量肩宽及上肢全长的骨性标志。

（二）自由上肢骨

自由上肢骨包括肱骨（humerus）、尺骨（ulna）、桡骨（radius）、腕骨（carpal bones）（单侧8块）、掌骨（metacarpal）（单侧5块）、指骨（phalanx）（单侧14块）（图2-13）。

肱骨为上臂骨；桡骨位于前臂外侧部；尺骨位于前臂内侧部；腕骨的近侧列（从桡侧→尺侧）包括舟骨（scaphoid）、月骨（lunate）、三角骨（triquetrum）和豆状骨（pisiform），远侧列（从桡侧→尺侧）包括大多角骨（trapezium）、小多角骨（trapizoid）、头状骨（capitate）和钩骨（hamate）。掌骨为5块小长骨，从拇指侧起依次为第一、第二、第三、第四和第五掌骨。指骨共14块，除拇指只有近节、远节两节指骨外，其余四指均有近节、中节和远节指骨。

（三）上肢主要骨连结

1. 上肢带关节

（1）胸锁关节，关节囊坚韧，周围有韧带加固，为球窝关节，有3个运动轴，其外侧端可做上下、前后及回旋运动。

（2）肩锁关节，为微动关节，其主要作用是将锁骨与肩胛骨连结在一起。

2. 自由上肢关节

（1）肩关节，为球窝关节，可绕3个轴运动。人体最灵活，但稳固性较差的关节。

（2）肘关节，包括肱尺关节、肱桡关节、桡尺近侧关节。3个关节包在一个共同关节囊中，可独立运动，典型的复关节。

（3）前臂骨的连结包括桡尺近侧关节、桡尺远侧关节和前臂骨间膜。前两个关节在机能上是联合的，桡骨可绕垂直轴做旋前、旋后。

（4）手腕关节有桡腕关节、腕骨间关节。

（5）腕掌关节，为远侧列腕骨与5个掌骨底组成。

（6）掌指关节，同掌骨头和近节指骨构成共5个。

（7）指关节，共9个，为指骨间的连结。

上角
上缘
肩峰
喙突
内侧缘
肩胛下窝
外侧角
关节盂
肩胛骨正面观
上角
冈上窝
上缘
肩胛冈
肩峰
冈下窝
内侧缘
下角
外侧缘
肩胛骨背面观

肱骨头
小结节
大结节
结节间沟
桡神经沟
大结节嵴
肱骨体
三角肌粗隆
内上髁
外上髁
肱骨小头
尺神经沟
肱骨滑车
肱骨前面观
肱骨后面观
滑车切迹
鹰嘴
桡骨头
桡骨头
环状关节面
桡骨颈
桡骨粗隆
尺骨粗隆
尺骨体
桡骨体
尺骨头
茎突

月骨
手舟骨
三角骨
大多角骨
钩骨
小多角骨
掌骨
近节指骨
中节指骨
远节指骨

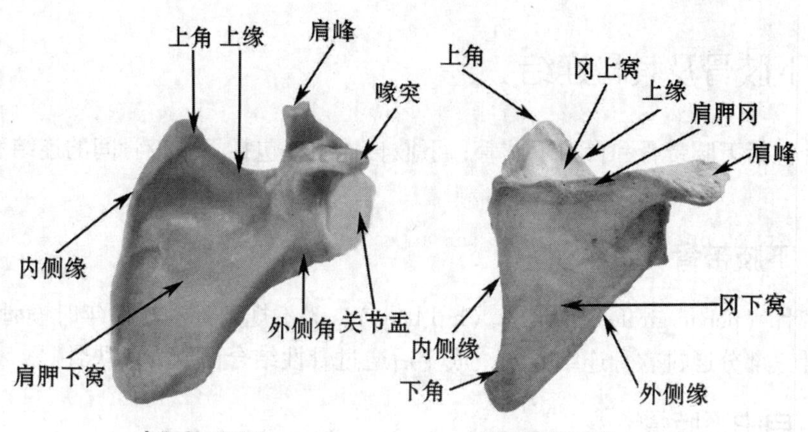

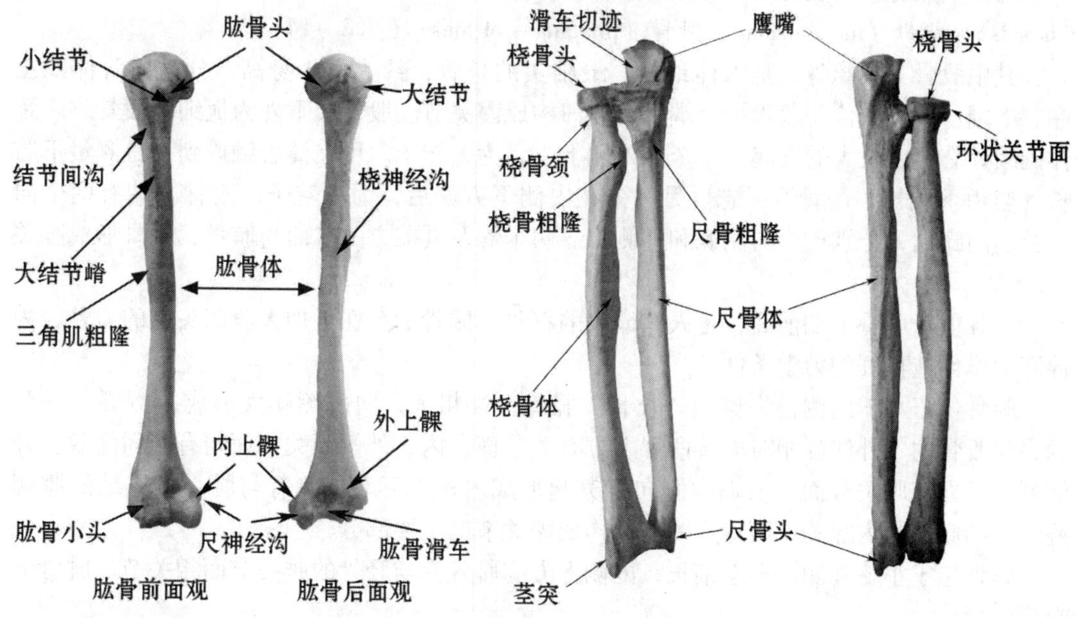

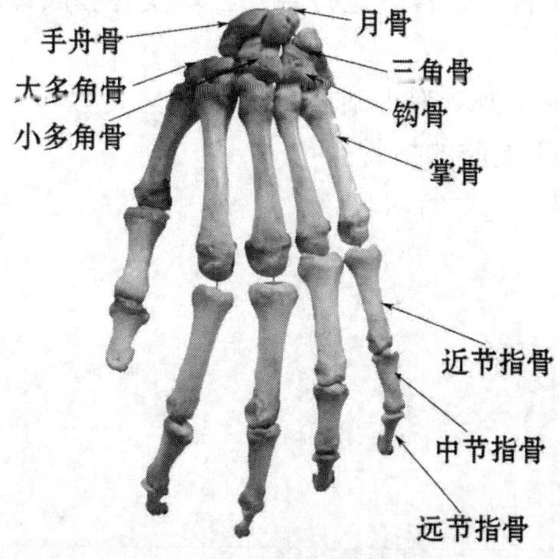

图2－13　上肢骨的组成

四、下肢骨及其骨连结

下肢骨包括下肢带骨和自由下肢骨；下肢骨连结亦包括下肢带骨间的连结和自由下肢骨的连结。

（一）下肢带骨

下肢带骨（pelvic girdle）即髋骨（hip bone），为不规则骨。在幼年时髋骨包括髂骨、坐骨和耻骨三部分通过软骨连结而成，成年后通过骨性结合而成为一块骨。

（二）自由下肢骨

自由下肢骨包括股骨（femur）、髌骨（patella）、胫骨（tibia）、腓骨（fibula）、跗骨（tarsals）、跖骨（metatarsals）、趾骨（phalanges of toes）（图 2 – 14）。

其中股骨为大腿骨，是人体最长、最结实的长骨，约为 1/4 身高，分为股骨体及上端、下端。股骨头位于股骨最上端，与髋臼构成髋关节。股骨头下外为扼细的股骨颈。颈体延续处有两个较大的突起，一个在外侧上方，为大转子。可在体表触摸到，是测量下肢长（自由下肢长）的骨性标志。另一个在内侧下方偏后，为小转子。股骨下端有两个向后突出的膨大，分别称为内侧髁和外侧髁。两个髁及其前方关节面与髌骨、胫骨形成膝关节。

髌骨位于股骨下端前面，是人体最大的籽骨。髌骨的存在可加大股四头肌的力臂，为伸膝动作创造良好的力学条件。

胫骨位于小腿内侧，为典型的长骨。胫骨上端粗大，向两侧膨大形成内侧髁与外侧髁，与股骨内、外侧髁相对应，两髁上方有关节面，内、外侧髁关节面间有髁间隆起。外侧髁后下方有腓关节面。下端内侧向下突起形成内踝，下端外侧有与腓骨相连结的腓切迹，下端底部与内踝关节面连成一体，构成踝关节的主要部分。

腓骨位于小腿外侧，形态细长，内侧上方有腓骨头与胫骨的腓关节面相关节。腓骨下端为外踝。

跗骨单侧 7 块，包括跟骨、距骨、足舟骨、三块楔骨和骰骨，位于足的后半部，与上肢的腕骨相当。

跖骨单侧 5 块，与掌骨相似，为小型长骨。

趾骨单侧 14 块，类似于上肢的指骨。

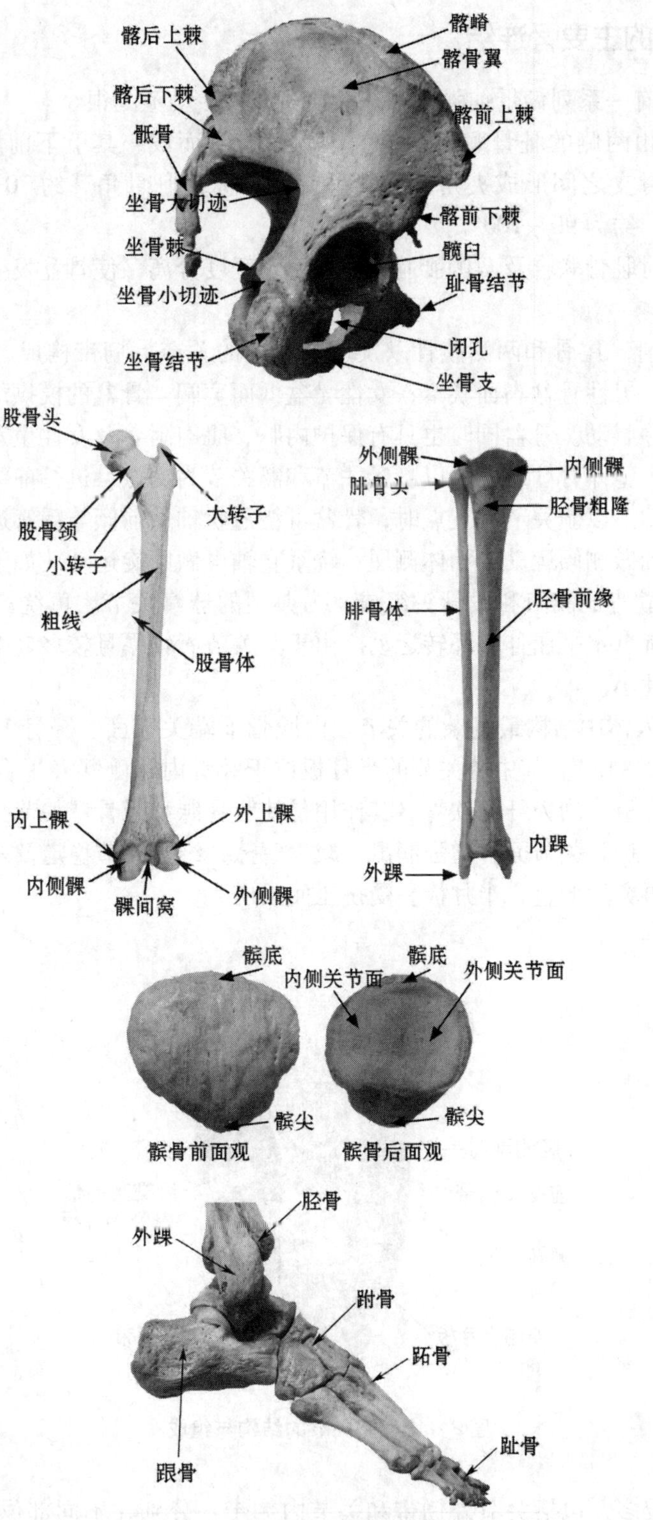

髂后上棘
髂嵴
髂骨翼
髂后下棘
髂前上棘
骶骨
坐骨大切迹
髂前下棘
坐骨棘
髋臼
耻骨结节
坐骨小切迹
闭孔
坐骨结节
坐骨支
股骨头
外侧髁
内侧髁
腓骨头
胫骨粗隆
大转子
股骨颈
小转子
粗线
股骨体
腓骨体
胫骨前缘
内上髁
外上髁
内侧髁
髁间窝
外侧髁
内踝
外踝
髌底
髌底
内侧关节面
外侧关节面
髌尖
髌尖
髌骨前面观
髌骨后面观
胫骨
外踝
跗骨
跖骨
趾骨
跟骨

图 2－14　下肢骨的组成

（三）下肢的主要骨连结

1. 骶髂关节有一系列韧带加强，亦是微动关节，活动范围很小。

2. 耻骨联合由两侧的耻骨联合面借纤维软骨连结而成，其上下前后均有韧带加固。耻骨下方与两耻骨支之间形成夹角，男性呈锐角，称为耻骨角，约 70 ~ 75°；女性呈钝角，称为耻骨弓，约为 90 ~ 100°。

在女性分娩时耻骨联合及两侧骶髂关节均出现轻度分离，使骨盆发生短暂性扩大，有利于胎儿的娩出。

3. 骨盆由骶骨、尾骨和两侧髋骨以及连结它们的关节、韧带构成。骨盆是区分男女骨骼的重要标志，男性骨盆高而狭窄；女性骨盆低而宽阔。骨盆的模拱形结构，能承受较大载荷，又可缓冲震动。骨盆同时也具有保护内脏、肌肉附着及女性生殖道等功能。

骨盆作为一个整体骨性结构可以腰骶关节和髋关节为支点，进行前倾、后倾、侧倾以及回旋、环转运动。以髋关节为支点时，骨盆可绕冠状轴做前倾与后倾运动，如体前屈与体后伸；绕矢状轴做侧倾运动，如体侧屈；绕垂直轴可做回旋运动，如上、下台阶动作。

4. 髋关节由髋骨的髋臼和股骨头组成，为典型的球窝关节。可绕三个轴运动，完成屈伸、展收、回旋、水平屈伸和环转运动。由于其关节囊较厚且较多韧带原因，故髋关节坚固性大、灵活性小。

5. 膝关节是人体中结构最复杂的关节。由股骨下端关节面、胫骨上端关节面和髌骨关节面组成（图 2 – 15）。其中膝关节的半月板位于胫骨内外侧髁（平台）上，包括内侧半月板和外侧半月板，均为纤维软骨。其作用是使股骨髁和胫骨髁关节面相吻合；传递负荷，吸收震荡，保护骨关节面；增强润滑，减少摩擦；维护关节稳定及调节关节内压。膝关节屈曲、回旋再突然伸直，半月板易受挤压而损伤。

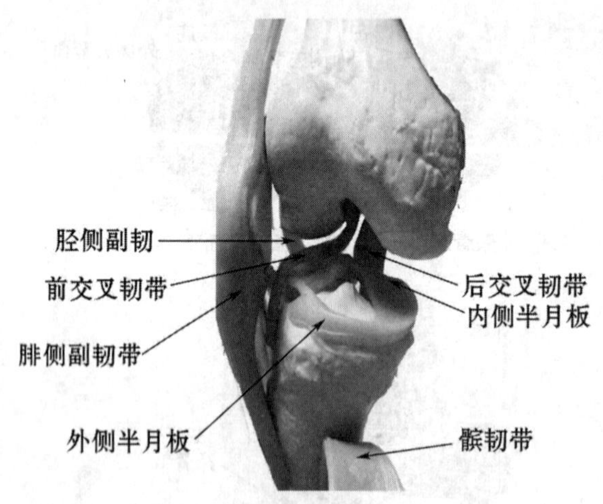

图 2 – 15　膝关节的结构与组成

膝关节韧带较多，包括关节外韧带和关节内韧带，分别在不同部位对膝关节进行加固。关节外韧带有髌韧带、胫侧副韧带、腓侧副韧带、腘斜韧带；关节内韧带有膝交叉韧带（前交叉韧带和后交叉韧带）。

6. 小腿骨的连结有胫腓关节（微动关节），小腿骨间膜相连和胫腓韧带联合。

7. 足部关节包括踝关节（亦称距小腿关节或距上关节）、距跗关节（距下关节）、跟骰关节、跗跖关节、跖趾关节、趾关节等。此外，足的附骨与跖骨借助关节和韧带构成了足弓，包括内侧纵弓、外侧纵弓和横弓等，起保护足底血管和神经，支撑及缓冲作用。

第三节　人体主要的骨骼肌

人体的骨骼肌约有600余块，绝大多数附着于骨骼上（图2－16）。

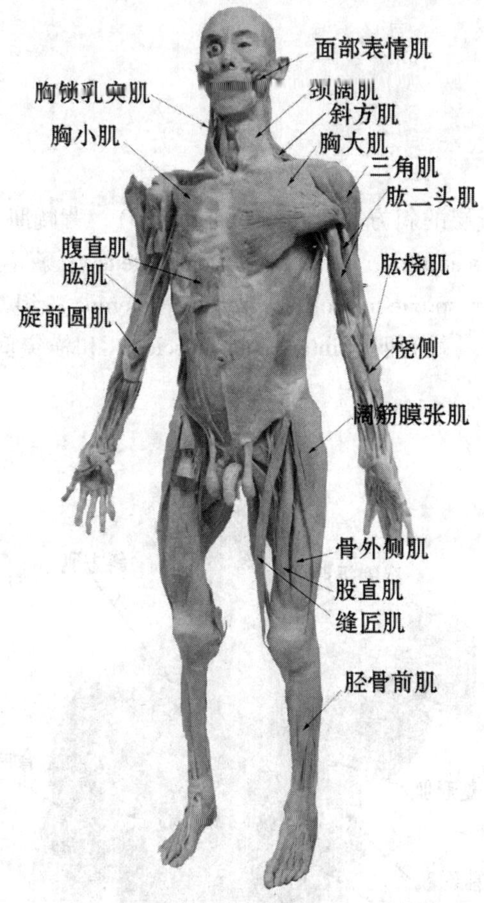

图2－16　人体主要的骨骼肌

一、头　肌

人体的头肌包括表情肌（expression muscle，mimetic muscles）、咀嚼肌（masticatory muscles）。其中表情肌有额肌（frontal muscle）、眼轮匝肌（orbicularis oculi muscle）、口轮匝肌（orbicularis oris muscle）、鼻肌（nasal muscle）和耳廓肌（auricular muscles）等。咀

嚼肌包括咬肌（masseter muscles）和颞肌（temporal muscle，temporalis）。

二、颈　肌

人体的颈肌分颈浅肌群，如颈阔肌（platysma）、胸锁乳突肌（sternocleidomastoid muscle）、舌骨上下肌群和颈深肌群。

胸锁乳突肌：起于胸骨柄和锁骨胸骨端，止于颞骨乳突。下固定时，一侧收缩，使头颈向同侧屈，头面部转向对侧；两侧收缩时，使头和颈部脊柱屈或伸。上固定时，上提胸廓，助吸气。

三、躯干肌

（一）背　肌

人体的背部肌群有浅层的斜方肌（trapezius muscle）、背阔肌（latissimus dorsi）、肩胛提肌（levator muscle of scapula）、菱形肌（rhomboideus）；深层的背长肌（longissimus dorsi）由竖脊肌（erector spinae muscle）、夹肌（splenius）组成，背短肌由横突棘肌（transversospinal muscles）、棘间肌（interspinal muscles）和横突间肌（intertransverse muscle）组成（图2－17）。

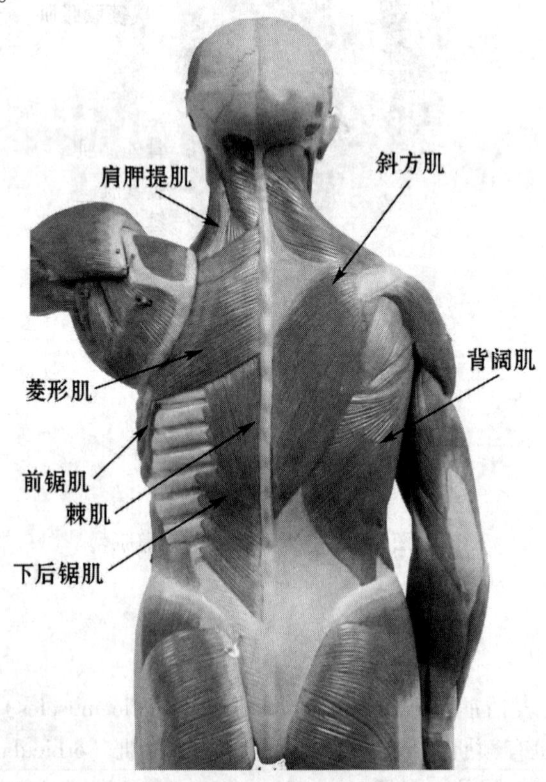

图2－17　背部肌群结构位置示意图

1. 斜方肌

起于枕外隆凸、项韧带及全部胸椎棘突。止于锁骨外 1/3、肩峰和肩胛冈。近固定时，上部肌纤维收缩使肩胛上提、上回旋和后缩；下部肌纤维收缩使肩胛骨下降、上回旋和后缩；中部肌纤维收缩使肩胛骨后缩。远固定时，一侧肌纤维收缩使头向同侧屈并向对侧回旋；两侧上部同时收缩，使头后仰；一侧整块肌肉收缩使脊柱向对侧回旋；两侧整块肌肉收缩使脊柱伸。

提杠铃耸肩、负重直臂侧上举、负重扩胸、俯卧飞鸟展翅、拉弹簧扩胸等练习可以发展斜方肌力量。

2. 背阔肌

起于下 6 胸椎和全部腰椎棘突、骶正中嵴、髂嵴后部及下 3 肋骨外侧面。止于肱骨小结节嵴。近固定时上臂伸、内收和内旋。远固定时拉躯干向上，并协助吸气。

引体向上、爬绳、爬竿、向后拉拉力器等可发展背阔肌。

3. 竖脊肌

起于骶骨背面、髂嵴后部、腰椎棘突和胸腰筋膜。止于颈、胸椎的棘突和横突、颞骨乳突和肋角。下固定时，一侧收缩使脊柱向同侧收缩，使头和脊柱伸，并协助呼气。

纵跳摸高、负重体屈伸、俯卧腿臂上振（俯卧两头起）和后抛铅球等练习可以发展竖脊肌力量。

（二）胸 肌

人体胸部肌群包括胸大肌（pectoralis major）、胸小肌（pectoralis minor）、前锯肌（serratus anterior）、肋间外肌（external intercostal muscle）、肋间内肌（internal intercostal muscle）等（图 2 – 18）。

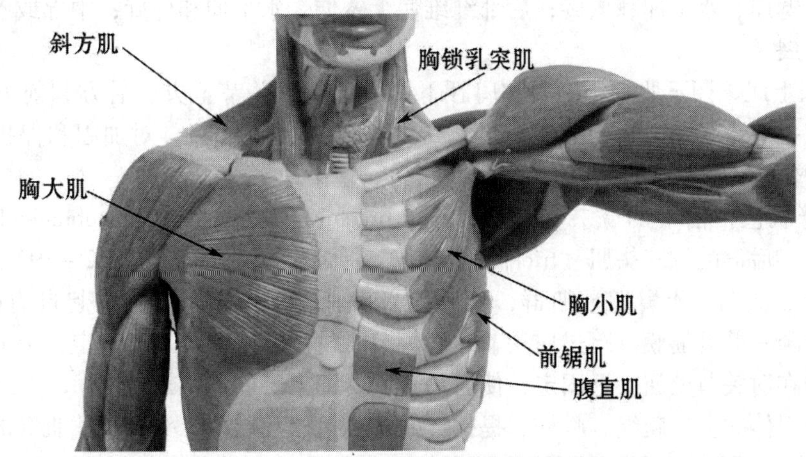

图 2 – 18 胸部肌群结构位置示意图

胸大肌：起于锁骨内侧半、胸骨和上 6 肋骨前面及腹直肌鞘前壁上部。止于肱骨大结节嵴。近固定，上臂屈、内收、内旋。远固定时，拉躯干向上臂靠拢，并可提肋助吸气。

双杠支撑摆动屈伸、卧推、俯卧撑和引体向上等练习可以发展胸大肌力量。

（三）膈　肌

膈（diaphragm）为向上膨隆呈穹隆形的扁薄阔肌，位于胸腹腔之间，成为胸腔的底和腹腔的顶。膈为主要的呼吸肌，收缩时，膈穹窿下降，胸腔容积扩大，以助吸气；松弛时膈穹窿上升恢复原位，胸腔容积减少，以助呼气。

（四）腹　肌

人体腹部肌群包括腹直肌（rectus abdominis）、腹外斜肌（obliquus externus abdominis）、腹内斜肌（obliquus intemus abdominis）、腹横肌（transversus abdominis）。

腹直肌：位于腹前壁正中线两侧，前后被腹直肌鞘包裹，为扁长带状肌。起于耻骨上缘。止于第5～7肋软骨前面及胸骨剑突。上固定时，两侧收缩使骨盆后倾。下固定时，一侧收缩使脊柱向同侧屈；两侧收缩使脊柱前屈；降肋拉胸廓向下，协助呼气。

仰卧起坐、仰卧举腿、仰卧两头起、悬垂举腿等练习，可以发展腹直肌力量。

四、四肢肌

（一）上肢肌

1. 肩带肌起自锁骨和肩胛骨，止于肱骨。包括三角肌（deltoid muscle）、冈上肌（supraspinatus）、冈下肌（infraspinatus）、小圆肌（teres minor）、肩胛下肌（subscapularis）和大圆肌（teres major）。

（1）三角肌：起于锁骨外侧半、肩峰和肩胛冈。止于肱骨体三角粗隆。近固定，前部纤维使上臂屈、水平屈和内旋；后部纤维使上臂伸、水平伸和外旋；中部或整块肌肉收缩使上臂外展。

（2）冈上肌、冈下肌、小圆肌和肩胛下肌，都从肩关节上方、后方和前方跨过肩关节，并与肩关节囊紧贴，它们的腱共同形成“肌腱袖”（肩袖），对加固和保护肩关节起到了一定的作用。

2. 上臂肌包括前群的肱二头肌（biceps brachii）、喙肱肌（coracobrachialis）、肱肌（brachialis）；后群的肱三头肌（triceps brachii）、肘肌（anconeus）（图2－19）。

（1）肱二头肌：上臂肌屈肌群，长头起自肩胛骨盂上结节，短头起自肩胛骨喙突。止于桡骨粗隆和前臂筋膜。跨过肩关节、肘关节、桡尺近侧关节。近固定，上臂在肩关节处屈，前臂在肘关节处屈。远固定，使肘关节屈，即上臂向前臂靠拢。

弯举、引体向上、爬绳、爬杆、提拉杠铃等，可以发展肱二头肌、肱肌等的力量。

（2）肱三头肌：上臂肌伸肌群，长头起于肩胛骨盂下结节，外侧头起于肱骨体后面桡神经沟外上方，内侧头起于肱骨体后面桡神经沟内下方。三个头止于一个肌腹，以腱止于尺骨鹰嘴。近固定时，使上臂和前臂伸。远固定时，使肘关节伸。

卧推、俯卧撑、实力推、推铅球等练习可以发展肘关节肱三头肌及其他伸肌群力量。

3. 前臂肌分前后两群，即前臂肌前群、前臂肌后群。前群位于前臂前面及内侧，主要有屈腕、屈指和使前臂内旋的功能；后群肌位于前臂后面及外侧，主要有伸腕、伸指和

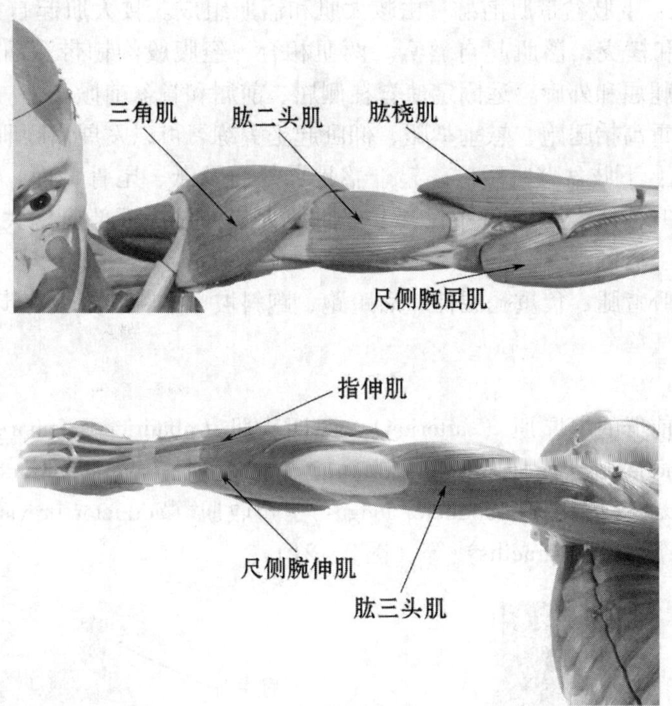

图2-19　上臂肌群结构位置示意图

使前臂外旋的功能。

4. 手肌位于手掌侧面，都是一些短小的肌肉，可分为外侧群、中间群和内侧群。外侧群在拇指侧形成隆起的鱼际，可使拇指屈、内收、外展和对掌运动。中间群在手掌中部凹陷形成掌心，使手指屈伸及向中指靠拢和分开。内侧群在小指侧形成隆起，为小鱼际，使小指屈、外展和对掌运动。

（二）下肢肌

1. 髋　肌

髋肌包括前群的髂腰肌（iliopsoas），后群的臀大肌（gluteus maximus）、臀中肌（glu tcus medius）、臀小肌（gluteus minimus）（图2-20）。

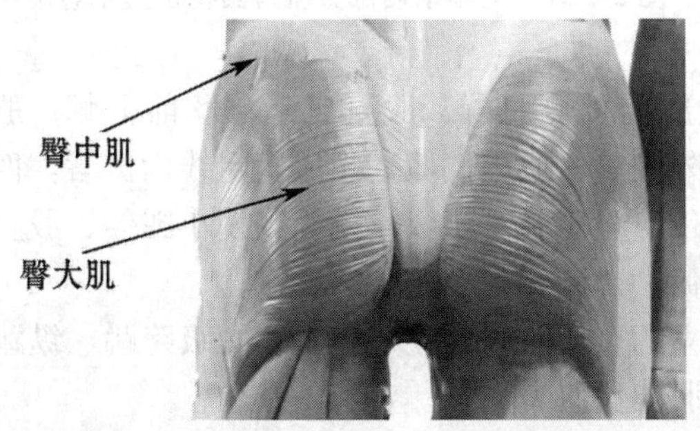

图2-20　髋肌后群结构位置示意图

（1）髂腰肌：下肢盆带肌前群，由腰大肌和髂肌组成。腰大肌起自第 12 胸椎和第 1 ~5 腰椎体侧面和横突；髂肌起自髂窝。两肌相合，经腹股沟韧带深面，止于股骨小转子。近固定使大腿屈和外旋。远固定使脊柱侧屈、前屈和骨盆前倾。

正踢腿、负重高抬腿跑、悬垂举腿、仰卧起坐等练习可以发展髂腰肌的力量。

（2）臀大肌：下肢盆带肌后群，起于髂骨翼外面及骶、尾骨背面。止于臀肌粗隆和髂胫束。近固定时，使大腿伸和外旋。上部肌使大腿外展；下部肌使大腿内收。远固定时，使骨盆侧转、后倾。

后踢腿、俯卧背腿、负重腿屈伸、后蹬跑、跑斜坡、蛙跳和多级跨步跳等可以发展臀大肌的力量。

2. 大腿肌

大腿肌包括前群的缝匠肌（sartorius）、股四头肌（quadriceps femoris）；后群的股二头肌（biceps femoris）、半腱肌（semitendinosus）、半膜肌（semimembranosus）；内侧群的耻骨肌（pectineus）、长收肌（adductor longus）、短收肌（adductor brevis）、大收肌（adductor magnus）、股薄肌（gracilis）等（图 2 -21）。

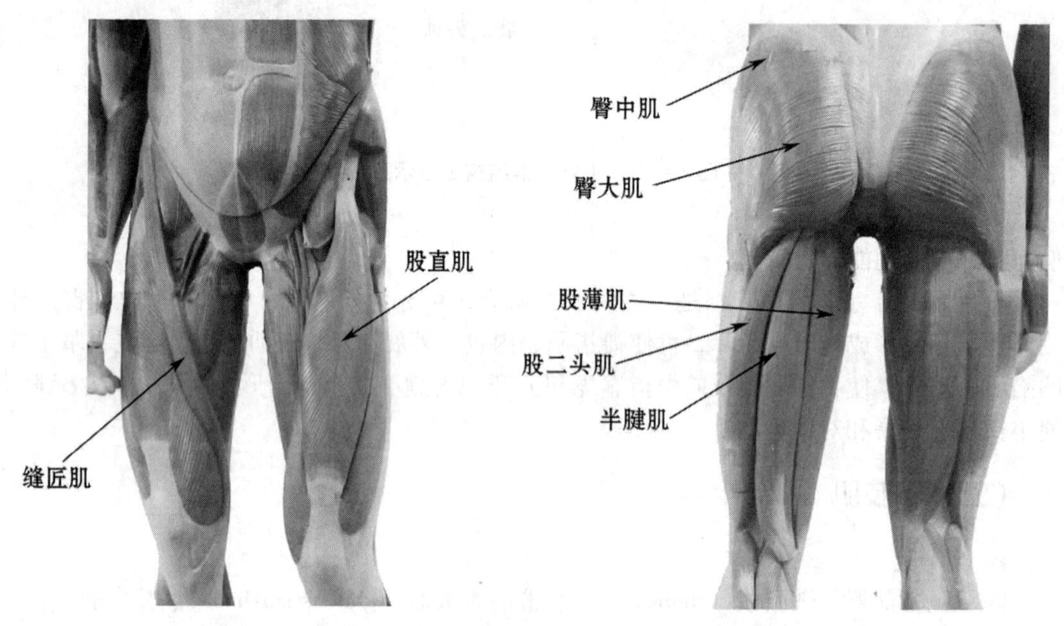

图 2 -21 大腿前后部分肌群结构位置示意图

（1）股四头肌：大腿前外侧肌群，股直肌起自髂前下棘，股中肌起自股骨体前面，股外侧肌起自股骨粗线外侧唇，股内侧肌起于股骨粗线内侧唇。四头相合成一腱，前面及两侧包绕髌骨，成髌韧带，止于胫骨粗隆。近固定使小腿伸，股直肌能使大腿屈。远固定时，使大腿在膝关节处伸。

股四头肌是人体直立的重要肌肉。立定跳远、多级跨跳、纵跳摸高、负重深蹲、壶铃蹲跳等练习，可以发展股四头肌力量。

（2）股二头肌：大腿后侧肌群，长头起自坐骨结节，短头起自股骨粗线外侧唇下半部。止于腓骨头。近固定时，长头使大腿伸，并使小腿屈和外旋。远固定时，使大腿在膝关节处屈。小腿伸直时，则使骨盆后倾。

（3）半腱肌和半膜肌：大腿后侧肌群，起于坐骨结节。半腱肌止于胫骨粗隆内侧面，半膜肌止于胫骨内侧髁内侧面。近固定时，使大腿伸，并使小腿屈和内旋。远固定时，与股二头肌相同（使大腿在膝关节处屈）。

股二头肌、半腱肌和半膜肌合称为股后肌群或腘绳肌（hamstring）。立定跳远、多级跨步跳、蛙跳、后蹬跑和俯卧背腿等练习，可以发展股后肌群力量。

3. 小腿肌

小腿肌分前、外、后三群。前群有胫骨前肌（tibialis anterior）、趾长伸肌（extensor digitorum longus）、踇长伸肌（extensor hallucis longus）等；后群有小腿三头肌（triceps surae）、趾长屈肌（flexor digitorum longus）、踇长屈肌（flexor hallucis longus）等；外侧群有腓骨长肌（peroneus longus）和腓骨短肌（peroneus brovis）（图 2－22）。

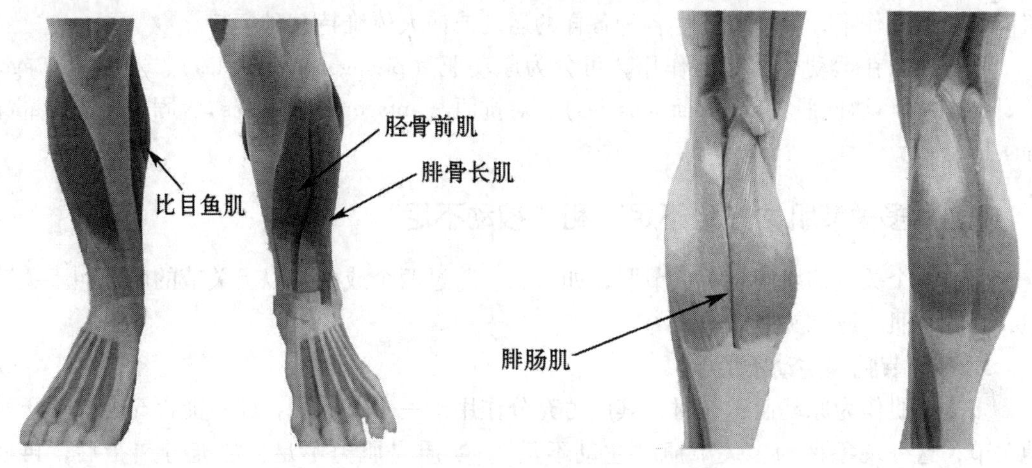

图 2－22　小腿前后部分肌群结构位置示意图

（1）胫骨前肌：起于胫骨体外侧的2/3。肌腱从内踝前方通过，止于内侧第 1 楔骨和第 1 跖骨底。与腓骨长肌腱在此形成肌腱袢维持足弓。

（2）趾长伸肌：起于胫骨外侧髁、腓骨前面上 3/4 和相邻骨间膜。该肌共有 5 条腱，其中四腱止于第 2～5 趾远节趾骨；另一腱止于第 5 跖骨底，称第三腓骨肌，为人类所特有。近固定时，使足伸和外翻。

负重勾脚等练习可以发展小腿前群力量。

（3）小腿三头肌：小腿肌后群，腓肠肌（gastrocnemius）内、外侧头分别起自股骨内、外上髁，比目鱼肌（soleus）起自胫骨和腓骨后上部。止于跟结节。近固定时，使足跖屈，腓肠肌还能在膝关节处屈小腿。远固定时，在膝关节处拉大腿向后，协助伸膝，维持直立。

徒手或负重后蹬跑、上坡跑、立定跳远、蛙跳、多级跨跳、负重提踵、跳绳、纵跳摸高等练习，可以发展小腿后群力量。

4. 足肌分足背肌和足底肌

足背肌只有两块伸趾的短肌。足底肌分为内侧、外侧和中间的三群。

第四节　骨骼肌与运动

一、肌肉的收缩形式及比较

（一）肌肉的协作关系

一个简单的动作，也往往不是一块肌肉所能完成的，而复杂的动作，则在数块或数群肌肉的协调工作下，使环节产生各种各样的运动或使人体维持某种姿势。

根据肌肉在运动中所起的作用，可分为原动肌（protagonist muscles）、主动肌（agonist muscles）、协同肌（synergist muscles）、对抗肌（antagonist muscles）、固定肌（fixation muscles）等。

（二）多关节肌“主动不足”和“被动不足”

跨过一个关节的肌肉叫单关节肌，如肱肌。跨过两个或两个以上关节的肌肉叫多关节肌，如股直肌、肱二头肌。

1. 多关节肌“主动不足”

多关节肌作为原动肌工作时，其肌力充分作用于一个关节后，就不能再充分作用于其他关节，这种现象称为多关节肌“主动不足”。实质是肌力不足。如充分屈指后，再屈腕，则会感到屈指无力（抓握无力）。武术中的擒拿很多就是利用多关肌的这种主动不足。运动中如出现此现象，应注意发展该肌肉群力量。

2. 多关节肌“被动不足”

多关节肌作为对抗肌出现时，已在一个关节处被拉长后，在其他的关节处再不能被拉长的现象，叫多关节肌“被动不足”。实质是肌肉伸展不足。如伸膝后再屈髋（直腿前摆），腿摆不高，即股后肌群发生了多关节肌“被动不足”。运动训练中所谓的“拉韧带”（实际为牵拉、伸展肌肉和肌腱）就是为克服多关节肌的被动不足。注意发展伸展性，对提高运动成绩和预防运动损伤的发生有着重要意义。

（三）肌肉的收缩形式

骨骼肌收缩时，根据肌肉长度的变化可以分为向心收缩、等长收缩和离心收缩等形式；根据张力、速度等收缩特征的表现又可分为等张收缩、等动收缩等形式。

1. 向心收缩

肌肉收缩时，长度缩短、起止点相互靠近的收缩称为向心收缩（concentric contraction）。

2. 等长收缩

肌肉在收缩时其长度不变的收缩为等长收缩（isometric contraction），也称为静力收缩。如体操中的“十字支撑”、“直角支撑”和武术中的站桩。

3. 离心收缩

肌肉在收缩产生张力的同时被拉长的收缩称为离心收缩（eccentric contraction）。如下蹲时，股四头肌在收缩的同时被拉长，以控制重力对人体的作用，使身体缓慢下蹲，起缓冲作用。如跳远起跳前缓冲以及下坡跑和下楼梯等也需要肌肉进行离心收缩。

同一块肌肉，在收缩速度相同的情况下，离心收缩可产生最大的张力。离心收缩产生的力量比向心收缩大50%左右，比等长收缩大25%左右。这主要是肌肉受到外力的牵张时会反射性地引起收缩，同时肌肉中的弹性成分和收缩成分都因被拉长而产生阻力。

在输出功率相同的情况下，肌肉离心收缩时所消耗的能量低于向心收缩，如下楼梯的能量消耗是上楼梯的1/3。

但大负荷的肌肉离心收缩比向心收缩更容易引起肌肉酸疼和肌纤维超微结构以及收缩蛋白代谢的变化。

4. 等张收缩

肌肉在收缩时，张力相等，长度发生改变的收缩称为等张收缩（isotonic contraction）。在平时举起重物时肌肉多是以等张的形式收缩的。

5. 等动收缩

在整个运动范围内关节环绕的速度恒定，且外部阻力与肌肉收缩时产生的力量始终相等的收缩称为等动收缩（isokinetic contraction），也称为等速收缩。自由泳的划水动作就是近似的等动收缩。等动收缩与等张收缩具有本质的不同。肌肉进行等动收缩时，在整个运动范围内都能产生最大的张力。理论和实践证明，等动练习是健身运动时提高肌肉力量的有效手段。

不同的运动项目有着各自的肌肉用力特点，在进行力量训练时，一定要根据项目特点进行合理的安排。

二、肌纤维类型与运动专项

（一）肌纤维类型的划分

骨骼肌具有不同的肌纤维类型（muscle fiber type）。1873年，法国人兰维尔（Ranuier）将骨骼肌纤维分为红肌和白肌，发现红肌收缩较慢，白肌收缩较快。如长途飞行的鸽子胸肌是红肌，家鸡的胸肌呈白色的为白肌。这种红白肌之分，主要和肌纤维内肌红蛋白含量的多少相关。

酶组织化学法研究将红肌确定为Ⅰ型，白肌确定为Ⅱ型，红、白肌之间还有中间型。根据肌球蛋白ATPase对酸碱的稳定性不同，分别将肌纤维分为Ⅰ型、Ⅱa型和Ⅱb型。

按肌肉收缩及代谢特点，肌纤维又可以分为：慢缩、氧化型（SO），快缩、糖酵解型（FG）和快缩、氧化、糖酵解型（FOG）三种类型。

（二）不同类型肌纤维的形态、机能及代谢特征

1. 不同肌纤维的形态特征：快肌纤维的直径较大，含有较多的收缩蛋白，肌浆网发达，支配其收缩的神经纤维较粗。而慢肌纤维毛细血管网丰富，也含有较多的肌红蛋白，所含线粒体数量多、体积大。

2. 生理学特征：快肌纤维收缩速度快，慢肌纤维收缩速度慢。快肌运动单位的收缩力量明显大于慢肌运动单位。与慢肌纤维相比，快肌纤维在收缩时能产生较大的力量，但容易疲劳。

3. 代谢特征：慢肌纤维以有氧代谢供能为主；快肌纤维以无氧代谢供能为主。

（三）不同类型肌纤维的动员

在运动中不同类型的肌纤维参与工作的程度依运动强度而定。高耐克等人让受试者以64%最大摄氧量强度运动，发现慢肌纤维中的糖原首先被消耗，继而转向快肌纤维。甚至当慢肌纤维中的糖原完全空竭时，快肌纤维中还有糖原剩余。而以150%最大摄氧量强度运动时，快肌纤维中的糖原首先被消耗。这说明：在以较低的强度运动时，慢肌纤维首先被动员；而在运动强度较大时，快肌纤维首先被动员。

在运动训练时，采用不同强度的练习可以发展不同类型的肌纤维。为了增强快肌纤维的代谢能力，训练计划必须包括大强度的练习；如果要提高慢肌纤维的代谢能力，训练计划就要由低强度、持续时间较长的练习组成。

（四）肌纤维类型与运动项目

常常用针刺活检取样法来获得身体中骨骼肌肌纤维组成的数据。男女受试者上下肢肌肉的慢肌纤维百分比平均为40～60%。

运动员的肌纤维组成具有项目特点：时间短、强度大项目运动员快肌纤维百分比比从事耐力项目运动员和一般人高；耐力项目运动员慢肌纤维百分比高于非耐力项目运动员和一般人；既需要耐力又需速度项目的运动员（如中跑、自行车等），快肌纤维和慢肌纤维百分比相当。

（五）训练对肌纤维的影响

萨尔庭（Saltin）发现耐力训练可引起慢肌纤维选择性肥大，速度、爆发力训练可引起快肌纤维选择性肥大。同时也会发生与代谢有关的酶活性的适应性改变。

三、肌电图及其应用

骨骼肌在兴奋时，会由于肌纤维动作电位的传导和扩布而发生电位变化，这种电位变化称为肌电。用适当的方法将骨骼肌兴奋时发生的电位变化引导、放大并记录所得到的图形，称为肌电图（electromyogram，EMG）。

肌电信号的引导电极可分为两大类，一类是针电极（needle electrode），另一类是表面电极（surface electrode）。在体育科研中，广泛使用的是表面电极。

在运动过程中可用多导肌电图仪将肌电记录下来。然后，根据运动中每块肌肉的放电顺序和肌电幅度，结合高速摄像等技术，对运动员的动作进行分析诊断。分析某项运动技术，找出在完成该项动作时有哪些肌肉参加，各个肌肉用力程度怎样，顺序如何，可直接为科学地安排教学与训练提供依据（图 2－23）。

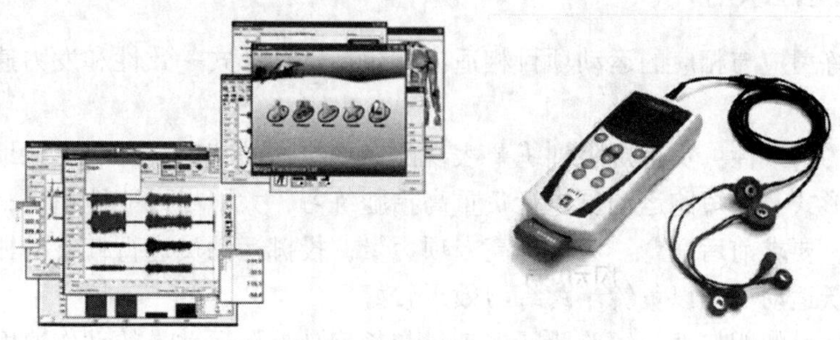

图 2－23 肌电图仪在体育科学研究中广泛应用

四、肌肉力量训练的基本原则

（一）大负荷原则

要取得较明显的力量增长，练习时阻力应接近或达到甚至略超过肌肉所能承受的最大负荷。有学者认为最好给予超过本人最大肌肉力量 2/3 的负荷，但在实际练习时，还要考虑运动项目的特点及训练的目的。

（二）渐增负荷原则

力量训练过程中，随着训练水平的提高，肌肉所克服的阻力也应随之增加，才能保证最大肌力的持续增长。

力量练习时常用最大重复次数（repetition maximum，RM）来表示力量训练的负荷强度。最大重复次数是指肌肉收缩所能克服某一负荷的最大次数。表 2－1 反映出不同训练目的的力量练习的大致参考负荷强度。

表 2－1 不同训练目的力量练习的参考运动负荷强度

项目	训练目的	最大肌力（%）	起始负荷	调整负荷
举重、投掷等	最大肌力	90～100	1～3RM	3～5 RM
短跑、跳跃等	最大肌力和爆发力	75～90	5～8RM	8～12 RM
健身、中长跑等	肌肉耐力	50～75	12～15RM	20～25 RM

负重抗阻练习在重复多次练习中，由于肌肉力量的增加，使原来的超负荷就慢慢地变为“低负荷”了。为使肌肉力量继续增加，就必须增加阻抗负荷，即达到新的“超负

荷”。如某人做杠铃负重半蹲练习，开始用60kg的负荷，最多只能重复8次（即8RM），经训练后同样为60kg可重复12次（12RM），这时应调整负荷，使新负荷又只能重复8次。即“负荷到8，训练到12”。

（三）专门性原则

肌肉力量练习应与相应的运动项目相适应。包括运动形式一致性和发力速率特点的相似性。

运动形式的一致性：负重抗阻训练要表现出专项技术的特性，即尽可能地模拟专项技术的实际运动形式。如短跑运动员进行负重高抬腿练习，大腿尽可能地抬高；手持哑铃练习上肢力量时，要求前后摆臂。为了提高专项力量，投掷运动员进行杠铃的抓举、挺举比较合适，而跳跃运动员则以负铃半蹲练习效果较好。

发力速率特点的相似性：短跑跳跃运动员与长跑马拉松运动员的动作速度不同，应采用不同的力量训练负荷大小和练习速率。优秀运动员的动作速度和练习节拍应当用接近于比赛时的动作特点，最大限度地发展专项力量素质，完善专项技术。

（四）负荷顺序原则

指力量练习过程中应考虑前后练习动作的科学性和合理性。先练大肌肉、后练小肌肉，前后相邻运动避免使用同一肌群。因为大肌肉兴奋面广，对其他肌肉也有良性刺激作用。小肌肉练习容易疲劳，而先行疲劳的小肌肉群较易在大肌肉练习过程中造成损伤。

（五）有效运动负荷原则

指要使肌肉力量获得稳定提高，应保证有足够大的运动强度和运动时间，以引起肌纤维明显的结构和生理生化改变。通常每次力量训练应有不少于三组接近或达到肌肉疲劳的力量练习，才能使肌肉力量逐渐提高。

力量练习时，也要注意合理的时间间隔。中等强度力量训练可隔天进行；大强度力竭训练一周进行1～2次。

名　词

骨龄、半月板、RM、向心收缩、等长收缩、离心收缩、等动收缩、肌电图

复习思考题

1. 简述人体解剖学的标准姿势。
2. 简述人体解剖的方位、基本轴和基本面。
3. 描述关节的运动形式。
4. 描述人体的骨组成。
5. 描述引体向上和纵跳时主要用力的肌肉。
6. 力量训练原则与规律。
7. 不同类型肌纤维的形态学、生理学和生物化学特征是什么？
8. 简述肌电图在体育科研中的应用。

主要参考文献

1. 全国体育院校教材委员会审定．运动解剖学［M］．北京：人民体育出版社，2000.

2. 中华人民共和国体育运动委员会．《中国人手腕骨发育标准－CHN 法》－TY/T 001－92. 北京：人民体育出版社，1992.

3. 张绍岩，邵伟东，杨士增等．中国人骨成熟度评价标准及应用－CHN 计分法和骨龄标准图谱［M］．北京：人民体育出版社，1995.

4. 王瑞元主编．运动生理学［M］．北京：人民体育出版社，2002.

第三章 人体运动时的气体运输与能量代谢

提要 本章介绍了呼吸系统、血液和循环系统的基本组成与功能，阐述了其在氧气和二氧化碳运输过程中的重要作用。论述了骨骼肌收缩时能量供应的三个系统，即磷酸原系统、酵解能系统和氧化能系统的供能特点及相关理论在运动训练中的应用。

人体的运动是由骨骼肌收缩而达到，而骨骼肌收缩同生命的其他现象一样是需要能量的。能量的产生也有不同方式，如适合爆发性用力和快速运动需要的无氧供能方式，适合长时间持续运动需要的有氧供能方式等。能量在体内的最终来源是氧对各种能源物质（糖、脂肪、蛋白质）的氧化分解，这种产能的过程需要机体的呼吸、循环系统保证骨骼肌氧气的供给和代谢产物的运输、清除，需要机体神经、体液的调节，以达到在运动中最佳的代谢表现。

第一节 呼吸、循环对机体能量代谢的保障

一、呼吸系统的组成与功能

呼吸系统包括呼吸道和肺。呼吸道分上、下两部分，上呼吸道由鼻、咽、喉组成，下呼吸道由气管及各级支气管组成。呼吸道为气体的传导部分。肺则通过肺泡容纳气体和进行气体交换（图3－1）。

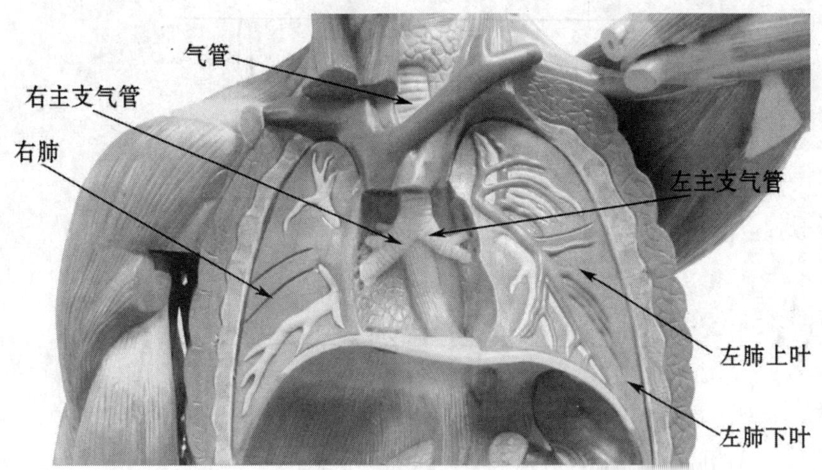

图3－1 呼吸系统的组成

（一）呼吸运动和肺通气机能

人体在进行新陈代谢过程中所需的能量，都是通过氧化体内的营养物质而获得。为此，人体必须从外界不断地摄取 O_2（氧），同时不断地将体内所产生的 CO_2（二氧化碳）排出体外。这种人体与外界环境之间进行的气体交换，称为呼吸。

1. 呼吸过程的环节组成

呼吸的全过程由三个环节组成，即外呼吸、气体运输和内呼吸。

外呼吸在肺部实现外界环境与血液间的气体交换，它包括肺通气（外界环境与肺之间的气体交换过程）和肺换气（肺与肺毛细血管中血液之间的气体交换过程）。

气体运输由血液载运气体，血液在肺部获得的 O_2，经由循环系统将 O_2 运送到组织毛细血管；组织细胞代谢所产生的 CO_2 通过组织毛细血管进入血液，经由循环系统将 CO_2 运送到肺部。

内呼吸是指组织毛细血管中血液通过组织液与组织细胞间实现的气体交换（又叫组织换气）。

2. 呼吸时肺通气能力的评价指标

肺所容纳的气体量称为肺容量。在呼吸运动中，肺容量发生周期性变化，变化的大小取决于呼吸的深度（图3－2）。

人体每一呼吸周期中，吸入或呼出的气量称为潮气量（tidal volume）。单位时间内吸入（或呼出）的气量称为肺通气量（pulmonary ventilation volume，VE）。一般以每分钟为单位计量，故也称每分通气量。若呼吸深度一致，则每分通气量为：

每分通气量＝呼吸深度（潮气量）×呼吸频率（每分钟呼吸次数）

安静时成年人的每分通气量为6～8升。剧烈运动时，呼吸频率可增至40～60次/分，每分通气量可增至80～150升或更多（180～200升）。

人的通气能力还可以用肺活量指标来评价。最大深吸气后，再做最大呼气时所呼出的气量，称为肺活量（vital capacity）。正常成人肺活量的平均值，男性约为3500ml，女性

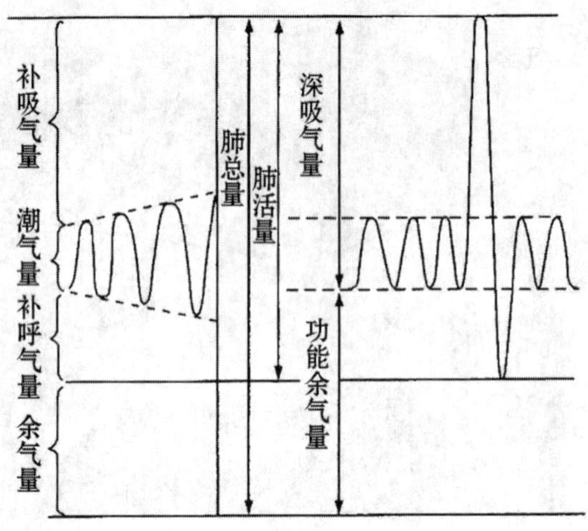

图 3－2　呼吸时肺容量的变化

约为 2500ml。运动锻炼既能使人的肺活量水平提高，也能延缓肺活量的衰减，高水平的运动员肺活量可达 7000ml 之多。肺活量的大小与性别、年龄、体表面积、胸廓大小、呼吸肌发达程度以及肺和胸壁的弹性等因素有关，而且有较大的个体差异。运动员中投掷运动员的肺活量最大，其次是游泳运动员、中长跑运动员的肺活量较大。

（二）气体的运输

肺泡与肺泡毛细血管血液之间的气体交换称为肺换气。体内毛细血管血液与组织细胞之间的气体交换称为组织换气。肺换气和组织换气之间借助于血液运输 O_2 和 CO_2。血液运输气体有两种方式，小部分是以物理溶解的方式进行运输，大部分是以化学结合的方式运输。

进入血液氧气约有 1.5% 溶于血浆进行物理溶解运输，98.5% 进入红细胞中与血红蛋白结合进行化学结合运输。

二氧化碳运输中 6% 为物理溶解，化学结合中大部分（87%）是以碳酸氢盐的形式（$NaHCO_3$ 和 $KHCO_3$）运输，少部分（7%）CO_2 与血红蛋白形成氨基甲酸血红蛋白进行运输的。

（三）运动时的合理呼吸

获得氧气是氧化能源物质提供能量的首要前提，排出二氧化碳则是保持机体内环境的重要基础，因此在运动中保持通畅、高效的呼吸对于体能的发挥是非常重要的。同时，呼吸会影响全身用力的配合与协调，因此合理的呼吸也有利于一些专项技术的发挥。

1. 运动时要提高肺泡通气效率

运动时（特别是在感到呼吸困难、缺氧严重的情况下），人体的呼吸会变得急促而表浅，使肺泡气体交换效率降低。因此要采用节制呼吸频率，在适当加大呼吸深度的同时注重深呼气的呼吸方法，更有助于提高机体的肺泡通气量。周期性的运动采用富有节奏的、混合型的呼吸将会使运动更加轻松和协调，更有利于创造出好的运动成绩。

2. 运动时呼吸形式与技术动作的配合

呼吸时按其主要呼吸肌的收缩特点可以分为腹式呼吸和胸式呼吸。以膈肌活动为主，腹部起伏较大的呼吸形式称为腹式呼吸。以肋间肌的活动使肋骨发生提降为主，胸部起伏较大的呼吸形式为胸式呼吸。

运动时，应根据有利于技术动作的运用而又不妨碍正常呼吸为原则，灵活转换呼吸形式。肩胸带固定的动作，如体操中的手倒立应采用腹式呼吸使身体重心更稳定；腹部用力的动作，如仰卧起坐采用胸式呼吸更有利于动作的完成。

3. 呼吸时相与技术动作的配合

一般在完成两臂前屈、外展、提肩、展体等动作时，肋骨上提、胸廓扩大，应采用吸气；在完成两臂后伸、内收、塌肩、屈体等动作时，肋骨下移、胸廓缩小，应采用呼气。如"杠铃卧推"动作中，杠铃推起过程（臂内收、收胸）应采用呼气，杠铃放下过程（臂外展、扩胸）应采用吸气；"仰卧起坐"动作中，起坐过程（屈体）应采用呼气，仰卧过程（展体）应采用吸气。

4. 合理运用憋气

通常在完成最大静止用力动作时，需要憋气来配合，这样可以通过神经反射产生更大的力量表现。如举重、摔跤中的发力动作。同时憋气也为有关的运动环节创造最有效的收缩条件。如短跑憋气利于摆臂稳定，射击击发时憋气有利于动作的稳定。

但憋气也有一些不良影响，如长时憋气压迫胸腔，静脉血回心受阻，心输出量锐减，血压下降，导致心肌、脑细胞及视网膜供血不全，头晕、恶心、耳鸣和眼黑等感觉。憋气结束后人体会反射性地深呼吸，造成胸内压骤减，静脉的血液迅速回心，冲击心肌过度伸展。这对儿童和老年人都会带来不良后果，因此憋气不可过长、过多。

二、血液的组成与机能

（一）血液的组成

血液是一种粘滞的液体，由血细胞和血浆组成。血浆为淡黄色，约占全血中的50%～60%。

红细胞为暗红色，占全血40%～50%。红细胞在全血中所占的容积百分比称为红细胞比容或压积。其中男子约为40%～50%，女子约为37%～48%。血小板和白细胞数量较少。血细胞的分类计数可以使用血球计数仪来进行（图3－3）。

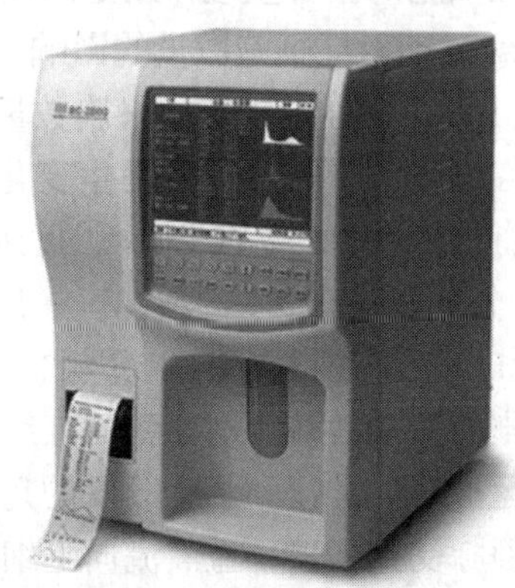

图3－3　血球计数仪

（可进行血细胞的分类计数测量）

（二）血液的功能

1. 维持内环境的相对稳定作用

血液能维持水、氧和营养物质的含量；维持渗透压、酸碱度、体温和血液有形成分等的相对稳定。这些因素的相对稳定会使人体的内环境相对稳定。只有在内环境相对稳定时，人体组织细胞才有正常的兴奋性和生理活动。

2. 运输作用

血液不断地将从呼吸器官吸入的氧和消化系统吸收的营养物质，运送到身体各处，供给组织细胞进行代谢；同时，又将全身各组织细胞的代谢产物——二氧化碳、水、尿素等运输到肺、肾、皮肤等器官排出体外。

3. 调节作用

血液将内分泌的激素运输到周身，作用于相应的器官（称靶器官）改变其活动，起着体液调节作用。所以，血液是神经——体液调节的媒介。

通过皮肤的血管舒缩活动，血液在调节体温过程中发挥重要作用。温度升高时，皮肤的血管舒张，血液将体内深部产热器官产生的热运送到体表散发；温度降低时，皮肤血管则收缩，减少皮肤的血流量，以维持体温。

4. 防御和保护作用

血液有防御和净化作用，白细胞对于侵入人体的微生物和体内的坏死组织都有吞噬分解作用，称为细胞防御。血浆中含有多种免疫物质，如抗毒素、溶菌素等，总称为抗体。抗体能对抗或消灭外来的细菌和毒素（总称为抗原），从而免于传染性疾病的发生。血小板有加速凝血和止血作用，机体损伤出血时，血液能够在伤口发生凝固，防止继续出血，对人体具有保护作用。

（三）血细胞、血红蛋白在运动员机能评定中的作用

1. 红细胞的生理特性

正常成熟的红细胞（erythrocyte，red blood cell，RBC）没有细胞核，形状圆而扁，边缘较厚（约 2 微米），中央薄（约 1 微米），直径约 6 ~ 9 微米。红细胞的平均寿命为 120 天。成年男子 450 ~ 550 万个/立方毫米，平均为 500 万个；成年女子 380 ~ 460 万个/立方毫米，平均为 420 万个。

红细胞的主要生理作用是运输氧和二氧化碳，缓冲血液的酸碱度。

2. 运动对红细胞数量的影响

（1）一次性运动对红细胞数量的影响

红细胞数量因运动而发生变化，其数量变化与运动的种类、运动强度和持续时间有关。有报道在 100% VO_2max 强度运动后即刻，红细胞数目比运动前增加 10% 左右，运动后 30 分钟也还有 5% 的增加。一般认为，进行短时间大强度快速运动比进行长时间耐力运动红细胞增加得更明显，因贮存的血液中血细胞更多些。

剧烈运动后即刻观察到的红细胞数增多，主要是由于血液重新分布的变化所引起。长时间运动时，排汗和不感蒸发的亢进引起血液浓缩。在进行力量练习时，肌肉持续紧张收缩使静脉受到压迫，血液流向毛细血管增多，并贮留在那儿使毛细血管内压升高，血浆中的水分渗出，也使血液出现浓缩。运动中红细胞数量的暂时性增加，在运动停止后便开始恢复，1 ~ 2 小时后可恢复到正常水平。

（2）长期运动训练对红细胞数量的影响

经过长时间、系统的运动训练，尤其是耐力性训练的运动员在安静时，其红细胞数并不比一般人高，有的甚至低于正常值，但这又与疲劳引起的运动性贫血不同，这种现象被称为运动性假性贫血。这种现象在耐力性项目运动员中较为常见。

目前国内运动员所采用的检测贫血的指标是按照临床医学的方法和标准，即以单位容积中血红蛋白的含量（g/dl）和以单位体积中红细胞的数量进行评定。这样，无法从整体上（如红细胞总量或单位体重中红细胞数和血红蛋白含量）加以评定。实际上，很多资料表明，运动员红细胞总量较一般人有明显增加。Strand 等人报道，耐力训练可使人体血容量增加 8%，其中血浆容量增加较多，红细胞容量增加相对较少。

3. 血红蛋白在运动训练中的运用

血红蛋白（hemoglobin，Hb）是红细胞内的主要成分，是一种结合蛋白质。每一血红蛋白分子由一分子的珠蛋白和四分子亚铁血红素组成，珠蛋白约占 96%，血红素占 4%。红细胞携带 O_2 和 CO_2 这一机能就是靠红细胞内的血红蛋白来完成的。

由于 Hb 指标相对稳定，又能较敏感地反映身体机能状态，所以，在运动训练中经常利用这一指标评定运动员机能状态、训练水平，预测运动能力。

运动员经过系统的运动训练，血液的有形成分会发生一些变化。正常情况下 Hb 的变化与红细胞的变化是一致的，运动中凡能影响红细胞的因素都能影响 Hb。

我国成年男性血红蛋白浓度为 120 ~ 160g/L，成年女性为 110 ~ 150g/L。血红蛋白过低或过高都会影响运动员的运动能力。血红蛋白低于正常值，即出现贫血，氧和营养物质供给不足，必然导致工作能力下降。血红蛋白值过高时，血液中红细胞数量和压积也必然增多。这样，血流的黏滞性增大，造成血流阻力增加和心脏负担加重，也会引起身体一系列的不适应和紊乱。

由于运动员血红蛋白值存在个体差异，不能用一个统一的正常值标准来评定运动员血红蛋白含量。应针对每一个体情况进行测定和分析。另外，冬训期间评价标准应略低，女运动员月经期间亦稍低，这是正常的生理波动。

运动训练实践证明，在运动员选材的应用中，以血红蛋白值高、波动小者为最佳。这种类型运动员能耐受大负荷运动训练，从事耐力性项目运动较好。而以血红蛋白值偏低波动大者为较差。

4. 白细胞的生理特性及对运动的反应

白细胞（leukocyte，white blood cell，WBC）无色，有核，体积比红细胞大。根据形态差异可分为颗粒和无颗粒两大类。颗粒白细胞的细胞浆含有颗粒，根据颗粒染色的不同分为中性、嗜酸性和嗜碱性粒细胞；无颗粒白细胞分为淋巴细胞和单核细胞。

化验单中的白细胞计数（WBC）是指测定单位体积血液中白细胞的总数，而分类计数是指各种白细胞的百分比。白细胞的总数为 $4.0 \sim 10.0 \times 10^9/L$（$4000 \sim 10000/mm^3$），中性粒细胞占 50% ~70%，淋巴细胞占 20% ~30%，单核细胞占 2% ~8%，嗜酸性粒细胞占 0% ~7%，嗜碱性粒细胞占 0% ~1%。一般而言，只要掌握白细胞计数、中性粒细胞（N）和淋巴细胞（L）的分类就可以了。

在不同生理情况下白细胞数量波动范围较大，如一天之内，下午较早晨多；新生儿最高，出生后 3 天 ~3 月为 $10 \times 10^9/L$；进食、疼痛、运动、情绪激动、月经期、妊娠、分娩时白细胞数量增高。

高强度的运动会使白细胞的数量明显增加。研究表明，白细胞总数和淋巴细胞增加的最大幅度出现在最大负荷运动停止后即刻。其增加的幅度随最大负荷运动的持续时间延长而增加。以较低的强度运动时，无论是短时间（5 分钟）还是持续长时间（30 分钟），运动停止后即刻白细胞总数和淋巴细胞数的增加幅度都显著低于最大负荷运动后即刻。随着运动时间的延长，白细胞总数和淋巴细胞数的增加幅度反而减少。

运动停止后白细胞的数量会逐渐恢复。运动后白细胞的恢复与运动强度和持续时间有关。运动强度越大，持续时间越长，白细胞的恢复速度越慢。

三、循环系统的组成与功能

呼吸系统获得的氧气要通过血液循环系统进行运输，以到达全身各处。剧烈运动时的肌肉收缩需要大量的 O_2 和营养物质，同时也需要把代谢产生的 CO_2 和代谢废物运走。

（一）循环系统的组成

循环系统分为心血管系统和淋巴管系统。心血管系统包括心脏和血管。心脏是血液循环的动力器官。血管分为动脉、静脉和毛细血管。动脉是输送血液离开心脏的血管；静脉是输送血液返回心脏的血管；毛细血管则是连于动脉和静脉之间的微细血管。

动脉血是经过肺脏气体交换后含 O_2 较多的血液。静脉血是通过组织细胞物质交换和气体交换后含 CO_2 较多的血液。

淋巴管系统主要包括毛细淋巴管、淋巴管、淋巴干和淋巴导管。

（二）循环系统的主要功能

血液循环系统的主要功能是完成体内运输作用，通过血液和淋巴把消化器官吸收的营养物质、肺吸收的氧和内分泌器官分泌的激素运送到全身各器官、组织和细胞进行新陈代谢，同时又将各器官、组织和细胞的代谢产物，如 CO_2、尿素等废物带至肺、肾、皮肤等器官而排出体外。机体内环境理化特性的维持和血液防卫机能的实现，也依赖于血液循环。

（三）心脏的结构与功能

心脏是血液循环的动力装置，是实现泵血功能的肌肉器官。生命过程中，心脏不断做收缩和舒张的交替活动，舒张时容纳静脉血返回心脏，收缩时把血液射入动脉，为血液流动提供能量。

1. 心脏的结构

心脏位于胸腔两肺间的纵隔内，似前后略扁的圆锥体，尖向左前下方，底向右后上方。心脏是一个由心肌组织构成并具有瓣膜结构的空腔器官（图 3 -4）。心脏分为四腔室，上层的左心房、右心房，下层的左心室、右心室。在心房和心室之间有房室瓣，在每一心室和大动脉之间有半月瓣。瓣膜的功能是保证血流在心脏内朝着一个方向流动，防止血液逆流。

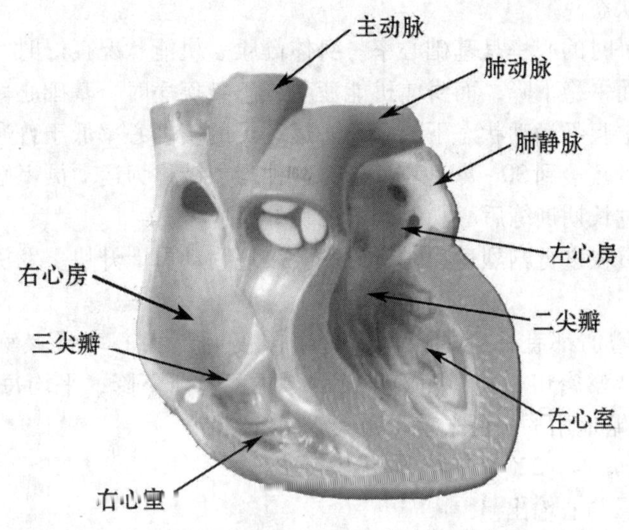

图3－4　心脏的结构

2. 心脏的功能

心肌在不受外来刺激的情况下，能自动地产生兴奋和收缩，这种特性称为自动节律性。正常情况下这种节律来自于窦房结（位于上腔静脉入口与右心房的交界处），然后通过结间束、房室结、房室束及左右束支及浦肯野氏纤维传递到整个心肌，引起心脏有节律地收缩泵血。正常情况下，这种以窦房结为起搏点的心脏节律活动称为窦性心律。在窦房结异常不能完成起搏功能情况下，浦肯野细胞自律性可能显现出来，主导心脏搏动，此时的心跳次数会明显减慢，称为异位心律。

心肌发生一次兴奋后，其有效不应期特别长，可达200毫秒，因此，心脏不会产生强直收缩，始终保持收缩和舒张交替的节律活动，从而保证了心脏的充盈与射血。

心脏通过这种节律性的收缩舒张活动以及由此而引起的瓣膜的节律性的开启和关闭，推动血液沿单一的方向循环流动，实现泵血功能，维持血液循环。

近些年来还发现心脏还具有内分泌功能，可合成和分泌心钠素和某些生物活性肽。心钠素具有利钠、利尿作用，此外还与某些高血压、水肿、心力衰竭等病症有关。

3. 心脏功能的评定

运动员应具有良好的心脏泵血功能。剧烈运动时，机体各组织、器官的血液重新分布，心输出量80%～90%用于供应运动的肌肉。

反映心脏功能的常用指标有心动周期、心率、每搏输出量和心输出量等。

（1）心动周期与心率

心脏收缩和舒张一次所经历的时间，称为心动周期（cardiac cycle）。心脏每分钟搏动的次数称为心率（heart rate）。心率即指一分钟的心动周期次数，二者的关系可表示为：

心率＝60秒/心动周期

正常人安静时，心率约在60～100次/分之间。进行评价时，常用的心率有基础心率、安静心率、最大心率、运动时心率和运动后心率的恢复等，用来反映心脏收缩功能、运动强度以及整体机能状态。

清晨起床前静卧时的心率是基础心率。身体健康、机能状况良好时，基础心率稳定并随训练水平的提高而平稳下降，而身体机能疲劳或感染疾病时，基础心率则会有所上升。

安静心率是指空腹不运动状态下的心率。运动员的安静心率低于普通人，耐力性项目运动员的安静心率可减慢到30～40多次/分，这种现象被称为运动员窦性心动徐缓。一般认为这是运动员经过长期训练后心功能改善的良好反应。

有训练的运动员在进行剧烈运动时，心率会表现为动员上升快、发挥潜力大、运动后恢复快的特点。

每个人的心率增加都有一定的限度，这个限度叫最大心率（又称极限心率，HR-max）。最大心率与年龄密切相关，随着年龄的增加而有所下降，平均每年减少0.7～0.8次/分，因此可以粗略地用下列公式表示最大心率：

最大心率（次/分）＝220－年龄

（2）每搏输出量与心输出量

一侧心室每次收缩所射出的血量称为每搏输出量（stroke volume，SV）。每搏输出量是心室舒张末期容积与收缩末期容积之差，正常成年人安静时每搏输出量约60～80毫升，随着代谢水平的提高而增加，达到最大值后，如果代谢水平进一步提高，每搏量将下降。

每分钟左心室射入主动脉的血量称为心输出量（cardiac output，CO）。心脏的泵血运氧功能决定了心输出量与机体的代谢率密切相关。在剧烈运动时，心输出量可较安静值提高5～7倍。从事最大运动时，运动员的心输出量可以从安静的5升/分提高到35升/分，明显高于普通人的22升/分，可以运输更多的O_2和CO_2。

心输出量除与机体代谢水平相适应外，还因性别、年龄和生理状况不同而异。正常成年人安静状态下的心输出量约为3～6升/分，女性比同体重男性的心输出量约低10%，青年时期的心输出量高于老年。

心脏的功能状态通常利用心电图、超声心动图进行评定。

（3）利用心电图进行心脏功能的评定

用引导电极置换于肢体或躯体的一定部位记录出的心脏电变化曲线称为心电图（electrocardiogram，ECG）。心电图是心脏兴奋的发生、传播及恢复过程的客观反映，它是心脏机械收缩活动的先决条件。分析研究心电图对了解心脏活动情况和诊断心脏疾病有重要的价值，心电图可用于对各种心律失常、心室心房肥大、心肌梗死、心肌缺血等病症检查。

在记录心电图时，测量电极在人体安放位置和连线方式方法称为导联。导联不同，记录到的心电图波形不同，临床上常规测试时为标准的12导联。包括肢体导联Ⅰ、Ⅱ、Ⅲ，加压肢体导联aVR、aVL、aVF和心前区导联（胸导联）V1～V6。其中以标准Ⅱ导联所记录的心电图最为典型，通常进行单导联心电监护时都记录此导联。以标准Ⅱ导联心电图（图3－5）为例，心电图各波及间期的意义如下。

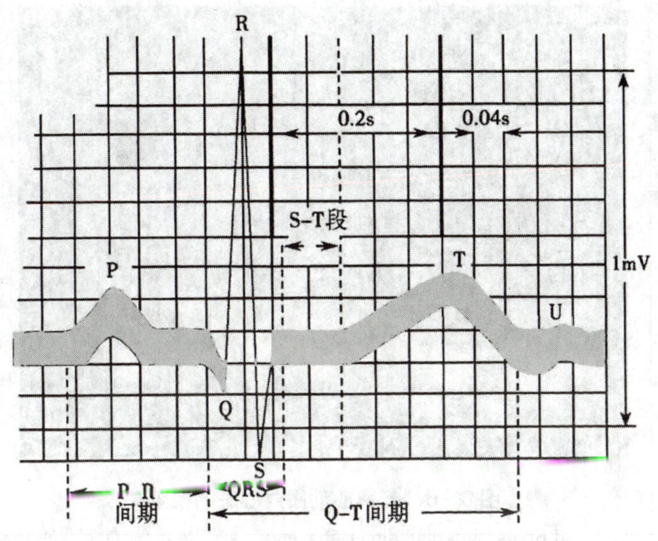

图3－5　正常人心电模式图

P波：反映左右心房去极化过程的电变化。历时0.08～0.11s，波幅不超过0.25mV。

QRS波群：反映左右心室兴奋去极化过程。历时0.06～0.10s。

T波：反映左右心室复极化过程。历时0.05～0.25s，波幅为0.1～0.8mV。

U波：T波之后还可能出现的低而宽的小波。历时0.1～0.3s，波幅小于0.05mV。

P－R（或P－Q）间期：反映兴奋从窦房结传向心室肌并引起心室肌兴奋所需的时间，故称为房室传导时间。一般为0.12～0.20s，发生房室传导阻滞时会延长。

Q－T间期：代表心室从去极化到完全复极化的时间。受心率影响较明显，心率越快，历时越短。

S－T段：代表心室各部分心肌均处于去极化状态。正常时S－T段应与基线平齐，出现压低或抬高常表示心肌缺血或损伤。

运动员的安静心电图会有一些特殊的表现。如长期系统训练心功能提高会有运动员（特别是耐力项目运动员）出现窦性心动过缓；心肌肥厚时会有运动员出现左心室高电压或不完全性右束支传导阻滞；当过度训练出现疲劳时会有运动员出现显著的窦性心率不齐、过早搏动、非特异性T波改变等。

（4）利用超声心动图进行心脏功能的评定

超声心动图（ultrasound cardiogram，echocardiography）是应用超声波扫描技术和超声波通过组织各层结构时发生的反射特性，观察心脏、大血管的形态结构和搏动状态，了解房室收缩、舒张与瓣膜的关闭和开放活动规律的一种无创伤性检查方法。可为诊断心脏疾病提供直观的、动态的、连续的观察，对某些心脏疾病的诊断准确性较高，且对病人是无损伤和无痛苦的，是目前心脏疾病辅助诊断的重要手段。超声心动图已成为用于瓣膜病、心肌病、心包病、先天性心脏病、高血压病、冠心病、肺心病等心血管病不可缺少的一种检查技术手段（图3－6）。

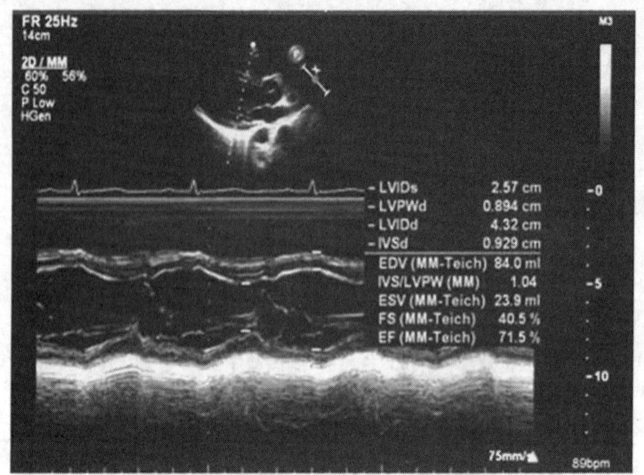

图 3－6　超声心动图对心脏的检查

（注：LVIDs（Left ventricular internal dimension end－systole）为左室收缩末期内径，LVPWd（Left ventricular posterior wall diastolic）为左室后壁舒张末期厚度，LVIDd（Left ventricular internal dimension end－diastole）为左室舒张末期内径，IVSd（Interventricular septal thickness at end diastole）为室间隔舒张末期厚度，EDV（MM－Teich）为左心室舒张末期容积，IVS/LVPE（the interventricular septum /the left ventricular pre－ejection）为室间隔/左心室舒张早期血流充盈峰值速度比，ESV（Left ventricular end－systolic volume）为左心室收缩末期容积，FS（Fractional shortening）为左心室短轴缩短指数，EF（ejection fraction）为射血分数。）

超声心动图不仅可以定量分析心脏的各项功能指标，如用于每搏输出量、射血分数、心输出量等的测量，也用于运动员心肌肥大的评定，预防猝死的发生。

运动员在进行力量型运动如举重或投掷等时，心输出量可在短时间内增加，外周血管阻力急剧升高，收缩压可超过 300mmHg，长期训练后发生心肌肥厚。

鉴别运动员心脏生理性肥大与病理性肥大对减少运动员发生猝死风险有重要意义。生理性心肌肥厚通常发生于健康人群中如运动员或妊娠妇女等。病理性心肌肥厚在病变初始阶段，属于机体的代偿反应，然而，持续心肌肥厚可能导致左室功能障碍，甚至心力衰竭。运动员中运动性猝死，最常见的疾病是肥厚型心肌病，这也是无症状年轻人猝死最常见的疾病。也有部分猝死案例的致死原因是动脉粥样硬化性心脏病（冠心病）。

（四）运动训练对心血管系统的影响

1899 年，瑞典医师 Henshen 通过叩诊发现滑雪运动员心脏肥大，并将其称之为运动员心脏（athlete’s heart）或运动心脏。运动心脏是指机体长期接受系统运动刺激后逐渐形成的具有明显结构功能特征的心脏。长期以来对运动心脏的研究从宏观水平逐步深入到心肌组织、细胞及分子水平。对运动心脏的评定由最初临床医学的否定质疑到现在运动医学的普遍肯定。与一般心脏相比，运动心脏表现出特有的结构功能特点。

1. 窦性心动徐缓

运动训练使安静时心率减慢，在优秀耐力性运动员中特别明显，心率常降到 40～50 次/分，最低者竟达 21 次/分。其机理是安静状态控制心脏活动的迷走神经作用加强，而交感神经的作用减弱。窦性心动徐缓是可逆的。

运动心脏安静时虽然心率较低，但由于心脏肥大而表现出较高的搏出量，因此安静状态下的心输出量与普通心脏无明显差异。但因其较低的心率，使得每分钟能量消耗远较普通人低，表现出安静状态下心功能出现心率低、每搏量高的能量节省化现象。

窦性心动徐缓是经过长期训练后心功能改善的良好反应，故可作为判断训练程度的参考指标。

2. 运动性心脏增大

长期系统的运动训练使运动员心脏发生明显的增大，称为运动性心脏肥大。普通人心脏体积约为本人的拳头大小，重量约为 200 ~ 300 克。运动心脏通常明显超过这一重量，有的甚至超重一倍以上。超声心动图和影像测试等方法研究表明，静力及力量性项目，如投掷、摔跤和举重运动员心脏的运动性增大是以心肌增厚为主。耐力性项目，如游泳和长跑等运动员的心脏增大却以心室腔增大为主，也有报道心肌厚度也增加，但心腔内半径与心壁厚之比维持在正常范围。

心肌增大是对抗超负荷刺激的一种基本生物学适应，是对长时间运动负荷的良好适应。

3. 心血管机能改善

运动训练不仅使心脏在形态和机能上产生良好适应，而且也可使调节机能得到改善。安静状态下，运动员的心率较低，每搏输出量大，心脏的工作效率高；最大运动时，在神经和体液的调节下，运动员的心血管系统又可以表现出动员快、潜力大、恢复快的特点。

第二节　骨骼肌收缩的能量供应

一、人体运动时的供能系统

能量供应是维持人体各种生理机能的基本保证，也是维持人体运动能力的重要前提。人体在各种运动中所需要的能量分别由三种不同的能源系统供给，即磷酸原系统（phosphagen system）、酵解能系统（glycolytic system）和氧化能系统（aerobic system）（表 3 - 1）。

（一）磷酸原系统

磷酸原系统又称 ATP - CP 系统。该系统主要是由结构中带有磷酸基团的三磷酸腺苷（ATP）、磷酸肌酸（CP）构成，在供能代谢中均发生磷酸基团的转移，故称之为磷酸原。

肌肉在运动中 ATP 直接分解供能，为维持 ATP 水平，保持能量的连续性供应，CP 在肌酸激酶作用下，再合成 ATP。CP 在肌肉中贮存量很少，约 15 ~ 17mmol/Kg 湿肌。

磷酸原系统作为极量运动的能源，虽然维持运动的时间仅仅 6 ~ 8 秒，但却是不可替代的迅速能源。运动训练中及恢复期，既应设法提高肌肉内磷酸原的贮备量，又要重视提高 ATP 再合成的速率。对于短跑、跳跃或投掷等任何高功率、短时间活动，磷酸原供能系统的水平是决定专项成绩的非常重要的因素。

表 3－1　人体运动时三个能源系统的特征

能源系统名称	底物	贮量 mmol/kg 干肌	可合成 ATP 量 mmol/kg 干肌	可供运动时间	供给 ATP 恢复的物质和代谢产物
磷酸原系统	ATP	24.6		6～8 秒	CP
	CP	76.8	100	（<10 秒）	CP + ADP→ATP + C
酵解能系统	肌糖原	365	250	2～3 分钟	肌糖原——→乳酸
氧化能系统	肌糖原	365	13000	1.5～2 小时	糖 + O_2→CO_2 + H_2O
	脂 肪	48.6	不受限制	不限时间	脂肪 + O_2→CO_2 + H_2O
	蛋白质				蛋白质 + O_2→CO_2 + H_2O + 尿素

（引自：王瑞元主编《运动生理学》，2011）

（二）酵解能系统

酵解能系统又称乳酸能系统。运动中骨骼肌糖原或葡萄糖在无氧条件下酵解，生成乳酸并释放能量供肌肉利用的能源系统。

该系统尽管生成能量数量不多，但在极量运动的能量供应中具有特殊的重要性。一般认为，在极量强度运动的开始阶段，该系统即可参与供能，在运动 30 秒左右供能速率达最大，其输出功率可达 5.2mmol ATP/Kg/s，维持运动时间 2～3 分钟。终产物乳酸是导致运动中肌肉疲劳的重要原因。

酵解能系统与磷酸原系统共同为短时间高强度无氧运动提供能量，400 米跑、800 米跑等运动持续时间在 1～2 分钟左右的项目，主要由酵解能系统供能。而篮球、足球等非周期性项目在运动中加速、冲刺时的能量亦由磷酸原及酵解能系统提供。

（三）氧化能系统

氧化能系统又称有氧能系统。糖类、脂肪、蛋白质在氧供充分时，可以氧化分解提供大量能量。该能源系统以糖和脂肪为主，是在细胞的线粒体内进行氧化分解的，尽管其供能的最大输出功率仅达酵解能系统的 1/2，但其贮备量丰富，维持运动的时间较长（糖类可达 1～2 小时，脂肪可达更长时间），是长时间运动如长跑、马拉松的主要能源。

二、供能系统与运动训练

人体运动中能量输出的基本过程为无氧和有氧代谢两个过程，不同运动项目需要不同代谢过程作为其能量供应的基本保证，但一切运动过程的能量供应，都是由三个能源系统按不同比例提供，比例的大小则取决于运动的性质和特点。因此，人体不同能源系统的供能能力决定了运动能力的强弱。

（一）运动中能源物质的动员

在糖、脂肪、蛋白质三大能源物质中，糖的利用速率最快、利用同样氧气产能最多，是一种最经济的能源。一般运动开始时机体首先分解肌糖原，如全力运动开始约 3～5s，肌肉便通过糖酵解方式参与供能；持续运动 5～10 分钟后，血糖开始参与供能，当运动强度达到最大摄氧量强度时，可达安静时供能速率的 50 倍；运动时间继续延长，由于骨骼肌、大脑等组织大量氧化分解利用血糖，而致血糖水平降低时，肝糖原分解补充血糖，其分解速率较安静时增加 5 倍。

脂肪在安静时即为主要供能物质。在长时间运动中，当肌糖原大量消耗或接近耗竭时大量动用。一般在运动达 30 分钟左右时，其输出功率达最大。

蛋白质在运动中作为能源供能时，通常发生在持续 30 分钟以上的耐力项目中。随着运动员耐力水平的提高，在运动中供能时可以产生肌糖原及蛋白质的节省化现象。

（二）运动项目的主要能量供应系统所占比例

不同运动项目具有各自不同的技术特点，决定了其能量供应具有各自的特征，但任何项目运动中不存在绝对的某一个单一能源系统的供能，而需要三个能源系统按照不同比例配布协同供能（表 3－2）。

表 3－2　各种运动项目的主要能量供应系统

运动项目		各能量系统所占比例（%）		
		ATP－CP 和酵解能系统	酵解能和氧化能系统	氧化能系统
田径	100 米、200 米	98	2	——
	400 米	80	15	5
	800 米	30	65	5
	1500 米	20	55	25
	5000 米	10	20	70
	10000 米	5	15	80
	马拉松	——	5	95
	田赛项目	90	10	——
游泳	50 米自由泳	98	2	——
	100 米（各种姿势）	80	15	5
	200 米（各种姿势）	30	65	5
	400 米自由泳	20	55	25
	1500 米	10	20	70
划船		20	30	50
篮球		85	15	——

运动项目	各能量系统所占比例（%）		
	ATP－CP 和酵解能系统	酵解能和氧化能系统	氧化能系统
足球	90	10	——
排球	90	10	——
网球	70	20	10
摔跤	90	10	——
体操	90	10	——
高尔夫球	95	5	——
娱乐性运动	——	5	95

（依 FOX 1979，Burke，1986）

（三）血乳酸与运动训练

乳酸是运动中由糖原或葡萄糖在无氧条件下酵解释放能量时产生的。由于快肌中无氧代谢酶活性较高，因此生成较多的乳酸。乳酸在骨骼肌中生成后，通过跨膜传送和血液运输，大部分进入到其他工作强度较小或非工作肌肉中（主要是慢肌）进行氧化分解，释放其余的能量，生成水和二氧化碳；一小部分进入肝脏合成糖原（称为糖异生），可供运动中维持血糖之需（图 3－7）。

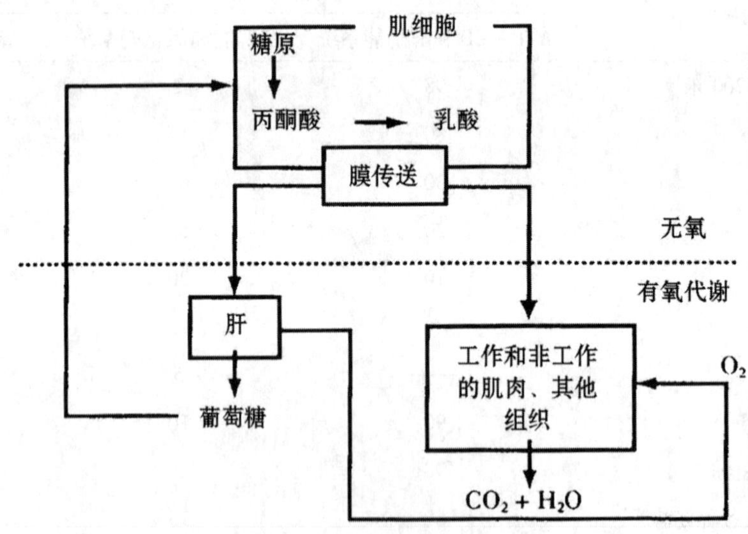

图 3－7　乳酸的产生与清除

（引自：A. W. S. Watson，1995）

现在血液乳酸的测试一般使用酶电极法进行，常用的是美国金泉公司的 YSI 1500SPORT 血乳酸分析仪（图 3－8）。仪器为便携式设计，机身防水，可在体育馆、田径场或游泳池旁等任何场地随时进行样品测试。测试酶层固定于薄膜之间，不会随样品测定而消耗，测试成本低于其他酶法。另外也有手持式乳酸分析仪（使用一次性酶电极条进行测试）做为便捷的方法使用。

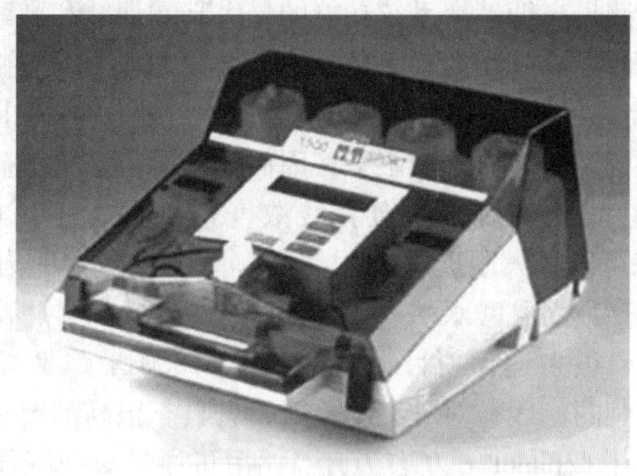

图 3－8　YSI 1500SPORT 血乳酸分析仪

由于在运动中三个供能系统同时存在，只是不同的运动项目其供能比例不同，因此可以通过运动后血液中乳酸的浓度间接推测三个供能系统参与贡献的情况。在运动训练过程中，血乳酸是最常用的监测指标，用来反映运动员的有氧和无氧工作能力、机能状态水平以及评价训练方法手段的合理性等。

1. 乳酸阈与有氧训练

在渐增负荷运动中，血乳酸浓度会随运动负荷的递增而增加，当运动速度或强度达到某一水平时，血乳酸出现急剧增加的那一点（乳酸拐点）称为乳酸阈（lactate acid threshold）。将个体在渐增负荷中乳酸拐点定义为“个体乳酸阈”。它反映了机体内的代谢方式由有氧代谢为主过渡到无氧代谢为主的临界点或转折点。渐增负荷运动时血乳酸急剧上升时的乳酸水平在 1.4～7.5mmol/L 之间，平均在 4mmol/L 左右，对应心率在 140～160 次/分之间。个体乳酸阈能客观、准确地反映机体有氧工作能力的高低。用乳酸阈强度或略低强度进行训练可以最有效地提高运动员的有氧工作能力。

2. 无氧低乳酸训练法

短跑、跳跃、投掷、举重等项目比赛中，运动员要在 10 秒内以最大功率输出完成运动，其能量主要由 ATP－CP 系统供应，故训练中最大速度或最大练习时间不超过 10 秒。与其他供能物质相比，磷酸原的恢复较快。剧烈运动后被消耗掉的磷酸原在 20～30 秒内合成一半，2～3 分钟可完全恢复。因此，发展磷酸原系统的训练，一般采用短时间、高强度的重复训练，从监测角度描述为无氧低乳酸训练。训练时每次练习的休息间歇不能短于 30 秒，组间歇不能短于 3～4 分钟。

3. 最大血乳酸与专项成绩

无氧工作能力是指运动中人体通过无氧代谢途径提供能量进行运动的能力。对于无氧能力的评价，除了在实验室进行无氧功率、最大氧亏积累等指标反映外，在场地主要就是利用剧烈运动后所测得的最大血乳酸水平来进行评价。

测试时先进行场地专项测验，在跑后取血分析计算专项跑后血乳酸最大值。其血乳酸最大值与专项成绩具有密切相关，最大值越高专项成绩越好。

4. 主要训练手段的血乳酸测试评价

场地专项练习时，在间歇训练的间歇期选择适当的时间进行采血分析，可以更好地提高训练的针对性。如监测提高糖酵解系统功能的最大乳酸训练和乳酸耐受能力训练。

最大乳酸训练　机体生成乳酸的最大能力和机体对乳酸的耐受能力与像400米、800米跑这样在1～2分钟完成的运动项目成绩高度相关。在平时训练中，一次1分钟左右的超极量负荷不可能达比赛时的高血乳酸水平，因而运动员常采用1分钟超极量强度跑、间歇4分钟共重复5次的间歇训练，使血乳酸浓度达到一个很高的水平，最高值可达31.1mmol/L。这种训练可以最大限度地动用糖酵解系统供能的能力，使身体获得最大的乳酸刺激，最有效地提高最大乳酸水平。

乳酸耐受能力训练　很多运动项目，如800米、1500米跑是机体处在较高乳酸水平的情况下持续运动或冲刺的，因此对乳酸耐受能力就具有很高的要求。一般认为在乳酸耐受能力训练时以血乳酸在12mmol/L左右为宜。然后再通过对训练强度和间歇时间的控制使血乳酸维持在这一水平上，以刺激身体对这一血乳酸水平的适应，提高缓冲能力和肌肉中乳酸脱氢酶的活性。

5. 对训练安排及运动员机能状态的评估

在训练的不同阶段，可以利用血乳酸－速度曲线对运动员机能状态和训练效果进行评估。较低速度运动时的血乳酸水平代表运动员的有氧运动能力，较高速度对应的血乳酸代表运动员的无氧运动能力。如图3－9，曲线①为开始训练时，某运动员的有氧、无氧运动能力水平；当训练1～2月后，血乳酸－速度曲线右移到②，其中曲线下半部右移得较多，提示有氧能力提高较多；再一段时间后曲线右移至③，曲线上半部分右移动较多，提示无氧能力提高较多；如果训练一段时间后曲线左移至④，则提示运动员机能能力下降。

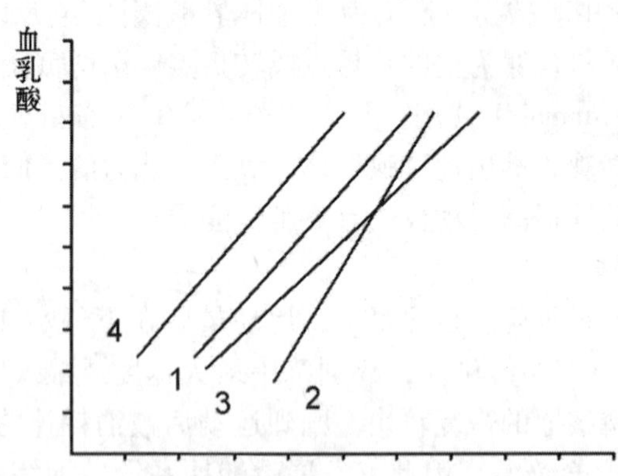

图3－9　利用血乳酸－速度曲线对运动员机能状态和训练效果的评估

名　词

呼吸系统、潮气量、肺活量、每搏输出量、心输出量、个体乳酸阈

复习思考题

1. 运动时如何合理呼吸？

2. 循环系统的主要功能是什么？
3. 简述血红蛋白在运动训练中的运用。
4. 运动训练对心血管系统的影响有哪些？
5. 简述人体运动时的三个供能系统。
6. 如何应用血乳酸指标指导运动训练？

主要参考文献

1. 王瑞元主编. 运动生理学［M］. 北京：人民体育出版社，2011.

2. 冯炜权，翁庆章等著. 血乳酸与运动训练——应用手册［M］. 北京：人民体育出版社，1990.

3. 冯连世，冯美云，冯炜权主编. 运动训练的生理生化监控方法［M］. 北京：人民体育出版社，2006.

第四章　神经－体液对机体运动的调节

提要

本章介绍了人体机能的主要调节方式，论述了神经系统中感受器官与运动相关的特点及中枢神经对运动的调节作用。介绍了内分泌系统的组成及与代谢调节有关的主要激素的生理作用。

第一节　人体机能的主要调节方式

人体机能可以对内、外环境变化迅速产生反应和适应，这是因为人体具有十分完善的调控机制。人体在运动中的各种反应、长期训练中产生的各种适应也都是各种生理功能进行相应调节的结果。人体主要的调节方式有神经调节、体液调节、自身调节和生物节律，其中前两者是最重要的。

神经调节的一般特点是迅速、短暂而精确，体液调节的一般特点则是比较缓慢、持久而弥散，两者相互配合使生理功能调节更趋于完善。

一、神经调节

神经调节是神经系统通过神经冲动传导实现的对机体各部分功能的调控作用。骨骼肌通过收缩来完成各种运动任务时就主要受神经调节支配而精确进行。神经调节的特点是以反射的形式来实现的。反射活动的结构基础是反射弧（reflex arc）。反射弧包括感受器、传入神经、神经中枢、传出神经和效应器五个环节。感受器能接受刺激，并产生神经冲动；传入神经将感受器所产生的神经冲动传入中枢；中枢在脑和脊髓，能对各种刺激进行分析判断；传出神经则将中枢对刺激所作出的反应信息传递至效应器；效应器对刺激产生相应的生理反应。例如篮球运动的接球，当眼睛看球的飞行时，视网膜将球的影像通过化学变化转变为电兴奋，通过视神经将信息传至大脑枕叶的视觉中枢，经过与运动中枢交换处理信息后，再通过传出神经使相关肌肉收缩，产生接球动作。

二、体液调节

体液调节就是机体某些细胞产生某些特殊的化学物质，借助于血液循环的运输，到达全身各器官组织或某一器官组织，从而引起器官组织的某些特殊的反应。许多内分泌细胞所分泌的各种激素，就是借体液循环的通路对机体的功能进行调节的。例如，胰岛 β 细胞分泌的胰岛素能调节组织、细胞的糖与脂肪的新陈代谢，有降低血糖的作用。内环境中血糖浓度之所以能保持相对稳定，主要依靠这种体液调节。

三、神经调节与体液调节的关系

神经调节与体液调节之间为相互作用的关系，一方面大多数内分泌腺都直接或间接地受到神经系统的调节，在这种情况下，体液调节是神经调节的一个传出环节，是反射传出通路的延伸。这种情况可称为神经－体液调节。例如，肾上腺髓质接受交感神经的支配，当交感神经系统兴奋时，肾上腺髓质分泌的肾上腺素和去甲肾上腺素增加，共同参与机体的调节。

另一方面内分泌腺分泌的激素也可以影响神经系统的功能。如甲状腺素能提高中枢神经系统的兴奋性。甲亢病人有烦躁不安、多言多动、喜怒无常、失眠多梦等症状。

第二节　神经系统对机体运动的调节

神经系统（nervous system）是人体内起主导作用的功能调节系统。人体的结构与功能均极为复杂，体内各器官、系统的功能和各种生理过程都不是各自孤立地进行，而是在神经系统的直接或间接调节控制下，互相联系、相互影响、密切配合，使人体成为一个完整统一的有机体，实现和维持正常的生命活动。

一、神经系统的组成

神经系统由中枢神经系统和周围神经系统组成。

（一）中枢神经系统

中枢神经系统（central nervous system）包括脑（brain）和脊髓（spinal cord），分别位于颅腔和椎管内。脑分为端脑、间脑、小脑和脑干四部分。大脑还分为左右两个半球，分别管理人体不同的部位。脊髓主要是传导通路，能把外界的刺激及时传送到脑，然后再把脑发出的命令及时传送到周围器官，起到了联络的作用。脑是按对侧支配的原则来发挥功能的，此外，左、右侧脑还有各自侧重的分工，如左脑主要负责语言和逻辑思维，右脑负责艺术思维等等。

（二）周围神经系统

周围神经系统（peripheral nervous system）包括脑神经、脊神经和植物神经。脑神经共有12对，主要支配头面部器官的感觉和运动。人能看到周围事物、听见声音、闻出香臭、尝出滋味以及所有喜怒哀乐的表情等，都依靠这12对脑神经的功能。脊神经共有31对，其中包括颈神经8对、胸神经12对、腰神经5对、骶神经5对、尾神经1对。脊神经由脊髓发出，主要支配身体和四肢的感觉、运动和反射。植物神经也称为内脏神经，主要分布于内脏、心血管和腺体。心跳、呼吸和消化活动都受它的调节。植物神经分为交感神经和副交感神经两类，两者之间相互拮抗又相互协调，组成一个配合默契的有机整体，使内脏活动能适应内外环境的需要。当机体处于紧张活动状态时，交感神经活动起着主要作用。

（三）神经系统的基本结构功能单位

神经系统的基本结构和功能单位是神经元（神经细胞），而神经元的活动和信息在神经系统中的传输则表现为一定的生物电变化及其传播。例如，外周神经中的传入神经纤维把感觉信息传入中枢，传出神经纤维把中枢发出的指令信息传给效应器，都是以神经冲动的形式传送的，而神经冲动就是一种称为动作电位的生物电变化，是神经兴奋的标志。

二、感受器官与运动

感受器（sensory receptor）是指分布在体表或组织内部的一些专门感受机体内、外环境变化的结构或装置。最简单的感受器，如体表和组织内部与痛觉有关的游离神经末梢；有些感受器在裸露的神经末梢周围包绕一些由结缔组织构成的被膜样结构，如肌梭和触觉小体等；体内还有一些结构和功能上都高度分化的感受细胞，如视网膜中的视杆细胞和视锥细胞是光感受细胞；耳蜗中的毛细胞是声波感受细胞等。

感受器与其附属装置共同构成了感觉器官（sense organ）。人最主要的感觉器官有眼、耳、前庭、鼻腔的嗅上皮、舌的味蕾、皮肤等。

感受细胞把机体内、外环境中的各种刺激转变为电位变化，以神经冲动的形式通过感觉神经纤维传向中枢特定部位，最后在大脑皮质上产生各种感觉，如视觉、听觉、位觉、痛觉等。这种客观事物在人脑中的主观反映就是感觉。

（一）视觉器官

1. 视觉原理

作为视觉器官（visual sense organ）的眼睛是由折光系统和感光系统两部分组成（图4-1）。前者包括角膜、房水、晶状体和玻璃体；后者指视网膜。平行光线首先通过眼内折光系统发生折射后，在视网膜上成像。视网膜上的感光细胞将电磁波的光能刺激转换成神经冲动，经视神经传到丘脑，再向大脑皮质感觉区投射形成视觉。视觉在人体运动中具有极重要的意义。

视网膜（retina）上的感光细胞层有两种感光细胞，即视锥细胞和视杆细胞。视锥细

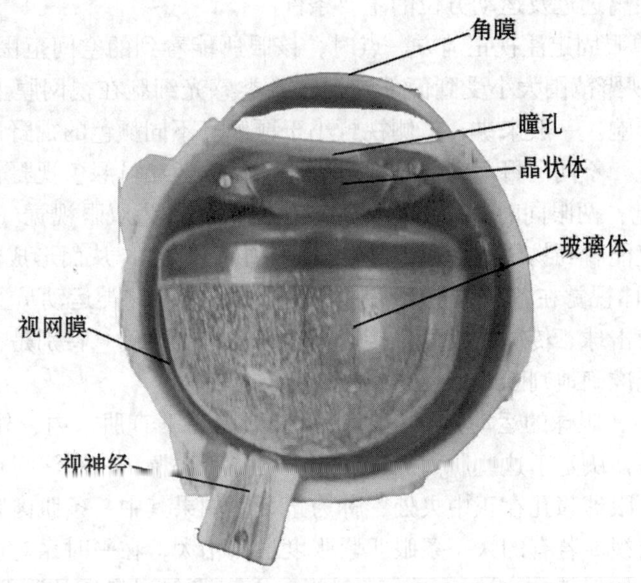

图4－1　右眼的水平切面示意图

胞（cone cell）主要分布在视网膜的中央凹处，对光的敏感性较差，只能接受强光刺激，形成明视觉和色觉，并对被视物体细节具有较高的分辨能力。视杆细胞（rod cell）主要分布在视网膜的周边部分，对光的敏感度高，能接受弱光刺激，形成暗视觉，但无色觉，对被视物细节的分辨能力较差。

视杆细胞含有感光色素视紫红质（rhodopsin），是视蛋白与顺型视黄醛组成的一种结合蛋白。在光的作用下，视紫红质经过一系列化学反应，可迅速分解为全反型视黄醛与视蛋白。在这个分解过程中，使视杆细胞产生超极化，即产生感受器电位。

视杆细胞的这种光化学反应是可逆的，即视紫红质在光的作用下分解，在暗处又可以重新合成，其反应的平衡点决定于光照强度。全反型视黄醛在视黄醛酶的作用下，还原成全反型视黄醇（维生素A的一种形式），经眼内和肝脏有关酶的催化而变成顺型视黄醛，一旦顺型视黄醛生成就和视蛋白结合形成视紫红质。视紫红质在分解与合成的过程中，消耗一部分视黄醛，需要体内贮存的维生素A来补充。如果维生素A补充不足，就会影响人在暗处的视力，即引起夜盲症。

视网膜上分布有三种视锥细胞，分别含有对红、绿、蓝三种光敏感的视色素。当某一波长的光线作用于视网膜时，视锥细胞外段膜的两侧也发生同视杆细胞类似的超极化型感受器电位，完成光电转换的第一步，以一定的比例使三种不同的视锥细胞产生不同程度的兴奋，以不同组合的视神经冲动传到大脑皮质就产生不同的色觉。

2. 视觉的评价

（1）视敏度：视敏度（visual acuity）指人眼分辨物体微细结构的能力，也称视力。通常以分辨两点（或两平衡线）之间的最小距离为标准。正常人眼在光照良好的情况下，在视网膜上的物像≥5微米（视角≥1°）能产生清晰的视觉，则该受试者的视力为5.0，正常视力为5.0～5.2。在体育运动中，良好的视力是运动员判断人和运动器械的空间位置、速度快慢、距离远近及运动方位的主要条件。

（2）视野：单眼固定注视正前方一点时，该眼所能看到的空间范围称为视野（visual field）。正常人的视野范围大小受到面部结构、各类感光细胞在视网膜上的分布和目标物的颜色等因素的影响。一般来讲，鼻侧视野小于颞侧。不同颜色的视野也不一样，白色>黄色>红色>绿色。不同项目运动员的视野不同，足球运动员绿色视野较大。

（3）双眼视觉：两眼同时看某一物体时产生的视觉称为双眼视觉（binocular vision）。双眼视物时，不仅能看到物体的平面，还能看到物体的深度，从而形成立体视觉（stereoscopic vision）。立体视觉在各项体育活动中具有重要意义。球类运动员立体视觉不完善会降低时空感，而使击球、传球、投球、接球等技术动作不准确。特别是在场地范围小、球速快的条件下不能准确地判断对方动作及接传方向。

（4）眼肌平衡：眼球的运动是靠三对眼肌，即上、下直肌，内、外直肌和上、下斜肌控制的。眼肌平衡决定于这些肌肉的紧张和松弛是否协调。当眼注视正前方时，若对称眼肌紧张度相等，眼球瞳孔在正中央处，称为正视。如果其中一条肌肉紧张度大，则瞳孔偏向一方，称为斜视。若有的人一条眼肌紧张度虽然稍大，在平时靠对抗肌紧张度的加强予以补偿，瞳孔仍然保持在正中，称为隐斜视。由于隐斜视患者的眼肌经常处于紧张状态，容易产生疲劳，特别是在运动过程中更容易疲劳，疲劳后眼肌的调节能力下降出现斜视。因此，患有隐斜视的人在要求准确度很高的运动项目中，如射击、射箭和球类等项目，运动成绩会受到一定影响。运动时维持眼肌平衡，对在运动中准确判断器械的空间位置、距离大小、运动员动向以及球运动的速度等都十分重要。

3. 视觉在运动训练中的作用

人的视觉器官十分敏感，能分辨各种物体的大小、形状、明暗、颜色、距离、动静及在空间里的相互作用。在运动员还没有熟练掌握动作技能之前，视觉起着主导作用。在运动过程中，运动员靠视觉掌握环境状况，产生空间感觉，控制本身的动作，观察赛场上变化具有十分重要的意义。在球类运动中，运动员要有良好的视力、良好的立体视觉和开阔的视野。在对抗性运动项目中，如击剑、拳击、摔跤等，需要运动员有敏锐的视力。只有视觉功能良好的运动员才有可能发挥高超运动技术水平。

视觉对维持身体平衡起重要作用。人可以在完全没有前庭感觉和本体感觉的情况下，仅靠视觉来维持身体平衡。但快速活动或闭眼时活动的能力则需要前庭感觉和本体感觉的参与，才能保持身体平衡和正确的姿势。视觉发生障碍或有缺陷时，会使运动员减弱或者丧失方向和平衡感觉，不容易保持身体平衡和正确的姿势。在体育教学和训练中，培养运动员掌握运动技能的同时，也要注意视觉功能的训练。

（二）听觉与位觉

耳是听觉器官（hearing organ，auditory organ），也是位觉（平衡）器官。从结构上，耳由外耳（包括耳廓与外耳道）和中耳（鼓膜、鼓室、听骨链和咽鼓管）构成的传音系统及内耳的感音系统所组成（图4－2）。内耳又称迷路，包括耳蜗、椭圆囊、球囊和三个半规管。

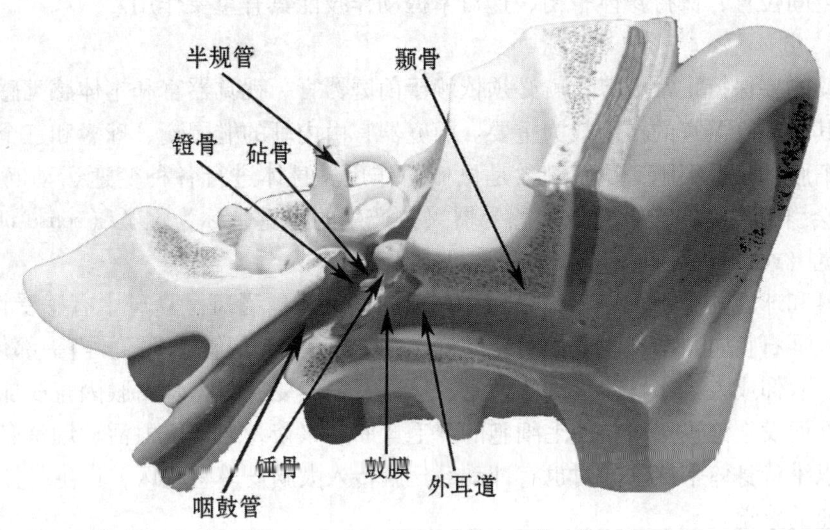

图4－2　位听器模式图

1. 听　觉

外界的声波振动经外耳道、鼓膜和听骨链的传递，引起外淋巴和基底膜振动，刺激耳蜗螺旋器感受器产生振动，它的振动使毛细胞的顶端与盖膜之间发生交错的移行运动，这种运动使毛细胞听纤毛发生弯曲，从而引起耳蜗内电位的一系列变化，并以神经冲动的不同频率和组合形式对声音信息编码。当动作电位沿听神经传到大脑皮质听觉中枢时，即产生听觉。

2. 听觉在运动训练中的作用

人类通过语言进行互通信息、交流思想、传播知识，对人类认识和适应环境变化具有重要意义。体育教学和运动训练中，使用口令，利用语言讲解，使学生通过听觉领会动作要领，有助于学生更快掌握动作技能。

音乐的旋律有助于运动员建立良好的节奏，有时音乐的选择直接影响着比赛的成绩，如体操、花样滑冰等用音乐伴奏的项目。运动员在运动训练结束后，也常用听音乐的方法来缓解疲劳，减轻大脑皮质的紧张，使身体放松。

但是，听觉也受噪音的影响，而使人体的生理功能下降。在55分贝以下的噪音对人体无损害，但超过100分贝则可使人的工作效率下降，生理功能明显紊乱，高强噪声甚至危害人体。强烈噪声可导致听力障碍，大脑皮质兴奋与抑制过程失调，内分泌失调，从而引起情绪不安、烦躁，视觉不良，反应时延长，平衡器官功能不佳，增加运动伤病的发生率。

在大型运动会比赛时，运动员常常会受到助阵的观众大喊大叫的噪声的影响，较长时间或间断性的干扰，造成过分紧张，影响运动能力。因此注意平时合理安排在强烈的噪声环境中进行训练或比赛，以适应正式竞赛时运动场馆的强烈噪声环境。

听觉还能使人对一定距离以外环境条件的变化预先发生适应性反应。在体育运动中，运动员借助于听觉、视觉、本体感觉和前庭感觉的共同活动，控制动作的节律和速度，准确地感知空间位置，保持身体平衡，这对掌握动作技能具有重要作用。

3. 位　觉

人和动物要保持正常姿势，就必须依赖于前庭器官、视觉器官和本体感觉感受器的协同活动，其中前庭器官的作用最为重要。前庭器官由内耳的椭园囊、球囊和三个半规管构成，感受细胞都是毛细胞，适宜刺激是机械力作用。身体进行各种变速运动（加减速度运动）时会引起前庭器官中的位觉感受器兴奋产生的感觉，称为位觉（sense of position）或前庭感觉（vestibular sense）。

椭圆囊和球囊的壁上有囊斑，分别称为椭圆囊斑和球囊斑。囊斑中有感受性毛细胞，其纤毛插入耳石膜内，耳石膜表面附着的许多小碳酸钙结晶称为耳石。当头部位置改变，如头前倾、后仰或人体作直线运动的开始、停止及突然变速时，耳石膜因直线加速度或减速度的惯性而发生位置偏移，使毛细胞的纤毛弯曲、兴奋，通过反射活动调整有关骨骼肌的张力，以维持身体平衡。同时也有冲动经丘脑传入大脑皮质感觉区，产生身体在空间的位置及变速的感觉。

三个半规管互相垂直，分别称前、后和水平半规管。每个半规管均有膨大端为壶腹，壶腹壁上有壶腹嵴，壶腹嵴也含有感受性毛细胞。当旋转运动开始、停止或突然变速时，由于内淋巴的惯性作用，刺激毛细胞兴奋，冲动经前庭神经传入中枢，产生旋转运动感觉。

4. 前庭反应与前庭功能稳定性

前庭反应是指前庭器官受到刺激产生兴奋后，引起的一定位置觉改变、骨骼肌紧张性改变、眼震颤及植物性功能改变，其意义在于维持机体一定的姿势和保持身体平衡。人类前庭器官受到过强或过久刺激时，前庭分析器的感受器就发放强烈而频繁的冲动，反射地引起四肢躯干肌张力的正常关系失调，使动作或身体平衡失调，而且还会出现眼肌产生不随意的收缩和放松，引起眼球发生有规律地震颤，另外还会引起一系列植物性机能反应。例如晕车、晕船等引起的心率加快、血压下降、恶心、呕吐、眩晕和各种姿式反射等现象。这些反应会严重影响一个人的工作能力。如一个跳水或体操运动员在运动过程中，有不良前庭反应，将不能在空中完成复杂的动作。

刺激前庭感受器而引起机体各种前庭反应的程度，称为前庭机能稳定性。前庭机能稳定性较好的人，在前庭器官受到刺激时所发生的反应就较弱，有利于提高人体的工作能力。

5. 位觉在运动训练中的作用

前庭器官的稳定性在运动训练过程中逐渐得以完善。提高前庭器官稳定性的训练方法有三种：选择各种有加速度的旋转运动和直线运动进行主动训练法；人在产生加速度变化的器械上，被动地感受加速度变化进行被动训练法；把主动训练和被动训练相结合进行的综合训练法。

某一特定性质的刺激反复、长期地作用于前庭器官，经过一段时间后，前庭器官对刺激引起的反应逐渐减小的现象称为前庭适应。研究表明，在体育运动中，赛艇、跳水、滑雪、体操、武术、链球、投掷及各种球类运动项目练习，有利于提高运动员的前庭功能稳定性，使前庭器官对刺激产生的反应逐渐减小或消失。

（三）本体感觉

肌肉、肌腱和关节囊中分布着本体感受器（肌梭与腱梭），能分别感受肌肉被牵拉的程度以及肌肉收缩和关节伸展的程度。这种本体感受器受到刺激所产生的躯体各部相对位置和状态的感觉，称为本体感觉（proprioception）或称为运动觉。

1. 本体感受器结构与功能

肌梭（muscle spindle）是位于肌肉中的一种梭形感受器，位于肌纤维之间并与肌纤维平行排列。肌梭内含 6～12 根肌纤维，称为梭内肌纤维。肌梭外的一般肌纤维称为梭外肌纤维。肌梭附着于梭外肌纤维上，并与其平行排列呈并联关系（图 4－3），因此，肌梭的功能是感受肌肉长度的变化。

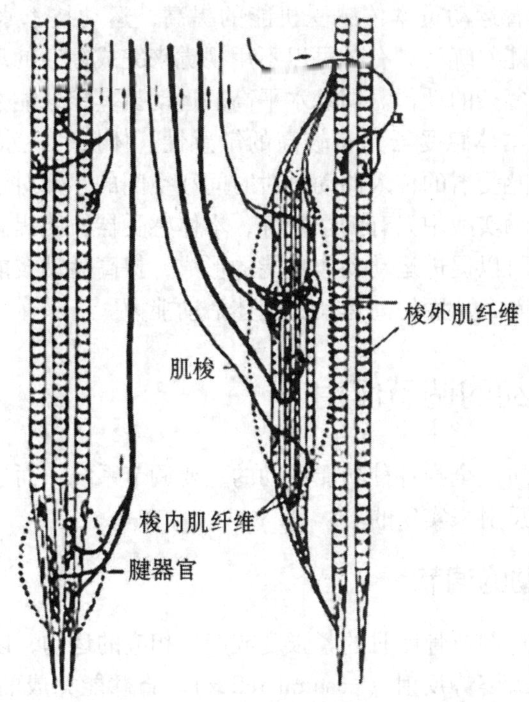

图 4－3　肌梭与腱梭模式图

腱梭也称腱器官（tendon spindle，tendon organ of Golgi），是分布在肌腱胶原纤维之间的一种张力感受器，与梭外肌纤维串联（图 4－3）。当肌肉收缩张力增加时，腱梭因受到刺激而发生兴奋，冲动沿着感觉神经传入中枢，反射性地引起肌肉舒张。

腱梭的本体感觉反应是一种安全机制。腱梭是一种高阈值感受器，对主动肌有抑制作用，对拮抗肌具有易化作用。当肌肉的收缩力和外部因素引起的力之和，达到可能损伤肌腱或骨的程度时，则腱梭的传入冲动会抑制主动肌，同时通过兴奋刺激拮抗肌的工作，从而防止肌肉的损伤。在摔跤运动中偶然发生肌肉或肌腱撕裂以及骨折，就是因为高度激动的肌肉收缩再加上对抗肌产生的张力，超过了肌肉张力的极限而造成的损伤。

2. 本体感觉在运动训练中的作用

运动员的一切运动技能都是在本体感受的基础上才能形成。通过本体感受器感知肌肉、肌腱、关节和韧带的缩短、放松和拉紧的状况，连续地反映到中枢神经系统，通过这种反馈系统，不断地调整、矫正运动动作，使运动技能更加协调精确。

一般情况下，视觉、位觉及本体感觉相互联系，经大脑皮质的综合分析功能控制肌肉活动。肌肉活动时发生的本体感觉往往被视、听和其他感觉遮蔽，故本体感觉也称为暗淡的感觉。本体感觉能力必须经过相当长时间的训练，才能比较明显而精确地在自己的动作过程中体验到。

人体各种感觉都可帮助肌肉产生正确的肌肉本体感觉，没有正确的肌肉本体感觉，就不可能形成运动技能。在建立运动条件反射过程中，肌肉本体感受性传入冲动起重要作用，没有这种传入冲动，条件刺激得不到强化，运动条件反射就不能形成，即动作技能就不能掌握。

运动实践证明，随着运动员本体感受机能的提高，运动技术水平也提高。例如，篮球、足球运动员动作技能熟练后，有时可以不用视觉来完成复杂的动作，主要靠本体感受器机能就能控制球完成复杂的动作。训练水平高的运动员其控球能力强，失球次数少，而且运动速度快，表现出本体感受器具有较高的敏感性。体操、跳水运动员在空中完成翻腾、转体动作时，本体感受器的传入冲动，对时间和空间的感知对正确完成复杂动作起着重要作用。所以，在运动实践中只有勤学苦练，本体感受器机能提高，使肌肉活动在时间和空间上更加协调，就可以促进运动动作技能的形成，提高运动技能水平，还有助于运动技术、战术的运用与创新，从而提高运动员整体活动能力。

三、中枢对运动的调节作用

神经系统是控制和协调全身各种功能活动的主要调节系统，而这种功能是通过由不同级别的中枢部位控制的反射来实现的。

（一）脊髓对运动的调节

中枢神经系统可通过调节骨骼肌的紧张度或产生相应的运动，以保持或改正躯体在空间的姿势，这种反射称为姿势反射（postural reflex）。脊髓能完成的姿势反射有牵张反射和对侧伸肌反射等。

牵张反射（stretch reflex）是指骨骼肌受外力牵拉时引起受牵拉的同一肌肉收缩的反射活动。牵张反射有腱反射和肌紧张两种类型。

1. 腱反射

腱反射（tendon reflex），是指快速牵拉肌腱时发生的牵张反射。例如，当叩击髌骨下方的股四头肌肌腱时，可引起股四头肌发生一次收缩，这称为膝反射。属于腱反射的还有跟腱反射和肘反射等。腱反射的传入纤维直径较粗，为 12 ~ 20 微米，传导速度较快，可达 90m/s 以上，反射的潜伏期很短，约 0.7 毫秒。

2. 肌紧张

肌紧张（muscle tonus），是指缓慢持续牵拉肌腱时发生的牵张反射，其表现为受牵拉的肌肉发生紧张性收缩，阻止被拉长。肌紧张是维持躯体姿势最基本的反射，是姿势反射的基础。例如，人体取直立姿势时，由于重力的作用，头部将向前倾，胸和腰将不能挺直，髋关节和膝关节也将屈曲，但由于骶棘肌、颈部以及下肢的伸肌群的肌紧张加强，就能抬头、挺胸、伸腰、直腿，从而保持直立的姿势。肌紧张的收缩力量并不大，只是抵抗肌肉被牵拉，表现为同一肌肉的不同运动单位进行交替性地收缩，而不是同步收缩，因此不表现为明显的动作，并且能持久地进行而不易发生疲劳。

（二）脑干对运动的调节

脑干能完成的姿势反射可分为状态反射、翻正反射、直线和旋转加减速运动反射等。

1. 状态反射

状态反射（attitudinal reflex），是头部空间位置改变时反射性地引起四肢肌张力重新调整的一种反射活动。状态反射包括迷路紧张反射和颈紧张反射。迷路紧张反射是指当头部空间位置发生改变时，内耳迷路的椭圆囊和球囊的传入冲动对躯体伸肌紧张性的调节反射。颈紧张反射是指颈部扭曲时，颈椎关节、韧带或肌肉的本体感受器受刺激后，对四肢肌肉紧张性的调节反射。头部后仰引起上下肢及背部伸肌紧张性加强；头部前倾引起上下肢及背部伸肌紧张性减弱，屈肌及腹肌的紧张性相对加强；头部侧倾或扭转时，引起同侧上下肢伸肌紧张性加强，对侧上下肢伸肌紧张性减弱。

状态反射在完成某些运动技能时起着重要作用。例如，在做体操的后手翻、空翻及跳马等动作时，若头部位置不正，就会使两臂用力不均衡，身体偏向一侧，常常导致动作失误或无法完成。短跑运动员起跑时，为防止身体过早直立，往往采用低头姿势。这些都是运用了状态反射的规律。但是，在运动中也有个别动作需要使身体姿势违反状态反射的规律。例如，有训练的自行车运动员在快速骑车时，做出头后仰而身体前倾的姿势。

2. 翻正反射

当人和动物处于不正常体位时，通过一系列动作将体位恢复常态的反射活动称为翻正反射（righting reflex）。如将动物四足朝天从空中抛下，可清楚地观察到动物在下降过程中，首先是头颈扭转，然后前肢、躯干和后肢依次扭转过来，当下降到地面时由四肢着地。翻正反射包括一系列反射活动，最先是由于头部位置不正常，视觉与内耳迷路感受刺激，从而引起头部的位置翻正。头部翻正以后，头与躯干的位置关系不正常，使颈部关节韧带或肌肉受到刺激，从而使躯干的位置也翻正。在体育运动中，很多动作是在翻正反射的基础上形成的。例如，体操运动员的空翻转体，跳水运动中转体及篮球转体过人等动作，都要先转头以带动身体，使动作迅速协调完成。

（三）小脑和基底神经节对躯体运动的调控

小脑和基底神经节都是同躯体运动协调有关的脑的较高级部位。由大脑下行控制躯体运动的锥体外系包括两大途径：一是经小脑下行；另一是经基底神经节下行。这两条途径最后都通过脑干某些核团调节运动神经元实现对运动的控制。

1. 小脑在躯体运动调节中的作用

小脑在躯体运动调节中的作用主要表现在程序预编与实时校正，稳定作用，眼－手协调动作的校准等，对保持躯体平衡、调节肌张力、协调随意动作和参与运动学习起重要作用。

一般认为，大脑皮质运动区的运动指令发至脊髓的同时也发至小脑，而躯体在执行运动时也即时地将各种信息，经脊髓小脑束传到小脑。小脑将来自大脑皮质的运动指令与实际执行的结果进行比较、分析误差，然后通过小脑——大脑皮质联系，传回至皮质以校正运动，使运动逐步协调起来。当精巧运动逐渐熟练完善后，皮层小脑中就贮存了一整套的运动程序，当大脑皮层要发动运动时，首先通过下行通路从皮层小脑中提取贮存的程序，并将程序回输到大脑皮质运动区，通过锥体束发动运动。切除小脑能使大脑皮质运动区发起活动推迟，肌肉活动也随之延迟。当小脑损伤时，常见的症状为随意运动障碍，出现运动过度或不足、乏力、方向偏移，失去运动的稳定性，不仅表现出共济失调性震颤，同时还使运动学习的编程受到很大影响。

2. 基底神经节在运动中的调控作用

大脑皮质下的基底神经节属于古老的前脑结构，是大脑皮质的一个主要传出机构。它包括纹状体、丘脑底核和黑质等。纹状体又包括尾核、壳核和苍白球。从新纹状体（尾核和壳核）到苍白球内侧部的投射途径有两条，即直接通路和间接通路。直接通路是指新纹状体直接向苍白球外侧部投射的路径，其递质是γ-氨基丁酸（γ-aminobutyric acid，GABA）；间接通路则为先后经过苍白球外侧部和丘脑底核两次中继后到达苍白球内侧部的多突触路径。从新纹状体到苍白球外侧部以及从苍白球外侧部再到丘脑底核的纤维递质也都是γ-氨基丁酸，而由丘脑底核到达苍白球内侧部的投射纤维则是兴奋性的，递质为谷氨酸（glutamate，GLU），从黑质到达新纹状体的投射纤维递质是多巴胺（dopamine，DA），黑质多巴胺投射系统可作用于新纹状体的D1受体而增强直接通路的活动，也可以作用于其D2受体而抑制间接通路的活动。

关于基底神经节的功能，迄今为止，人们的认识仍不十分清楚。初步认为，可能与脑底核经由皮质-基底神经节-丘脑-皮质的神经回路参与运动的设计和程序编制有关，并将一个抽象的设计转换为一个随意运动，完成运动的计划、启动和执行，基底神经节对随意运动的产生和稳定、肌紧张的调节、本体感受传入冲动信息的处理都有关。此外，基底神经节中某些核团还参与自主神经的调节、感觉传入、心理行为和学习记忆等功能活动。

基底神经节病损后，人或动物的运动产生严重缺陷。当基底神经节病变时可表现出两类症状：一类是具有运动过少而紧张过强的综合症，如帕金森病，病人启动运动困难，随意运动的速度变慢，运动徐缓和幅度变小，震颤麻痹。帕金森病由于黑质致密部内多巴胺能神经元大量死亡，基底神经节间接通路中纹状体GABA/ENK（内啡肽）能神经元活动增强而抑制苍白球外侧部的活动，丘脑底核脱抑制而促进苍白球内侧部和（或）黑质网状部的活动，导致丘脑皮质通路的更大抑制，运动皮质易化减弱，出现运动不能和运动徐缓。另一类是具有运动过多而肌紧张不全的综合症，如舞蹈病与手足徐动症等。

（四）大脑皮质在运动调控中的作用

1. 大脑皮质的运动分区与功能

人的大脑皮质至少可区分出四个运动区：第Ⅰ运动区、运动前区、运动辅助区和扣带运动区。运动区吻端为额前皮质，尾端为体感区皮质。运动区的锥体细胞投射至脊髓前角或脑干颅神经运动核的神经元，这些锥体细胞仅在个体计划或执行随意运动时激活，在其他情况下基本保持静息。在大脑皮质运动区，可以见到该区细胞呈纵向柱状排列，组成大脑皮质的基本功能单位，称为运动柱。一个运动柱可控制同一关节的几块肌肉的活动，而一块肌肉可接受几个运动柱的控制。

运动区有下列的功能特征：(1) 交叉性。除头面部多数肌肉以外，对躯体运动的调节支配具有交叉的性质，即一侧皮层主要支配对侧躯体运动。(2) 精细定位性。精细的机能定位，即一定部位皮层的刺激引起一定肌肉的收缩。功能代表区的大小与运动的精细复杂程度有关，运动愈精细而复杂的肌肉，其代表区愈大，如手与五指以及发声部位所占的区域很大，而躯干所占面积则很小。(3) 倒置性。下肢代表区在皮质顶部，膝关节以下肌肉代表区在半球内侧面，上肢肌肉代表区在中间部，头面部肌肉的代表区在底部，但头面部代表区在皮质的安排仍是正立的（图4－4）。运动区的前后安排为：躯干和近端肢体的代表区在前部（6区），远端肢体的代表区在后部（4区），手指、足趾、唇和舌的肌肉代表区在中央沟前缘。

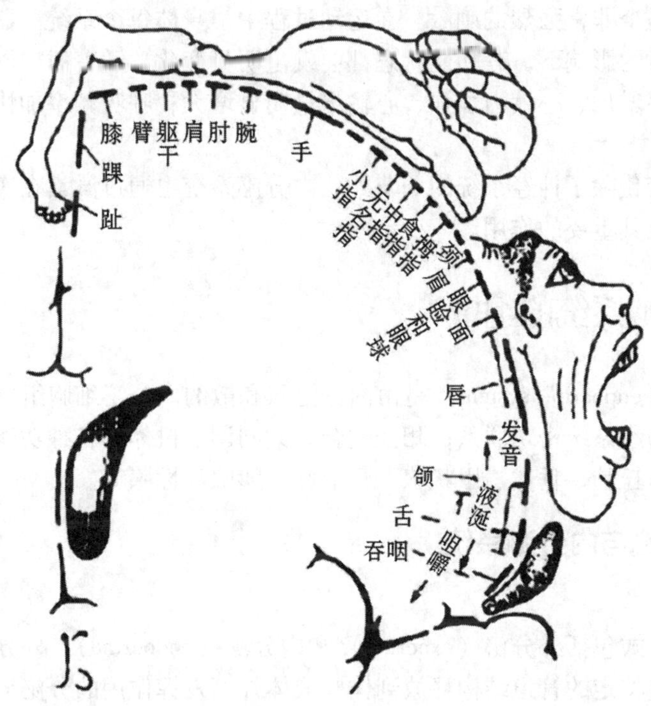

图4－4　人类大脑皮质中央前回躯体运动代表区示意图

2. 躯体运动协调的神经机理

运动中神经系统对人体功能需要进行必要的整合。一个随意运动，即使是最简单的随意运动，如伸手取物的动作，都需要三个复杂的过程。首先，辨认物体的形状和空间位置；其次，选择行动计划，决定身体何部位参与该动作及其运动方向；最后执行运动。运动计划制定后，命令由大脑皮质下行投射通路传送至脊髓运动神经元。该命令包括规定肌肉群（协调肌、拮抗肌）活动的时间顺序、肌肉收缩力的强度以及关节伸屈的角度。当手到达物体时，手腕、手和手指的位置如何按照物体的外形抓握它以及肩和臂的协调等。在运动执行过程中，因负荷和阻力变化随时调整运动参数，才能完成预定的运动。为了对运动进行精细的控制，运动的编程和执行均需要不断地接受感觉信息，与此有关的感觉信号有两类：(1) 视觉、听觉、皮肤感觉冲动，提供有关运动目标的空间位置、运动目标和机体自身所在位置的相互关系的信息。(2)关节和肌肉、前庭器官的传入冲动，提供有关肌肉长度和张力、关节位置、身体的空间位置等信息。这些传入信息对运动计划和运动执行的反馈调节是必不可少的。

同时，神经系统借助于各种传入刺激，通过分析综合及时发出相应的指令，通过植物性神经系统对各器官系统的活动进行整合，使人体心血管、内脏、内分泌系统等各器官的活动与躯体运动相匹配，表现出同时性和即时性的协调配合。

第三节　内分泌系统的组成及对代谢的调节

运动对机体是个非常强烈的刺激。在运动过程中，身体每个系统、器官甚至每个组织和细胞在运动刺激的影响下，其功能状态都会发生明显变化。随着肌肉剧烈运动，能量代谢明显加快；心率增加、心缩力加强、心输出量明显增大；呼吸频率加快，通气量、摄氧量等也明显增加。

这一系列的变化除了神经系统的调节外，内分泌系统也通过激素在实现对机体的整合调节过程中具有极其重要的作用。

一、内分泌系统的组成

内分泌系统（endocrine system）是由内分泌腺和散的内分泌细胞组成的一个体内信息传递系统，它与神经系统密切联系，相互配合，共同调节机体的各种功能活动。人体的主要内分泌腺包括下丘脑、垂体、甲状腺、肾上腺、胰腺和性腺等。

（一）内分泌与内分泌系统

1. 内分泌

人体的分泌方式包括外分泌（exocrine）和内分泌（endocrine）。外分泌是指外分泌腺体将其分泌物通过特定的管道结构释放到体腔或体外而发挥作用的分泌形式。内分泌则是指内分泌腺体或内分泌细胞将其所产生的生物活性物质——激素直接释放到体液中并发挥作用的分泌形式。

2. 内分泌系统

内分泌系统包括体内能够分泌激素的所有腺体、组织和细胞。体内主要的内分泌腺有垂体（pituitary）、甲状腺（thyroid）、甲状旁腺（parathyroid）、肾上腺（adrenal）、胰岛（islet）、性腺（gonad）、松果体（pineal gland，pineal body）和胸腺（thymus）等（图4－5）。许多内分泌细胞还散在于组织器官，如消化道黏膜、心、肾、肺、皮肤、胎盘等部位均存在各种各样的内分泌细胞。此外，在中枢神经系统内，特别是下丘脑也存在着兼有内分泌功能的神经细胞。

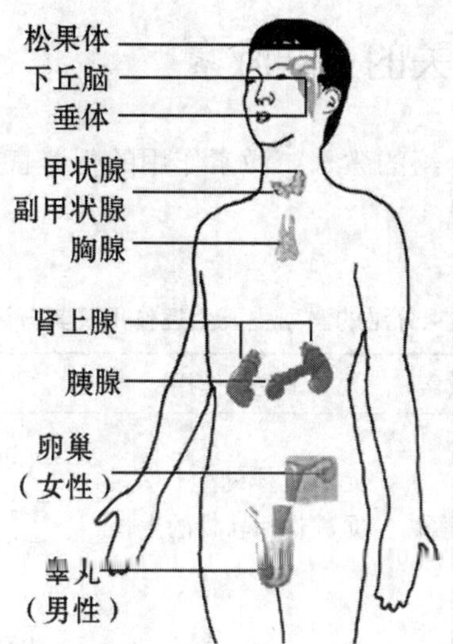

图4－5 人体的主要内分泌腺

（二）激素及作用

内分泌腺或散在的内分泌细胞能分泌各种高效能的生物活性物质，经组织液或血液传递而发挥调节作用，这种化学物质称为激素（hormone）。

激素并不直接参与细胞物质与能量代谢的具体环节，只在细胞间的通讯联络中充当“信使（messenger）”。其作用在于传递信息，从而启动靶细胞固有的一系列生物效应。激素与酶不同，只对完整细胞起作用。在特定的条件下，内分泌细胞发出的调节信息以激素的形式传输给靶细胞，作为“信使”的激素与靶细胞上相应的受体结合后，再通过细胞内的信号转导途径诱导、激发与细胞固有反应相联的一条或多条信号转导途径，调节靶细胞的生理、生化过程。激素在发挥作用的过程中，对其所作用的靶细胞既不提供额外能量，也不添加新功能，而只是在体内细胞之间传递生物信息。

激素的一般生理作用如下。

1. 维持内环境的自稳态：激素参与水和电解质的平衡、酸碱平衡、体温与血压等调节过程，还直接参与机体的应激反应，全面整合机体功能，保持内环境稳态，增强机体的生存、适应能力。

2. 调节新陈代谢：多数激素都参与组织细胞的物质代谢以及能量代谢的调节，维持机体的能量平衡，为机体的各种生命活动奠定基础。

3. 维持生长、发育：促进组织细胞的生长、增殖、分化和成熟，参与细胞凋亡过程等，确保并影响各系统器官的正常生长、发育和功能活动。

4. 调控生殖过程：维持生殖器官的正常发育成熟和生殖的全过程，维持生殖细胞的生成，保证个体生命的绵延和种系的繁衍。

二、与代谢调节有关的主要激素

人体内主要内分泌腺所分泌的激素、激素作用的靶器官及其主要生理功能和对机体的影响，见表 4 - 1 所示。

表 4 - 1　内分泌腺分泌的激素主要生理作用及其分泌异常的主要表现

腺体名称	主要分泌的激素	主要作用	分泌异常的主要表现
腺垂体	生长素 （还有其他激素）	促进机体的生长发育，促进骨和软骨的生长。	亢进：在幼儿时期出现巨人症；成年期，出现肢端肥大症。 减退：幼儿时期，会出现侏儒症。
甲状腺	甲状腺素	促进组织新陈代谢，促进生长发育。	亢进：消瘦，体重减轻，心跳加快，粗脖子，眼向外突出。 减退：生长停止，呆小症。
胰岛腺 α 细胞	胰岛素	调节糖代谢。	亢进：引起血糖过低。 减退：引起糖尿病。
肾上腺　皮质	肾上腺皮质素	调节水、盐、糖、蛋白质代谢，促进性成熟。	亢进：血糖升高，肥胖症。如果出现在幼年会引起性早熟；若出现在成年则出现副性征异常。 减退：血钠减少，血钾增加。
肾上腺　髓质	肾上腺素 去甲肾上腺素	调节心血管系统，使血压升高。有强心作用，调节血管收缩血压。	
男性腺睾丸	雄激素	促进生殖器官发育，维持正常机能；促进副性征出现；加速蛋白合成。	减退：青春期生殖器官发育不全或副性征异常。

（一）生长素

垂体是位于脑底部的豌豆大小的器官，分为腺垂体和神经垂体两部分。生长素（growth hormone）是腺垂体分泌的一种重要的激素，此外腺垂体还可以分泌促甲状腺素、促肾上腺皮质素、卵泡刺激素、黄体生成素和生乳素等激素。

生长素的生理作用包括促进机体的生长发育和对代谢的调节作用。

在机体的整个生长发育过程中，生长素起着至关重要的作用，它能促进机体的生长发育，促进骨和软骨的生长。若在幼年时期摘除动物的垂体，生长将立即停止；若持续补充生长素，则动物的生长可以得到恢复。如果在幼儿时期腺垂体机能低下，分泌的生长素减少，会出现侏儒症，即身材矮小，但智力发育正常。如果幼儿时期出现机能亢进，使生长素分泌过多，则会造成生长发育过度，出现巨人症；这种情况若发生在成年期，因骨骺已闭合，长骨不再增长，生长素过多可刺激肢端部的骨和额面部的骨增长，出现肢端肥大症。与其同时，肝、肾等内脏器官也增大。

生长素能促进氨基酸进入细胞，并可加速 DNA 和 RNA 的合成。因此，生长素可提高细胞合成蛋白质的速度，减少分解，同时还可以增强对钠、钾、钙、磷、硫等重要元素的摄取和利用。此外，生长素还可以降低对糖的利用速度，使血糖上升；加强对脂肪动员，加速脂肪的分解供能，减少组织的脂肪量。因此，生长素可使能量来源由糖代谢向脂肪代谢转移。

（二）甲状腺素

甲状腺素（thyroid hormone）由位于气管上端甲状软骨两侧的甲状腺分泌，甲状腺素分为四碘甲腺原氨酸（thyroxine，T_4）和三碘甲腺原氨酸（triiodothyronine，T_3）。在腺体或血液中，T_4 含量占绝大多数，但 T_3 的生物活性比 T_4 强约 5 倍。它们都是酪氨酸的碘化物，因此甲状腺的活动与碘代谢有密切关系。

甲状腺激素具有调节物质和能量代谢、调节生长发育及影响神经系统兴奋性的生理作用。

甲状腺激素促进体内糖和脂肪的分解。大剂量的甲状腺激素对糖在小肠内的吸收和肝糖原的分解有促进作用。不超过生理剂量时甲状腺素对蛋白质合成有促进作用，大剂量则促进蛋白质分解。甲状腺素分泌不足时，蛋白质合成减少。甲状腺素分泌过多时，蛋白质分解明显高于正常，可出现负氮平衡，肌肉蛋白分解的增加可引起肌无力。

甲状腺素能提高能量代谢水平，增加组织的耗氧量和产热量。1mg 甲状腺激素可使人体产热量增加 4184kJ（1000kcal）。甲状腺激素分泌过多（甲亢）的病人。因产热增加而怕热喜凉、多汗，基础代谢率常超过正常值的 50% ~100%。甲状腺功能低下的病人则产热量减少，喜热畏寒，基础代谢率可低于正常值的 30% ~45%。

甲状腺素主要影响脑和长骨的生长发育。甲状腺素除本身对长骨的生长发育有促进作用外，还促进腺垂体分泌生长素，间接地促进长骨生长发育。一个先天性甲状腺功能不全的婴儿，出生时身长与发育基本正常。如在 4 个月内得不到甲状腺素的补充，则将由于脑与长骨生长的发育障碍而出现智力低下、身材矮小等现象，称为呆小病。

甲状腺素能提高中枢神经系统的兴奋性。因此甲亢病人有烦躁不安、多言多动、喜怒无常、失眠多梦等症状；甲状腺功能低下的病人则有言行迟钝、记忆减退、淡漠无情、少动思睡等表现。甲状腺素可使心跳加快、加强，心输出量增大，外周血管扩张。甲亢病人可因心脏作功量增加而出现心肌肥大，最后可导致充血性心力衰竭。

（三）胰岛素

胰岛是散在胰腺泡之间的细胞群。组成胰岛有五类细胞，其中，α 细胞约占 20%，分泌胰高血糖素（glucagon），其分泌比例少；β 细胞约占胰岛细胞的一半以上，分泌胰岛素（insulin），其分泌量多。

胰岛素对机体的糖代谢、脂代谢和蛋白质代谢具有重要的调节作用。

胰岛素能加快葡萄糖转运入细胞的速度，加强组织中许多影响糖代谢的酶的合成和活性，从而使全身各个组织，特别是肝脏、肌肉和脂肪组织加速摄取、贮存和利用葡萄糖，导致血糖水平的降低。胰岛素能促进肝糖原和肌糖元的合成。在肝脏，胰岛素能使进食后吸收的葡萄糖大量转化成糖元而贮存，并促使葡萄糖转变成脂肪酸，然后转运到脂肪组织，以脂肪的形式贮存起来。此外，它还抑制糖的异生。在肌肉中，胰岛素不但可使葡萄糖迅速转运入肌细胞，而且可加速葡萄糖的利用和肌糖元的合成。肌肉组织在没有胰岛素作用时几乎不能摄取葡萄糖。胰岛素对机体作用的总效应是引起血糖下降。当胰岛功能降低或其他一些原因致使血浆胰岛素水平低下时，将导致血糖升高，当血糖水平超过肾糖阈（160～180mg/100ml）时，糖即从尿中排出。

胰岛素能促进脂肪的合成，抑制脂肪水解，减少血液中游离脂肪酸和脂肪酸的分解，使脂肪贮存增多。当胰岛素分泌不足时，大量脂肪酸氧化和糖分解利用受阻，以致使脂肪酸氧化不完全而生成酮体，引起酮血症，甚至酸中毒。

胰岛素能加速氨基酸进入细胞内，促进细胞中 DNA、RNA 和蛋白质的合成。同时由于糖的利用和蛋白质的合成，钾进入细胞，进而使血钾的浓度降低。故胰岛素分泌不足时，脂肪和蛋白质的合成减弱，分解增加而体重减轻。

（四）肾上腺素和去甲肾上腺素

肾上腺包括内外两层，外层淡白色，称肾上腺皮质；内层较深，称肾上腺髓质。肾上腺髓质能分泌肾上腺素（占 80%）和去甲肾上腺素（占 20%）。两者化学结构和生理作用都很相似，属儿茶酚胺类化合物。但由于其受体的类型和分布不同，在功能上两者又有一些差别。

肾上腺髓质激素对机体代谢具有多种调节作用。

肾上腺素（epinephrine，adrenaline）对心脏作用较强，能使心率加快，心肌收缩力加强，医学上将肾上腺素称为强心剂。对外周血管，肾上腺素可使皮肤、肾脏和肠胃等内脏的血管收缩，而使骨骼肌和肝脏中的血管及冠状血管舒张，总的外周阻力变化不大或稍有下降。总的来说，肾上腺素可使心输出量增加，收缩压显著升高，一般舒张压则无明显变化。这有助于保证血流的重新分配，满足肌肉代谢需要。和肾上腺素相对，去甲肾上腺素（norepinephrine，noradrenaline）对心脏的作用较弱，但有强烈收缩血管作用（除冠状血管外），特别是使皮肤和内脏血管明显收缩，因而增加外周阻力，收缩压与舒张压均显著升高，同时通过减压反射引起心率减慢，心输出量降低。

肾上腺素和去甲肾上腺素均能使内脏平滑肌松弛，能抑制内脏平滑肌，使胃肠紧张性降低，抑制蠕动，使支气管扩张。

肾上腺素和去甲肾上腺素都能促进分解代谢，包括促使肝糖元分解并抑制胰岛素释放，从而使血糖升高。对于血糖水平来说，肾上腺素的作用同胰岛素的作用是拮抗的，它们在共同调节血糖水平稳定中起着重要的作用。如大赛前，由于应激作用使体内肾上腺素分泌增加，会使血糖浓度和血乳酸的量增加，使机能处于准备状态。此外，肾上腺素和去甲肾上腺素还有加强肌组织和脂肪组织内脂肪分解的作用。

肾上腺素和去甲肾上腺素可提高中枢神经系统的兴奋性，使机体警觉性提高，反应变得灵敏。

（五）皮质醇

肾上腺皮质能够分泌不同类别的激素，即盐皮质激素（mineralocorticoid）、糖皮质激素（glucocorticoid）和少量性激素等。这些激素都对维持生命活动起着重要的作用。其中盐皮质激素通过“肾小管保 Na^+ 排 K^+”调节机体的水盐代谢；而糖皮质激素，即皮质醇（cortisol，C）则对物质代谢起重要的调节作用。

皮质醇可促进肝糖原异生，增加糖原贮存，抑制葡萄糖的氧化而使肝糖原和血糖升高。此外，皮质醇还可促进肝外组织中蛋白质的分解以增加血液和肝脏中氨基酸的含量。可促进脂肪组织中的脂解以增加血液中游离脂肪酸的含量。皮质醇还可使体内脂肪的分布发生变化，其变化的结果是使四肢储存的脂肪减少，而面部、腹部和胸部脂肪增加，这种情况称为“向心性或向中性肥胖”。

皮质醇适量增加可提高身体的抵抗力。例如当机体受到内外环境的影响时，如气温或气压的过高或过低、过度疲劳、中毒、受伤、流血过多或微生物感染时，糖皮质激素分泌量将增加，通过血液循环系统使血液中抗体生成增多，以促进身体的抵抗能力增加。但当皮质醇过量增加时则会抑制淋巴细胞的活性，使免疫力下降。

一般认为皮质醇是代表机体分解代谢水平的指标。当运动员训练后血清皮质醇始终保持较高水平，就会导致机体分解代谢过于旺盛，不利于消除疲劳，还有可能引起过度训练及免疫力下降。长此以往，肾上腺皮质机能就会减退，表现为肌肉无力，容易疲劳。运动员出现过度训练时的一些机体表现就与肾上腺皮质机能减退有关。

（六）睾　酮

雄激素（androgen）是一类含有 19 个碳原子的类固醇激素，主要有睾酮（testosterone，T）、雄稀二酮和去氢异雄酮等，其中睾酮因活性较高、含量多而成为最主要的雄性激素。男性睾酮主要来自睾丸间质细胞，女性的睾酮来自肾上腺皮质网状带和卵巢基质细胞。

雄性激素睾酮的作用主要是以下三方面。（1）促进生殖器官的正常发育和精子生成。维持前列腺、精囊、尿道球腺、阴茎等的正常发育，并维持其成熟状态。（2）促进男性副性征的出现，如胡须、喉结突起、声音宏亮等。（3）影响新陈代谢，主要是促进蛋白质合成。雄激素能增加体内对钠、钾和氯的保留，特别是肌肉、骨骼及生殖器官的蛋白质合成，因而有利于组织生长，肌肉发达。正是因为这类激素有这样的作用，因此在竞技体育中，有人用不道德的手段，试图使用这类激素的化学合成衍生物——合成类固醇激素来促进体内蛋白质合成，增强肌肉组织，提高运动成绩。这种做法不但违反了奥林匹克公平竞争的精神，也将严重威胁运动员的身体健康。

三、运动员激素水平的检测

运动员激素水平的检测方法经历过放射免疫、酶联免疫，发展到现今广泛应用的方法为化学发光免疫（图4-6）。在运动训练过程中，常用的反应机体机能状态的激素检测指标是血清睾酮和皮质醇。

图4-6 化学发光免疫分析仪可用于运动员血清激素含量的测试

（一）血清睾酮指标及在运动实践中的应用

血清睾酮指标在运动实践中主要用于评定运动员机能状态和运动员选材。

1. 运动员的血清睾酮水平

一般男性血睾酮水平在10~45nmol/L（400~800ng/dl），女性血睾酮水平约为男子的1/10。运动员参考值范围：男运动员270~1000ng/dl或9.5~35.0nmol/L；女运动员10~100ng/dl或0.35~3.50nmol/L。

2. 运动员血清睾酮水平测试在体能监测中的应用

一般来说，睾酮可促进机体合成代谢，在身体机能良好时，血清睾酮水平应变化不大，且随着体能增强逐渐增加。研究表明一次性运动期间睾酮会出现小幅度升高，但长期训练会使男子运动员安静值降低，当睾酮持续明显降低时，应考虑疲劳、过度训练或机能状态不佳。一般认为男子血睾酮低于3.47 nmol/L，女子低于0.69 nmol/L，均可出现典型的过度训练状态，并称之为内分泌性疲劳。有学者强调在正式比赛前应将血睾酮调整到较高水平，其中男运动员不应低于20.8nmol/L，女运动员不应低于2.08nmol/L。在运动训练过程中如果睾酮比原水平下降25%~30%，且维持较低水平，就说明训练负荷可能安排不合理，应及时进行调整。

3. 运动员血清睾酮指标在运动员选材中的应用

小于12岁的男、女少年运动员之间，血清睾酮水平无明显差异性；13~14岁，男、女运动员血清睾酮急剧增加，并出现性别差异；15~16岁时身体处于生长发育高峰，睾酮上升幅度最大。利用血清睾酮指标进行选材时，应选择基础睾酮水平高的运动员，这样的运动员肌肉力量素质好，有氧代谢能力和恢复能力较强，能够耐受更大训练负荷。

（二）血清皮质醇指标及在运动实践中的应用

皮质醇可促进脂肪分解，增强脂肪酸在肝内的氧化过程，有利于糖异生作用，是代表机体分解代谢的指标，可用于训练负荷监控和运动员恢复能力的评估。

血清皮质醇的正常水平为6～12μg/dl或165～720nmol/L。

急性运动后血清皮质醇大多呈明显上升变化，它受运动强度大小和持续时间长短的共同影响，在运动应激时反馈性提高，运动结束后能迅速降至基础值，有利于加速疲劳的恢复。

一个周期训练后，相同负荷运动时，血清皮质醇浓度上升的幅度下降，是适应运动量的表现，表明训练负荷适中；如上升幅度增加，表明训练负荷过大。运动后恢复期，血清皮质醇持续偏高，恢复到正常水平的时间加长，表明机能状态差或对负荷不适应。一般认为皮质醇在276nmol/L（10μg/dl）以下时，运动员的恢复能力良好。

也有学者把血清游离睾酮/皮质醇比值（FT/C）作为机能评定的敏感指标，反映身体合成及恢复状况。当血清游离睾酮/皮质醇比值下降超过30%或小于0.35×10^{-3}，则可诊断为过度疲劳。

名　词

乳酸阈、激素、神经调节、体液调节、感受器、视野、立体视觉、本体感觉、牵张反射、状态反射

复习思考题

1. 简述视觉在运动训练中的作用。
2. 简述本体感觉在运动训练中的作用。
3. 简述位觉在运动训练中的作用。
4. 论述躯体运动协调的神经机理。
5. 简述皮质醇激素与睾酮的主要生理作用。
6. 论述血清睾酮、皮质醇指标在运动实践中的应用。

主要参考文献

1. 王瑞元主编. 运动生理学 [M]. 北京：人民体育出版社，2002.

2. 冯连世，冯美云，冯炜权主编. 优秀运动员身体机能评定方法 [M]. 北京：人民体育出版社，2003.

第五章　运动性疲劳评定与训练监控

提要　本章介绍了运动性疲劳的概念及其产生机制，各器官系统疲劳的评定方法，分析了运动员有氧、无氧工作能力的评定和训练常用方法。

运动性疲劳（exercise - induced fatigue）是指由于运动过度而引发身体工作能力下降的现象，是人体运动到一定阶段出现的一种正常生理现象。适度的运动性疲劳并施以合理的恢复手段能及时消除运动性疲劳，并促使机能的恢复和提高，运动员训练水平的提高就是一个“疲劳——恢复——再疲劳——再恢复”的变化过程。过度疲劳则会对机体产生不良影响，引起各种机能障碍或运动损伤，甚至损害运动员的身体健康。因此，正确认识运动性疲劳及其产生的机制对于合理地安排运动训练、促进机能恢复以及提高训练效果等具有重要的理论和实践意义。

运动训练的生理生化监控（physiology and biochemical monitoring of training）则是应用运动生理学、运动生物化学等学科的理论和方法，在对运动员机能或疲劳状态进行评价的基础上，应用综合方法和手段研究帮助教练员不断调整训练计划，使运动员最大限度提高训练效果和运动能力的过程。其中对运动员机能的评价是基础，而对运动专项的理解和对各种训练方法的熟悉则是做好运动训练监控的关键。

第一节　疲劳的产生机制

一、运动性疲劳的概念及其分类

（一）运动性疲劳的概念

对于疲劳的研究始于1880年的莫索（Mosso），距今已有130多年的历史。之后许多学者从各个角度、采用不同手段对运动性疲劳进行了大量的研究。因为疲劳是个非常复杂的生理现象，因此对于运动性疲劳的定义也就多种多样。1915年莫索提出，疲劳是细胞内化学衍生物导致的一种中毒现象；1979年卡波维奇认为，疲劳是工作本身引起的工作能力下降现象；1980年Karlsson认为，疲劳是肌肉不能产生所要求的或预想的收缩力；

之后，爱德华兹提出，疲劳是丧失保持所需或期望的输出功率。

1982 年美国波士顿的第五届国际运动生物化学会议统一了一批基础概念，其中将运动性疲劳正式定义为：机体不能将它的机能保持在某一特定的水平和/或不能维持某一特定的运动强度。该定义将疲劳时各组织、器官的机能水平和运动能力结合起来分析疲劳发生和发展的规律，得到了许多专家和学者的认可。

（二）疲劳的分类

由于疲劳表现的复杂性，因此疲劳分类也多种多样。根据疲劳发生部位，可以分为骨骼肌疲劳、心血管疲劳、呼吸疲劳等；根据疲劳发生的范围与表现可以分为中枢疲劳、外周性疲劳、混合性疲劳等。

骨骼肌疲劳是指运动引起的骨骼肌机能下降而产生的疲劳，如力量训练引起的肌肉酸痛、肌肉僵硬以及肌力下降等；心血管疲劳是指运动引起的心血管系统及其调节机能下降而产生的疲劳，如运动后心输出量减少、心率恢复速度减慢等；呼吸系统疲劳是指运动引起的呼吸系统机能下降而产生的疲劳，如剧烈运动时呼吸表浅、胸闷、通气量减少等。

疲劳也可分为心理性疲劳和躯体性疲劳。心理疲劳是由于心理活动造成的一种疲劳状态，其主观症状有：注意力不集中，记忆力障碍，理解、推理困难，脑力活动迟钝、不准确等；躯体性疲劳是由身体活动引起的一种运动能力下降的现象，主要表现为动作迟缓，不灵敏，动作的协调能力下降等。在运动竞赛和训练中产生的运动性疲劳，既有躯体疲劳的成分，又有心理疲劳的成分，因此，运动性疲劳是身心疲劳。在运动训练和比赛中，应根据运动项目的特点正确认识其疲劳产生的原因，并以此为依据采取科学、合理的手段促进疲劳的恢复。

二、中枢性疲劳与外周性疲劳

（一）中枢性疲劳

中枢性疲劳是指发生于脑至脊髓部位的疲劳。其主要的表现为：1. 功能紊乱，改变了运动神经元的兴奋性。疲劳时，神经冲动的频率减慢，使肌肉工作能力下降。2. 代谢功能失调，大脑细胞中 ATP、CP 水平明显降低，血糖含量减少，γ－氨基丁酸含量升高，特别是5　羟色胺和脑氨升高，可引起多种酶活性下降，ATP 再合成速率下降，从而使肌肉工作能力下降，导致疲劳。

（二）外周性疲劳

外周性疲劳发生的部位在神经－肌肉接点、肌细胞膜、肌质网、线粒体和收缩蛋白等部位（图5－1）。

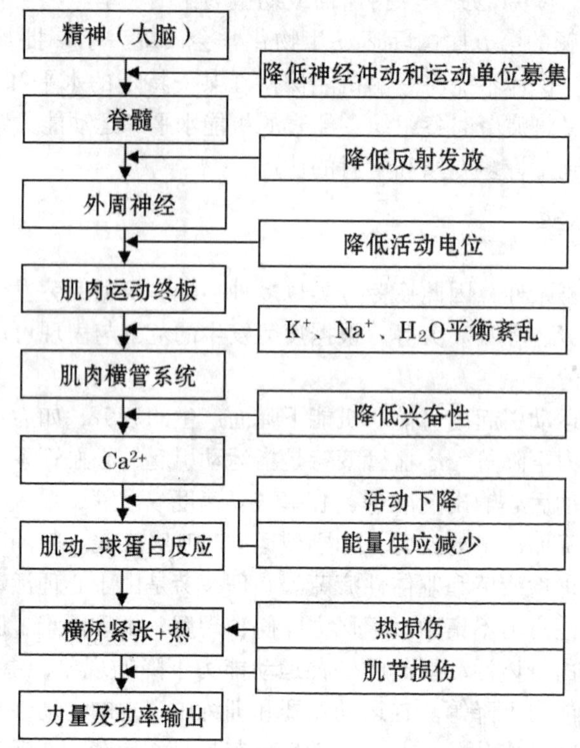

图5－1　肌肉疲劳可能发生部位

（引自：王瑞元主编《运动生理学》，2011）

短时间、剧烈运动时（如举重、投掷等），神经肌肉接头前膜释放乙酰胆碱减少，可造成神经－肌肉接点兴奋传递障碍，肌细胞膜因去极化过程减弱或不能去极化，导致骨骼肌不能兴奋和收缩，引起运动能力下降，产生运动性疲劳。

运动过程中，由于肌细胞膜受机械牵拉以及各种理化因素（自由基）的影响，细胞膜的结构和功能出现了一系列的异常变化，如细胞膜上 Na^+/K^+－ATP 酶活性下降、细胞膜损伤等，从而引起肌细胞膜的通透性改变，肌细胞功能降低，收缩机能下降。

运动过程中由于受某些理化因素的影响，骨骼肌收缩蛋白的结构和功能会发生一系列异常变化，从而引起骨骼肌收缩能力降低，运动能力下降，产生运动性疲劳。此外，运动还能造成肌肉收缩蛋白结构异常，如 A 带及 I 带异常，H 区消失，Z 线消失或加宽，肌丝卷曲、排列混乱等。这些异常变化将不可避免地造成骨骼肌机能下降，导致运动性疲劳并伴随着延迟性肌肉酸痛症状的出现。

长时间运动可引起细胞内 ATP 含量减少，自由基生成增加，Ca^{2+}代谢异常，肌浆网释放和摄取 Ca^{2+}能力下降等现象，从而引起骨骼肌产生兴奋－收缩脱耦联，导致运动能力下降，产生运动性疲劳。

除此之外，线粒体的结构和功能也是影响肌肉收缩能力的重要因素。当线粒体氧化磷酸化过程减弱时，肌肉收缩能力将会下降，出现疲劳。

三、运动性疲劳的产生机理

自从19世纪80年代莫索开始研究疲劳以来，人们对运动性疲劳产生的机理提出多种学说，最具代表性的有以下几种。

（一）衰竭学说

衰竭学说又称为能源耗竭学说。认为疲劳产生的原因是能源物质耗竭造成的。研究发现，在长时间运动过程中，产生运动性疲劳的同时常常伴有糖原及高能磷酸物含量下降，补充能源物质后，运动能力又有一定程度提高的现象，表明运动性疲劳与体内能源物质的储量有关。

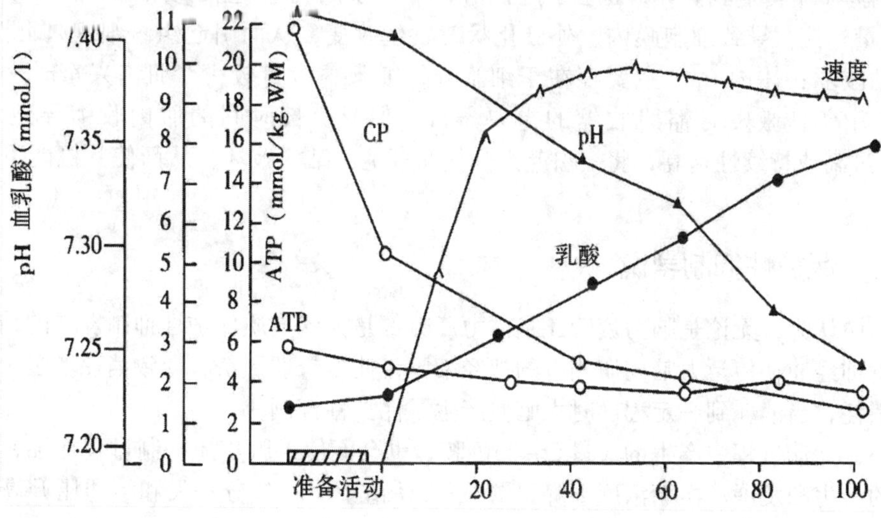

图5－2 全力运动时体内能源物质的变化

（引自：Hirvonen 等，1987）

短时间剧烈运动至疲劳时，肌肉中ATP含量下降并不明显，但CP含量却有明显下降（图5－2）。此时，肌肉中CP含量仅相当于运动前的20%；在极限强度无氧运动全力竭时，CP浓度接近零。

在长时间、中等强度运动过程中，血糖浓度下降往往伴随着疲劳症状。当补充糖类物质后，运动能力又有所恢复。坎农等人研究发现，当狗精疲力竭时，血糖含量下降，注射肾上腺素后狗的运动能力明显恢复（肾上腺素能促进肝糖原分解，血糖浓度升高）。

（二）堵塞学说

堵塞学说又称为代谢产物堆积学说，认为疲劳的产生是由于运动过程中某些代谢产物在肌肉组织中大量堆积造成的。

在2～3分钟的剧烈运动后，乳酸有较多的堆积，并主要发生在快肌纤维中，运动能力可因血乳酸和肌乳酸浓度的升高而被抑制。可见，乳酸浓度升高是导致机体产生运动性疲劳的原因之一。乳酸浓度升高之所以能导致疲劳，可能与下列因素有关：（1）肌肉中pH值下降可抑制磷酸果糖激酶的活性，从而抑制糖酵解过程，使ATP再合成速度减慢，能量供应出现障碍；（2）乳酸分离的H^+与Ca^{2+}竞争肌钙蛋白上的结合位点，使肌钙蛋白对Ca^{2+}的敏感下降，影响粗、细两种微丝间的相互作用，降低肌肉收缩能力；（3）pH值下降可阻碍神经肌肉接点处兴奋的传递；（4）$[H^+]$增加可抑制氧气和血红蛋白的结合；（5）pH值下降抑制肌浆网对Ca^{2+}的吸收，使胞浆中$[Ca^{2+}]$升高，降低肌肉收缩能力。

（三）内环境稳定性失调学说

该学说认为，疲劳是由于血液中pH值下降，细胞内、外离子平衡破坏以及血浆渗透压改变等因素造成的。

研究发现，当机体失水量达体重5%时，肌肉工作能力将会下降20%～30%。除此之外，体内离子平衡遭到破坏，也会引起机体运动能力下降而产生运动性疲劳。运动时，由于K^+大量外流，导致细胞膜内、外极化状态发生改变，从而引起组织细胞兴奋性下降，机能活动减弱；体内Ca^{2+}主要存在于细胞外，细胞内含量较少。肌肉兴奋时，胞浆内$[Ca^{2+}]$升高是激发骨骼肌收缩的重要条件，但是，长时间的肌肉收缩导致胞浆内$[Ca^{2+}]$过高或持续性增高，将会引起细胞代谢紊乱、结构破坏，从而使其机能下降而出现疲劳。

（四）保护性抑制学说

该学说认为，无论是脑力疲劳还是体力疲劳都是大脑皮质保护性抑制发展的结果。运动时大量神经冲动传至大脑皮质相应的神经细胞，使之长期兴奋，导致消耗增多，为了避免过度消耗，当消耗到一定程度时大脑便产生了保护性抑制。

此外，运动过程中产生的大量5－羟色胺，也会促使大脑皮质抑制过程加强，从而导致疲劳的产生和发展。血糖浓度下降、缺氧、pH值下降、盐分丧失和渗透压升高等也可促使皮层神经细胞工作能力下降，大脑皮质产生保护性抑制，从而促进疲劳的发生和发展。

（五）突变理论

运动性疲劳是机体内部许多生理、生化变化在肌肉活动中的综合反映。突变理论是由爱德华兹（Edward）于1982年提出的，认为运动性疲劳是由运动过程中能量消耗、力量下降和兴奋性丧失三维空间关系改变造成的，是机体为避免能量储备进一步下降而存在的一个运动能力急剧下降的过程。该理论克服了以往用单一指标解释疲劳现象的不足，从能量代谢和生物电的角度揭示肌肉力量突然下降（运动性疲劳）的原因。

（六）自由基损伤学说

该观点认为氧自由基及其引起的脂质过氧化反应可以攻击细胞及线粒体等生物膜，造成离子、能量代谢紊乱，从而导致运动性疲劳。

自由基（free radical）是指外层电子轨道含有未配对电子的基团，如氧自由基（$O_2\cdot$）、烃自由基（OH·）、过氧化氢（H_2O_2）及单线态氧（$'O_2$）等物质。在细胞内的线粒体、内质网、细胞核、质膜和胞液中都可以产生自由基。由于自由基化学性质活泼，可与机体内糖类、蛋白质、核酸及脂类等物质发生反应，因而造成细胞功能和结构的损伤与破坏，引起机能的下降。

剧烈运动时，体内耗氧量增加，骨骼肌、心肌和肝脏等组织脂质过氧化反应加强，胞浆［Ca^{2+}］升高等原因，都可引起体内产生的自由基增加，从而导致肌浆网钙泵机能降低，肌浆中 Ca^{2+} 过载，肌纤维兴奋－收缩耦联机能减弱；此外，自由基攻击线粒体膜还会造成能量代谢紊乱。有研究表明，马拉松跑后机体骨骼肌线粒体氧化酶活性提高，脂质过氧化反应增强，导致氧自由基生成增多，从而促进疲劳的产生与发展。由此可见，剧烈运动过程中，体内自由基增加是造成运动性疲劳的重要原因之一。

机体内存在着可消除自由基、减轻其危害的物质。包括抗氧化剂和抗氧化酶。抗氧化剂包括维生素 C、E 等。抗氧化酶包括超氧化物歧化酶（superoxide dismutase，SOD）、谷胱甘肽过氧化物酶（glutathione peroxidase，GSH－PX）、过氧化氢酶（catalase，CAT）。运动训练可以提高运动员的抗氧化能力。

四、运动性疲劳的项目特点

运动性疲劳是一个极复杂的生理过程，由于运动的负荷和性质不同，对人体机能产生的影响也不同，疲劳产生的特征也不相同，见表 5－1。不同运动项目的疲劳存在一定的规律性，短时间最大强度运动疲劳是因肌细胞代谢变化导致 ATP 转换速率下降、乳酸堆积所致。长时间中等强度运动的疲劳往往与肌糖原大量消耗、血糖浓度下降、体温升高和脱水、无机盐丢失有关。

表 5－1　不同代谢类型运动项目的疲劳特点

疲劳因素	磷酸原型	磷酸原－糖酵解型	糖酵解型	糖酵解－有氧代谢型	有氧代谢型
ATP 下降%	30～40		20～30	30	不变
CP 下降%	90 以上	90	75～90	65	50
乳酸积累	少	中	最多	较多	少
肌 pH 值下降	少	较少	6.6	6.6	少
肌糖原消耗	－	－	少	中	75%～90% 以上
肌内离子变化	－	Ca^{2+} 下降	Ca^{2+} 下降	K^{+} 下降 Na^{+} 上升	离子紊乱

（引自：冯炜权，1995）

第二节　身体机能的生理、生化评定

正确地认识和判断运动性疲劳，是实施科学训练、促进疲劳恢复以及提高运动成绩的理论基础，具有重要的实践意义。由于不同形式运动具有不同的疲劳特征，因此，判断其疲劳的方法也有所差异。

一、骨骼肌系统疲劳测定

（一）测定背肌力与握力评价疲劳

早晚各测一次，求出其数值差。如次日晨已恢复，可判断为正常。

（二）呼吸肌耐力评价疲劳

连续测5次肺活量，每次间歇30秒。疲劳时肺活量逐次下降。

（三）血清肌酸激酶反应骨骼肌微损伤

肌酸激酶（creatine kinase，CK）主要存在肌组织中。运动时骨骼肌剧烈的收缩和牵拉，引起微细损伤后，细胞内容物进入血液。在较大强度运动后的血清CK活性可增至100～200U/L；极限运动后可达到500～800U/L，甚至是1000U/L以上。不同的运动类型对血清CK的影响也有所不同。冲击力较大的运动（如跑、跳等）比冲击力较小的运动（如自行车、划船）对血清CK增加幅度的影响大。力量训练对血清CK影响最大，其次是无氧训练，有氧训练后CK的变化最不明显。运动强度对CK的影响更大，如100m赛跑后连续几日内血清CK活性都很高。

二、心血管系统疲劳诊断

（一）基础心率

基础心率（basal heart rate）是指人体处在清醒、安静、空腹、室温在20～25℃基础状态下的心率，有别于安静心率。正常情况下基础心率相对稳定，如果基础心率较平时增加5～10次/分以上，则认为有疲劳累积现象；如果连续几天持续增加，则应调整运动负荷。

（二）运动中心率

若一段时期内从事同样强度的定量负荷，运动中心率增加，则表示身体机能状态不佳。可使用心率表进行运动中心率测定（图5-3）。

（三）运动后心率恢复

人体进行定量负荷后心率恢复时间长，表明身体欠佳。如进行30秒20次深蹲的定量负荷运动，一般心率可在运动后3分钟内完全恢复，而身体疲劳时，恢复时间明显延长。

图 5-3 心率遥测仪广泛用于运动员运动中的心率测试

（四）心电图

运动员疲劳时，有时会出现心电图 S-T 段下移、T 波倒置等心肌缺血的表现。

三、感觉与神经系统疲劳诊断

（一）反应时

反应时是指由刺激作用于感受器开始到效应器开始活动为止所需要的时间，包括简单反应时和选择反应时。出现运动性疲劳时，大脑皮质分析机能下降，反应时明显延长，尤其是选择反应时延长更为明显。

（二）血压体位反射

血压体位反射是反映植物性神经调节能力的指标。运动训练后，由于植物性神经调节能力下降，故血压体位反射发生异常变化。因此，血压体位反射可作为评定心血管系统疲劳程度的依据。其具体方法是：受试者坐位静息 5 分钟后，测安静时血压，随即仰卧 3 分钟，然后将受试者扶成坐姿，立即测血压，每 30 秒测一次，共测 2 分钟。若 2 分钟以内完全恢复，说明没有疲劳，恢复一半以上为轻度疲劳，完全不能恢复为重度疲劳。

（三）皮肤两点辨别阈

皮肤感觉能分辨出的最小距离叫皮肤两点辨别阈（skin sensation two - point threshold, 2 - point discrimination threshold）。在运动训练中，当运动员身心达到疲劳状态时，可能会引起身体一些机能持别是神经系统机能状态发生紊乱，从而也会导致人体感觉机能失调。因此，根据疲劳会引起各种皮肤感觉敏感性下降的特点，可以把皮肤两点辨别阈作为监测运动员疲劳和恢复的简单无创性指标。运动后皮肤两点阈较安静时增加 1.5 ~ 2 倍为轻度疲劳，增加 2 倍以上为重度疲劳。

（四）闪光融合频率

闪光融合频率（flicker fusion frequency, FFF）是指刚能够引起闪光融合感觉刺激的最小频率，也称为闪光融合临界频率或闪烁临界频率。它表现了视觉系统分辨时间能力的极限，通过对人的闪光融合临界频率的测定还可以了解人体的疲劳程度。

受试者坐位，注视频率仪的光源，直到将光调至明显断续闪光融合为止，即闪光融合频率，测三次取平均值。轻度疲劳时约减少1.0～3.9Hz；中度疲劳时约减少4.0～7.9Hz；重度疲劳时减少8Hz以上。

（五）脑电图

运动员疲劳时由于神经元抑制过程发展，脑电图可表现为慢波成分的增加。

四、氧转运及运动性贫血的诊断

血红蛋白对氧运输起核心作用，其浓度决定了氧的携带与转运。贫血将严重影响运动员的工作能力（见44～45页）。

五、内分泌系统的疲劳诊断

科研人员经常测试运动员的血清睾酮和血清皮质醇来判断运动员的疲劳情况（见75～77页）。

六、物质与能量代谢能力诊断

（一）血乳酸指标用于机能评定

血乳酸（blood lactate）是糖酵解的产物。当机体处于疲劳状态时，往往会出现最大乳酸水平下降，定量负荷运动后血乳酸清除时间延长等现象。

1. 对有氧工作能力的评定可以使用无氧阈（乳酸阈、个体乳酸阈）指标。
2. 对无氧工作能力的评定一般采用专项跑后的最大血乳酸水平测试。
3. 对运动员机能状态的评定可以观察定量负荷时血乳酸变化。
4. 对训练方法的评定则主要是测试专项练习中的血乳酸值变化情况。

（二）血尿素

尿素（urea）是人体内蛋白质和氨基酸分解代谢的终产物。临床上血尿素超过3.2～7.0mmol/L时，为肾功能不全或蛋白质分解代谢亢进等疾病的表现。在运动训练监控中用于评价运动员对训练量的负荷反应。可使用半自动生化分析仪进行血尿素指标的测定（图5-4）。

运动时由蛋白质降解（氨基酸代谢）提供的能量约占总能耗的1%～15%，蛋白质供能的多少同体内糖原的消耗情况有关，长时间运动时或饥饿时运动，蛋白供能增加。因此，血尿素变化与运动负荷量有密切关系，运动负荷量越大，血尿素增加幅度越明显。若一次性大负荷训练后次日晨血尿素上升（超过8.0mmol/L），至训练周期末尚不能恢复，表明运动量过大，有疲劳积累。

图5-4 半自动生化分析仪

（可用于如血尿素、血清肌酸激酶、尿肌酐等疲劳指标的检测）

七、尿液分析

尿液分析仪（图5-5）可以半定量地测试分析尿中的葡萄糖、蛋白质、胆红素、尿胆原、pH值、比重、潜血、酮体、亚硝酸盐、白血球等指标。

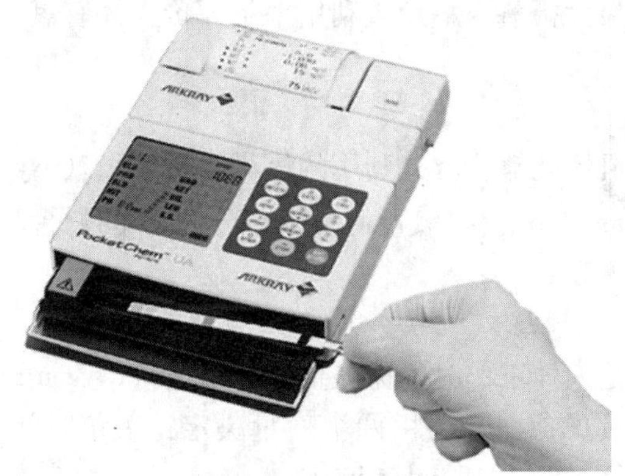

图5-5 尿液分析仪

（一）葡萄糖：运动员中出现尿糖多为饮食原因或为一过性。

（二）蛋白质：运动性蛋白尿与运动强度较大有关。

运动性尿蛋白属正常的生理现象，一般在24小时内可自行消失。若运动后次日晨尿蛋白含量较高或超过正常值，且呈逐日持续增加的趋势，则可视为过度疲劳或过度训练的表现。

（三）尿胆原：尿胆原是体内血红蛋白分解的代谢产物。经胆道排入肠道的胆红素被肠道细菌还原后成为尿胆原。尿胆原排泄量与运动负荷和肝功能等因素有关。运动员在进行大负荷运动时，往往会导致体内溶血增多，尿胆原排出量增加。目前认为，血红蛋白下降，尿胆原增加是运动性疲劳的表现；如果安静时尿胆原浓度高于2mg%，且持续2～3天以上则视为过度训练。

（四）pH值：与运动强度较大，产生较多乳酸有关。

（五）比重：与气温、训练强度、训练持续时间、泌汗、饮水等影响尿量有关。

（六）潜血：与剧烈运动引起的运动性血尿有关。

（七）酮体：酮体是脂肪酸在肝脏分解氧化时不完全氧化的产物，在肝脏内产生，在肝外组织氧化。当机体糖原被大量消耗时，脂肪酸利用增加，体内缺糖使脂肪酸氧化不完全，导致体内酮体生成增加，尿中会出现酮体。

（八）亚硝酸盐：某些泌尿系统存在的细菌可以将尿中蛋白质代谢产物硝酸盐还原为亚硝酸盐。该指标可间接了解泌尿系细菌感染的情况。

第三节　有氧工作能力的评定及训练

一、有氧工作能力

所谓有氧工作能力是指机体在氧供充足的情况下由能源物质氧化分解提供能量所完成工作的能力。氧供充足是实现有氧工作的先决条件，也是制约有氧工作的关键因素。因此，单位时间内机体的最大摄氧水平及氧利用率是评价人体有氧工作能力的重要指标。

（一）摄氧量

通常将单位时间内机体能够摄取并利用的氧量为摄氧量（oxygen uptake，$\dot{V}O_2$），也称为耗氧量（oxygen consumption）。摄氧量通常以每分钟为单位计算。

（二）需氧量

与摄氧量相对应的是人体工作时的需氧量。需氧量（oxygen requirement）是指机体为维持某种生理活动所需要的氧量。可由两个变量决定：单位时间内的需氧量和总的需氧量。正常成人安静时需氧量约为250ml/min。

运动强度越大，每分需氧量就越大；反之，运动强度越小，每分需氧量就越小。但是运动所需要的总的氧量主要受运动持续时间的影响。持续时间长的运动项目需氧总量多，持续时间少的运动项目总需氧量则少。例如，最大强度运动时，100米跑的每分需氧量可高达40L/min，其总需氧量只有7L左右；而中等强度的马拉松跑时每分需氧量约为2～3.5 L/min，但由于运动持续时间长（2小时以上），其总需氧量可达700L以上。可见，运动时的每分需氧量反映了运动强度的大小，总需氧量反映运动持续时间的长短。

（三）有氧工作能力的决定因素

有氧工作能力是肌肉摄取并利用氧的能力，因此凡是涉及肌肉摄取、利用氧的器官、系统都会成为有氧运动能力的影响因素。其中主要包括呼吸和循环系统以及血液、肌肉等组织器官。最大摄氧量受多种因素制约，其水平的高低主要决定于氧运输系统或心脏的泵血功能、肌组织利用氧的能力（图5－6）。

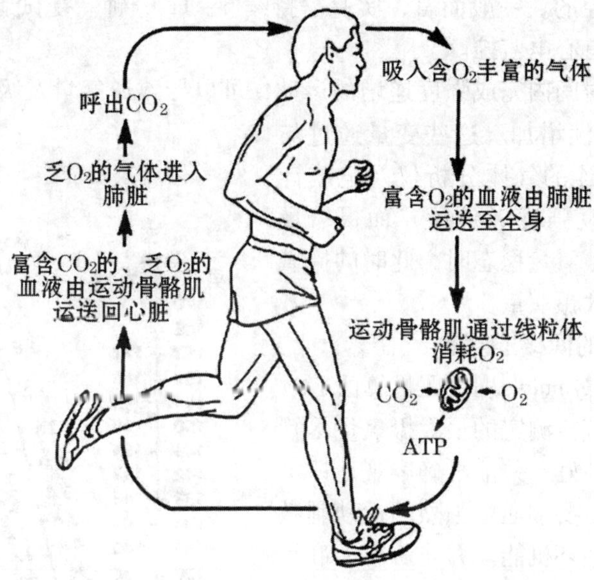

图5－6　影响运动过程中氧气摄入并被骨骼肌利用的环节

（http：//home. hia. no/～stephens/）

二、有氧工作能力的评价

（一）最大摄氧量

最大摄氧量（maximal oxygen uptake，$\dot{V}O_2max$）是指人体在进行有大量肌肉群参加的长时间剧烈运动中，当心肺功能和肌肉利用氧的能力达到人体极限水平时，单位时间内（通常以每分钟为计算单位）所能摄取的氧量。也称最大耗氧量（maximal oxygen consumption）。它反映了机体吸入氧、运输氧和利用氧的能力，是评定人体有氧工作能力的重要指标之一。

$\dot{V}O_2max$的表示方法有绝对值和相对值两种。绝对值是指机体在单位时间（1分钟）内所能吸入的最大氧量，通常以L/min（升/分）为单位。由于人的个体间身高及体重差异较大，因此，用最大摄氧量的绝对值进行个体间比较是不适宜的。最大摄氧量相对值则是按每千克体重计算的最大摄氧量，以ml/kg/min（毫升/千克体重/分）为单位。最大摄氧量相对值消除了体重的影响，在个体间进行比较更有实际意义。我国正常成年男子最大摄氧量约为3.0～3.5L/min，相对值为50～55ml/kg/min；女子较男子略低，其绝对值为2.0～2.5 L/min，相对值为40～45ml/kg/min。最大摄氧量受遗传因素的影响较大，并依年龄、性别和训练等因素的不同而有所差异。

1. 最大摄氧量的直接测量法

直接测量最大摄氧量，一般采用大肌肉群参与的运动方式，且运动募集达到全身肌肉质量的50%，如跑步、蹬自行车、划船等。常用的实验方法有跑台运动实验、功率自行车运动实验。实验中跑台（treadmill）的速度和坡度以及功率自行车（bicycle ergometer）的速度和阻力是可控的。一般而言，实验需持续6～12分钟。受试者应提前接受医学检查，运动过程中应有心电监控。

受试者在规定时间内完成强度递增的运动，可以导致通气量及吸入气和呼出气中O_2和CO_2浓度的进行性增加。这些变量通过与受试者呼吸面罩相连的气体分析仪及电脑计算。当继续增加运动强度（负荷）而摄氧量不再增加，即出现摄氧量稳态时，此时的摄氧量水平被认为是最大摄氧量。

2. 最大摄氧量的间接推测法

（1）Åstrand－Ryhming列线图推算法

实验室条件下直接测定的最大摄氧量尽管其数据可靠、重复性好，并能准确客观地评定有氧工作能力，但是要求通过强烈的运动刺激来充分调动呼吸、循环机能。并非所有人群都能耐受这一刺激，如老年人及呼吸、循环系统器质性或功能性病变不能耐受者。此外，实验室条件下直接测定最大摄氧量实验仪器昂贵、方法复杂，这些都限制了最大摄氧量直接测定法的普及。

利用Åstrand－Ryhming列线图（Åstrand－Ryhming nomogram）推算法进行实验时，让受试者进行亚极量运动时，根据其心率及达到某一特定心率的做功量来推算或预测出最大摄氧量（图5－7）。

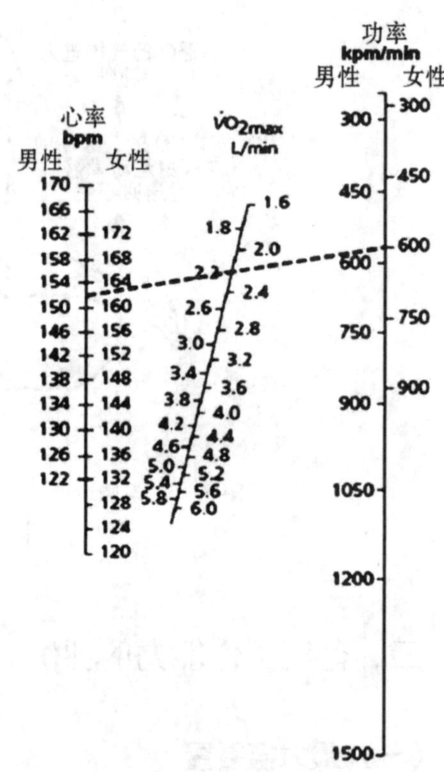

图5－7 Åstrand－Ryhming列线图

（注：功率自行车运动，保持脚踏转速50次/分，在300～1500kpm/min范围内选择使运动后即刻心率在120～170次/分范围内的功率输出。连接Åstrand－Ryhmin列线图中运动后即刻心率与功率值对应的两点，该连线与摄氧量列线相交的那一点对应的数值即为推测最大摄氧量值。图示为25岁健康女性受试者在600 kpm/min下蹬功率自行车6分钟，其运动后即刻心率162次/分。心率轴女性侧数值162与功率轴女性侧数值600连线与最大摄氧量轴交点数值2.2，即为受试者推算最大摄氧量。kpm/min为功率单位千磅米/分。1 kpm＝9.8066 J。）

（引自：Åstrand等，1977）

（2）12分钟跑推测最大摄氧量

12分钟跑（12 minute run）推测最大摄氧量也称为Cooper实验法（Cooper test）。通过计算全力12分钟跑的运动距离推算最大摄氧量。

$$\dot{V}O_2max\ (ml/kg/min) = \frac{d_{12}-505}{45}$$

其d_{12}为12分钟跑的运动距离（米）。

如受试者12分跑的距离是2980米，则

$$\dot{V}O_2max = \frac{2980-505}{45} = 55\ (ml/kg/min)$$

最大摄氧量的间接推算法及摄氧量峰值测定方法适用于运动水平较低的一般常人、老年人及呼吸、循环系统器质性或功能性病变者。优秀运动员使用这些方法推算获得的数值常与实测值有较大误差。尽管应用间接法推算最大摄氧量具有简易、经济、快速等特点，但仍应考虑到误差因素的影响。

（二）乳酸阈

最大摄氧量是反映人体有氧工作能力的客观生理指标，并已广泛应用于运动实践，用于评定心肺功能和有氧能力。但近几十年来，耐力性项目的竞技水平有了大幅度提高，而运动员最大摄氧量增加并不明显。因此，多数专家认为，运动员有氧竞技能力的提高并不完全是最大摄氧量增长的结果，而与最大摄氧量具有同等重要意义的另一个指标——乳酸阈或个体乳酸阈（individual lactic acid threshold，ILAT）越来越得到关注。同最大摄氧量相比，乳酸阈更能反映运动员的有氧工作能力。它反映了机体的代谢方式由有氧代谢为主过渡到无氧代谢为主的临界点或转折点。

1. 乳酸阈测定

受试者在渐增负荷运动试验中，连续采集每一级运动负荷时的血样（一般用耳垂或指尖末梢血）测得其血乳酸值。以运动负荷时做功量（W）为横坐标，血乳酸浓度为纵坐标作图，将乳酸急剧增加的拐点确定为乳酸阈（或个体乳酸阈），而此时的运动强度就是乳酸阈强度（图 5－8）。乳酸代谢存在较大的个体差异，渐增负荷运动时血乳酸急剧上升时的乳酸水平在 1.4～7.5mmol/L 之间。个体乳酸阈更能客观和准确地反映机体有氧工作能力的高低，已被教练员和运动员广泛接受。

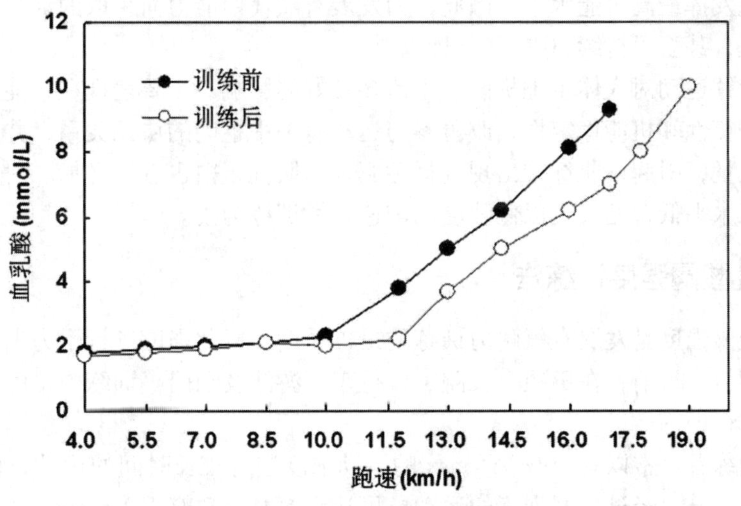

图 5－8　训练前后乳酸阈的变化

（注：受试者在跑台上进行 3 分钟一次的递增负荷（速度）运动，每一运动负荷结束后采集指血测定血乳酸浓度。经过 3 个月的有氧训练，受试者乳酸阈发生右移，表明有氧工作能力提高。）

2. 乳酸阈与最大摄氧量

人体从事渐增负荷运动时，机体能量的供给是从有氧供能为主过渡到无氧代谢供能为主的连续过程。随着运动强度的增加，有氧代谢产生的能量满足不了机体需要时，糖酵解供能的比例增大，导致血乳酸浓度明显增加，从而出现乳酸阈。最大摄氧量反映了人体在运动时所摄取的最大氧量，而乳酸阈则反映了人体在渐增负荷运动中血乳酸开始积累时的最大摄氧量百分利用率，其阈值的高低是反映人体有氧工作能力的又一重要生理指标。乳酸阈值越高，其有氧工作能力越强，在同样的渐增负荷运动中无氧代谢供能动员的则越晚，即在较高的运动负荷时，可以最大限度地利用有氧代谢而不过早地动员无氧代谢供能使乳酸积累快速增加。

三、提高有氧工作能力的训练

提高有氧工作能力的训练强度要在有氧代谢范畴内进行，而训练量又是提高糖原贮备、提高能量节省化的重要保证。只有在运动负荷量和强度适宜，即在最大限度动用机体有氧代谢系统使其处于最大应激状态下训练，才能有效地提高机体有氧工作能力。目前，用于发展有氧能力的训练方法主要有持续训练法、乳酸阈强度训练法、间歇训练法和高原训练法。

（一）持续训练法

持续训练法是指强度较低、持续时间较长且不间歇地进行训练的方法，主要用于提高心肺功能和发展有氧代谢能力。阿斯特兰德（Åstrand）指出，对于发展有氧代谢能力来说，总的工作量远比强度更为重要。由于机体内脏器官的机能惰性较大，需在运动开始后约 3 分钟才能发挥最高机能水平。因此，为发展有氧代谢能力而采取的训练，练习时间要在 5 分钟以上，甚至可持续 20 ~ 30 分钟以上。

长时间持续运动对人体生理机能产生诸多良好的影响。主要表现在：能提高大脑皮质神经过程的均衡性和机能稳定性，改善参与运动有关中枢间的协调关系，并能提高心肺功能及最大摄氧量，引起慢肌纤维出现选择性肥大，肌红蛋白也有所增加。对发育期的少年运动员及训练水平低者尤其要以低强度的匀速持续训练为主。

（二）乳酸阈强度训练法

个体乳酸阈强度是发展有氧耐力训练的最佳强度。以此强度进行耐力训练，能显著提高有氧工作能力。目前，在田径中长跑、自行车、游泳及划船等训练中，已广泛采用个体乳酸阈强度进行训练。

一般无训练者，常以其 50% $\dot{V}O_2max$ 的运动强度进行较长时间的运动，而血乳酸几乎不增加或略有上升，经过良好训练的运动员可达到 60% ~ 70% $\dot{V}O_2max$ 强度，而优秀的耐力专项运动员（马拉松、滑雪）可以 85% $\dot{V}O_2max$ 强度进行长时间运动。这表明，运动员随训练水平的提高，有氧能力的百分利用率明显提高。在具体应用乳酸阈指导训练时，常采用乳酸阈心率来控制运动强度。

（三）间歇训练法

间歇训练法（interval training）是指在两次练习之间有适当的间歇，但往往是不等身体机能完全恢复就开始下一次练习，因此，对机体机能要求较高，能引起机体结构、机能及生物化学等方面较深刻的变化。

1. 完成的总工作量大：间歇训练法比持续训练法能完成更大的工作量，并且用力较少，而呼吸、循环系统和物质代谢等功能得到较大的提高。对于发展有氧代谢能力来说，总的工作量远比强度更为重要。

2. 对心肺机能的影响大：对间歇训练，无论在运动时还是在间歇休息期，均可使呼吸和循环系统承受较大的负荷。因此，间歇训练能使心血管系统得到明显的锻炼，特别是心脏工作能力以及最大摄氧能力得到显著提高。

目前在许多项目的训练中，都大量采用了间歇训练法。其方法运用成功与否的关键是要根据不同年龄、不同训练水平及不同项目的特点，科学合理地安排每次练习的距离、强度及间歇时间。

（四）高原训练法

在高原训练（altitude training）时，人们要经受高原缺氧和运动缺氧两种负荷，这对身体造成的缺氧刺激比平原上更深刻，可以大大调动身体的机能潜力，使机体产生复杂的生理效应和训练效应。研究表明，高原训练能使血红蛋白数量及总血容量增加，并使呼吸和循环系统的工作能力增强，从而使有氧能力得到提高。

第四节　无氧工作能力的评定及训练

一、无氧工作能力

无氧工作能力（anaerobic working capacity）是指运动中人体通过无氧代谢途径提供能量进行运动的能力。它由两部分组成，ATP – CP 分解供能（非乳酸能）和糖无氧酵解供能（乳酸能）。

与有氧工作相比，无氧工作的强度提高，但持续时间减少。ATP – CP 是无氧功率的物质基础，一切短时间、高效率运动，如冲刺、短跑、投掷、跳跃和足球射门等活动能力均取决于 ATP – CP 供能的能力；而乳酸能则是速度耐力的物质基础。在长时间剧烈运动的开始和运动中加速过程中，无氧工作也占主导地位。

糖酵解产生的乳酸进入血液后，对血液 pH 值产生影响。因此，血液缓冲系统对酸性代谢产物的缓冲能力以及组织细胞尤其是脑细胞耐受酸性代谢产物刺激的能力都是影响糖酵解能力的因素。当体内酸度超过一定限度时，神经细胞的兴奋性降低，工作能力下降。

二、无氧工作能力的评定

常用的无氧工作能力检测方法依测试指标性质不同分为两类，一类为无氧能力的动力学检测，通常采用在最大无氧状态下进行全力运动负荷或定量负荷试验以测定机体的无氧做功能力；另一类则为无氧能力的生理学检测，即通过剧烈运动时测得的最大血乳酸水平和氧亏积累等指标来间接反映无氧能力的大小。

（一）无氧功率

无氧功率（anaerobic power）是指机体在最短时间内、在无氧条件下发挥出最大力量和速度的能力。1921 年撒扎特（Sargent）首次提出无氧功率的概念。之后，玛加利亚（Margaria）创建了跑楼梯法测无氧功率。自20世纪70年代以来，不少学者就无氧能力测试的方法学问题进行了一系列研究，并于1977年建立了著名的温盖特（Wingate）无氧功率测试法。

1. 撒扎特纵跳试验

撒扎特纵跳试验（Sargent jump test or vertical jump test）主要用于评价人体的肌肉爆发力（ATP－CP供能能力）。受试者采用蹲伏体位，低头、弯腰、屈膝，上肢摆向下后，停顿数秒调整平衡后尽最大力量起跳，同时上肢摆向前上，记录垂直纵跳前后指间差。无氧功率用以下公式推算：

$$P=\sqrt{4.9}\times W\times\sqrt{H}$$

其中 P 代表无氧功率；W 代表体重；H 代表纵跳高度。

这种方法简便易行，但精确性较差。

2. 玛加利亚－卡拉门台阶实验

玛加利亚－卡拉门台阶实验（Margaria Kalamen power / staircase test）也用于评价人体的肌肉爆发力（ATP－CP供能能力）。受试者从助跑线起跑，助跑距离为6米，以三阶为一步，用最快速度跑上九阶台阶（2～3秒）。第三阶和第九阶台阶下安装压力垫，可以启动和终止连接的计时器计时，记录受试者通过第三阶至第九阶台阶所需的时间。实验假设运动中所有的外功用于提升身体重心，重心的提升高度相当于第三阶至第九阶台阶间的垂直距离。功率输出按下式计算：

$$P=(W\times 9.8\times D)/t$$

P 为无氧功率（kg·m/s）；W 为体重（kg）；9.8 为重力加速度；D 为第三至第九级台阶垂直距离（m）；t 为通过第三至第九级台阶的时间（s）。

玛加利亚－卡拉门台阶实验的运动形式简便，且不会导致精疲力竭，可较精确地了解ATP－CP供能的能力。其缺点是对年幼和部分妇女或老年人不太适宜，并在一定程度上受主观努力和身高与腿长的影响。

3. 温盖特实验

温盖特实验（Wingate test）主要用于检测最大无氧功率（ATP－CP供能能力）和平均无氧功率（ATP－CP和无氧酵解能力）。实验先测定受试者身高、体重、肺活量及皮脂厚度，然后让受试者以0.075千克/净千克体重为负荷，以最快速度全力蹬车30秒，同时记录蹬踏圈数，最后用最大功率和平均功率及疲劳指数来评价无氧能力（图5－9）。

最大无氧功率（W）＝5秒最大蹬车圈数×前车轮周长×阻力×6.11。

平均无氧功率（W）＝6个5秒蹬车功率之和/6。

无氧功率递减率（%）＝（最高无氧功率－最低无氧功率）/最高无氧功率×100%。

其中最大无氧功率的能量来源于ATP及CP的分解。平均无氧功率反映的是其能量来源于ATP、CP及无氧糖酵解综合供能的能力。无氧功率递减率则表示在无氧供能条件下

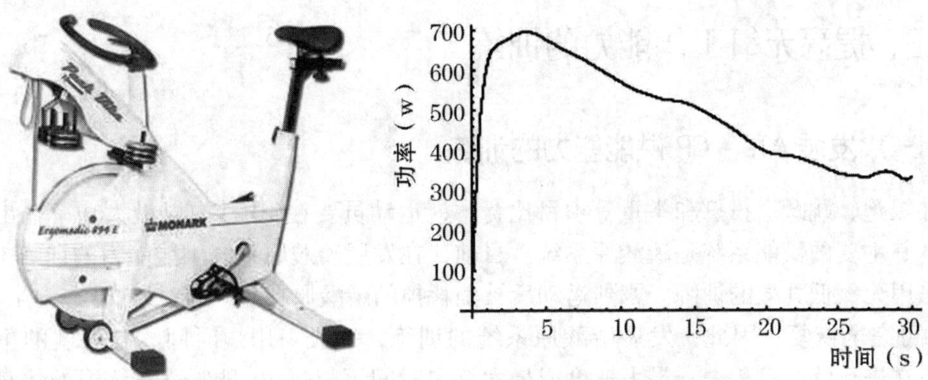

图 5－9　Wingate 无氧功测试用功率自行车和测试结果曲线

的疲劳程度。

温盖特实验运动强度极大，实验时要求受试者充分做好准备活动和整理活动。

（二）恒定负荷试验

受试者在相应的运动器械上维持恒定功率负荷的运动，直至不能维持为止。最常用的是“无氧跑速试验”，即要求受试者在 20% 坡度的跑步机上以约 13km/h 的速度跑步，以受试者能够维持运动的时间长短来判断无氧做功能力。研究表明，训练有素的短跑运动员无氧做功能力明显大于耐力性项目的运动员。无氧做功能力与 400 米跑成绩有较好的相关性。但如何准确判断受试者力竭始终是难以解决且影响检测结果的一个重要问题。

（三）无氧能力的生理学检测

通过实验室运动时测得的最大氧亏积累和最大血乳酸水平等生理指标来反映无氧能力的大小。

最大氧亏积累（maximal accumulated oxygen deficit，MAOD）是指人体从事极限强度运动时（一般持续运动 2～3 分钟），完成该项目运动的理论需氧量与实际耗氧量之差。许多研究发现，最大氧亏积累是衡量机体无氧供能能力的重要指标。短跑运动员的无氧工作能力和运动成绩与最大氧亏积累高度相关。另有优秀短跑运动员的最大氧亏积累值明显高于耐力性项目运动员；而对有氧和无氧代谢均有较高要求的中跑运动员最大氧亏积累值介于以上两者之间；最大氧亏积累值与 2～3 分钟或 60 秒全力运动成绩的相关系数介于 0.66～0.97 之间。有训练者和无训练者在接受无氧训练后最大氧亏积累明显增加。与此同时，运动成绩、机体缓冲能力等同步发生相应变化，说明最大氧亏积累对无氧训练具有较大的敏感性。基于以上研究，萨尔庭（Saltin）等学者指出最大氧亏积累是目前检测无氧工作能力的最有效方法。

三、提高无氧工作能力的训练

（一）发展 ATP – CP 供能能力的训练

在短跑、跳跃、投掷和举重等项目比赛中，运动员要在 10 秒内以最大功率输出完成运动，其主要的供能系统是磷酸原系统。目前，在发展磷酸原系统供能能力的训练中，主要是采用无氧低乳酸的训练。剧烈运动后被消耗掉的磷酸原在 20 ~ 30 秒内合成一半，3 ~ 4 分钟可完全恢复。因此，发展磷酸原系统的训练，一般采用短时间、高强度的重复训练。即在进行练习过程中，最大速度或最大练习时间不超过 10 秒；每次练习的休息间歇不能短于 30 秒，组间的休息不短于 3 ~ 4 分钟。

（二）提高糖酵解供能系统的训练

对于用时在 1 ~ 2 分钟的运动项目，如 400 米、800 米跑等决定专项成绩的糖酵解供能系统的供能能力，经常采用的训练方法有最大乳酸训练法和耐乳酸训练法。

1. 最大乳酸训练

机体生成乳酸的最大能力和机体对它的耐受力直接与运动成绩相关。研究表明，血乳酸在 12 ~ 20mmol/L 是最大无氧代谢训练所敏感的范围。采用一次 1 分钟左右的超极量负荷不可能达到这一高水平的血乳酸。而采用 1 分钟超极量强度跑、间歇 4 分钟共重复 5 次的间歇训练，血乳酸浓度可达到一个很高的水平，最高值可达 31. 3mmol/L。表明 1 分钟超极量强度、间歇 4 分钟的运动可以使身体获得最大的乳酸刺激，是提高最大乳酸能力的有效训练方法。

2. 乳酸耐受力训练

乳酸耐受力一般可以通过提高缓冲能力和肌肉中乳酸脱氢酶活性而获得。因此，在训练中要求血乳酸达到较高水平。一般认为在乳酸耐受能力训练时以血乳酸在 12mmol/L 左右为宜。然后在重复训练时维持在这一水平上，以刺激身体对这一血乳酸水平的适应，提高缓冲能力和肌肉中乳酸脱氢酶的活性。

名　词

有氧工作能力、无氧工作能力、运动性疲劳、摄氧量、需氧量、最大摄氧量、乳酸阈、温盖特实验、最大氧亏积累

复习思考题

1. 简述有氧工作能力的评定方法和训练方法。
2. 简述无氧工作能力的评定方法和训练方法。
3. 简述血乳酸指标在机能评定中的应用。
4. 进行机能评定的常用生理生化指标有哪些？
5. 运动性疲劳产生的原因有哪些？
6. 试述不同类型运动的疲劳特征。

7. 判断疲劳的指标有哪些？

主要参考文献

1. 王瑞元主编．运动生理学［M］．北京：人民体育出版社，2002.

2. 张爱芳主编．实用运动生物化学［M］．北京：北京体育大学出版社，2005.

3. 冯连世，冯美云，冯炜权主编．优秀运动员身体机能评定方法［M］．北京：人民体育出版社，2003.

4. 冯连世，冯美云，冯炜权主编．运动训练的生理生化监控方法［M］．北京：人民体育出版社，2006.

第六章　运动员的合理营养与体重控制

提要

本章介绍了运动员合理营养的总体特征、不同专项运动员的营养代谢与需要特点。论述了运动员快速减体重和长期控制体重的医学问题；也论述了运动员营养状况的评定方法和我国优秀运动员膳食营养的主要问题。最后介绍了目前一些常用的提高运动能力的营养和营养补剂。

合理营养（rational nutrition）是一个综合性的概念，它既要求通过膳食调配来满足人体生理需要的热能和各种营养素，又要考虑合适的膳食制度和烹调方法，以利于各种营养的吸收和利用，同时还应避免膳食构成的比例失调，营养素过量以及烹调中有害物质的形成而引起机体不必要的负担与代谢上近期或远期的紊乱。

尽管营养不能代替训练也不能代替遗传，但合理营养与科学训练相结合，能够明显地提高运动员和体育锻炼者的运动能力。

第一节　运动员的合理营养

运动员的食物在数量上应满足运动训练和比赛的消耗，在质量上应保证全面的营养需要和适宜的配比。

一、食物应满足机体的需求

能源物质中蛋白质（protein）、脂肪（fat）和碳水化合物（carbohydrate）的比例应适应于不同项目运动训练的需要。

热能：运动的热能代谢主要取决于运动强度、频度和持续时间三要素，同时也受运动员的体重、年龄、营养状况、训练水平、精神状态及训练时投入用力程度等因素的影响。运动员全天所需总热量约在2800~3500千卡之间。当运动员体内有足够的碳水化合物和脂肪作为能源时，蛋白质几乎不被动用。随着运动负荷的增强，对碳水化合物的利用增加；当运动强度达85%~90%最大氧摄取量时，全部能量来自碳水化合物。随着运动强度的增加和时间的延长，对脂肪的利用也逐渐增加。

碳水化合物：为维持正常血糖水平，应给予碳水化合物占总热能50% ~60%的膳食，耐力项目可达70%。用富含碳水化合物的小体积高能食品作为赛前或赛中能量补充，是提高运动成绩的一种合理有效办法。

脂肪：在轻、中度运动时，脂肪约提供50%的能量需要。但膳食中脂肪比例过高，对运动反而不利。故膳食脂肪占总热能的25% ~30%为宜。

蛋白质：机体蛋白质的合成与分解存在着动态平衡。近年发现，中强度运动使某些氨基酸代谢增强。蛋白质能量占总能量的12% ~15%。

维生素：有研究指出，运动员的维生素需要量较一般成人要高一倍。为使运动员竞赛时体内有充裕的维生素，可于赛前1 ~2周每日补充VA2200国际单位（或胡萝卜素4毫克）、$VB_1$2.5毫克、$VB_2$2.5毫克、VC100毫克、尼克酸25毫克。

无机盐和水：由于长时间的运动，运动员的失水量增加，使血清铜、钾、钙浓度升高。为此，运动员除应在运动中适量多次饮用合适饮料外，还可在赛前0.5 ~1小时饮约500毫升低渗饮料，赛后2小时内应优先分次补充液体，恢复水、电解质平衡，促进废物排除，以利于体力恢复。

二、品种多样的平衡膳食

食物应包括有谷类食物（包括米、面和适量的粗杂粮和薯类）、蔬菜水果、奶和奶制品、肉、鱼、禽、蛋、水产、豆和豆制品等高蛋白食品以及烹调用油和白糖等纯能量食物。

一个参加集训的70kg运动员，当其能量消耗约为14644 ~18410 kJ（3500 ~4400 kcal）时，一日的基本食物应有约300 ~400g肉类、250 ~500g牛奶、500g以上的蔬菜、300 ~400g主食、少量的豆腐或其他豆制品等成分。能量不足或过多时，可用主食、油脂或甜食等进行调节（表6 -1）。

表6－1　推荐的不同项目运动员一日膳食各类食物适宜摄入量（AI 值①）建议

运动项目		中国居民平衡膳食宝塔	棋牌类*	跳水*，跳高，射击**（女），跳远，射箭*（女），体操#（女）	体操#（男），武术，乒乓球*，羽毛球，短跑（女），网球，举重（＜75kg），手球，花样游泳，击剑*，垒球	花样滑冰，中长跑，短跑（男），竞走，登山，射箭*（男），射击*（男），球类（篮球、排球、足球、冰球、水球、棒球、曲棍球），游泳（短距离），滑冰，高山滑雪，赛艇，皮划艇，自行车（场地），摩托车，柔道，拳击，投掷（女），沙滩排球（女），现代五项	游泳（长距离），马拉松，举重（＞75kg），摔跤，公路自行车，橄榄球，越野滑雪，投掷（男），沙滩排球（男），铁人三项
能量（MJ）		11.76	8.4～11.76（10.08）	9.24～13.44（11.34）	11.34～17.64（14.70）	15.54～19.74（17.64）	≥19.74
（kcal）		2280	2000～2800（2400）	2200～3200（2700）	2700～4200（3500）	3700～4700（4200）	≥4700（4700）
谷类（g）		400	300～350	350～400	550～600	650～700	750～800
蔬菜、水果	蔬菜（g）	450	500	500	550	600	600
	水果（g）	150	500	500	500	500	500
肉、禽、蛋、水产品（g）		163	200	250	300	400	500
奶、豆类	奶及奶制品（g）	100	500	500	500	500	500
	豆及豆制品（g）	50	50	50	50	50	50
食用油脂（g）		25	30	30	45	65	65
饮料、果汁（ml）			500	750	1000	1000	1000
食用糖（g）			20	30	40	50	50

（备注：1. *神经系统紧张项目：适当增加维生素 B_1 和维生素 A 含量丰富的食物摄入量或加用多种

① AI 值（Adequate Intake）即为适宜摄入量。

维生素片。2. #长期控制体重项目：增加维生素、微量元素和蛋白质的摄入量，达到运动员 AI 值。3. 在高原训练时应增加维生素 A、维生素 C 和维生素 E 的摄入量，能量增加 10% ~20%。)

（引自：陈吉棣，杨则宜，李可基，等. 推荐的中国运动员膳食营养和食物适宜摄入量［J］. 中国运动医学杂志，2001，20（4）：340 - 347.）

运动员在获得质量良好的平衡膳食（balanced diet）情况下（图 6 - 1），无必要再额外地补充营养品。在预防营养不足对运动能力影响的同时，也应注意营养过度的不良影响。

图 6 - 1　健康膳食金字塔（Healthy Diet Pyramid）

三、运动员的食物要求浓缩、体积质量小

运动员一日的食物总量一般不超过 2.5 千克。体积过大的食物会影响运动能力。尤其是有合理冲撞的运动项目训练更需要注意食物的体积。

四、三餐热量分配应依训练或比赛特点安排

运动员一日三餐食物热量分配应根据训练或比赛的实际情况进行安排。上午训练时，早餐食物应有较高的热量并含有丰富的蛋白质和维生素等。晚餐食物的热量不宜过高，以免影响睡眠。一般情况下，早、午、晚餐的热能分别为 30%、40% 和 30% 左右。进行大运动量训练时，由于热能的消耗量增加为 2500 ~ 6000kcal 或更多时，可以考虑采取加餐措施；因训练时间长，饮食受时间限制，可采用增加点心或快餐的办法，但应注意增添食物的全面营养和营养密度问题。

五、运动员的进食时间应考虑消化机能和运动员的习惯

大运动量训练或比赛前的一餐至少应提前2.5小时完成。提前进餐的目的在于保证剧烈运动时上消化道的食物基本排空。剧烈运动前不宜吃得过饱，有身体接触的对抗性运动项目尤其应注意。运动后人体的血液相对集中于肌肉及皮肤器官，为使心肺机能恢复至相对平静及消化道有一定的准备，运动后的进食应安排在运动结束的30分钟后，剧烈运动后切忌暴饮暴食。

六、保持营养、增进食欲

运动员的食物在烹调和保存时应避免营养素的损失，并做到色、香、味、形具佳，以增进运动员的食欲。

第二节　不同专项运动员的营养代谢与需要特点

不同种类的运动项目对饮食的要求各不相同，应根据各类运动所需要的营养特点来安排。

一、耐力性项目运动员的营养代谢和需要特点

马拉松、自行车、长跑、竞走等是运动持续时间长、耐久力为主的运动项目，其热能消耗量较大，是有氧氧化为主的物质代谢，但在后期，由于糖原大量消耗，中枢神经疲劳，耐久力下降，代谢的稳定性再次受到破坏。

根据耐力性运动的生理生化特点，运动员的饮食应满足以下要求。

（一）提供充足的热量。当一日热能消耗量高达20911kJ（5000kcal）时，应在三餐以外增补1~2次加餐。

（二）提供充足的蛋白质、适量的脂肪和足够的碳水化合物。蛋白质供热量应达到总热量的12%~14%，为促进肝内的脂肪代谢，还应提供一些含甲硫氨酸丰富的食物；脂肪可占总热量的30%~35%，以缩小食物的体积，减轻胃肠道负担，节约肌糖原；碳水化合物的供热量一般应为总热能的55%左右，长时间剧烈比赛和训练前碳水化合物摄入量应增加到60%~70%，以提高肌糖原的水平。此外，赛中补充糖可节约糖原的消耗，赛后5小时内补糖会促进肌糖原的恢复。

（三）提供含铁丰富的食物，促进血红蛋白的合成。耐力性项目运动员缺铁性贫血的发生率较高。瘦肉、鸡蛋、猪肝、绿叶蔬菜等含铁高的食物，有助于维持血红蛋白水平，预防缺铁性贫血；饮食应当含有丰富维生素E、C、B_6等，以保证血红蛋白合成和呼吸酶维持较高水平。当运动员血红蛋白水平正常时不需要额外补充铁剂，以免体内铁蓄积引起中毒。

（四）适当补充液体、电解质和维生素。耐力性项目运动员在运动前、中、后适量补液有利于维持机体的内环境稳定。预计有失水情况的训练课和比赛，应在运动前补水400～700ml，运动中及运动后少量多次补液对提高运动能力有利。一般认为，运动中不需要补充无机盐，若采用含糖的电解质饮料，原则应为低渗饮料。食物中应有充足的维生素B和C。维生素的供给量应随热能的消耗量增加而相应提高。

二、力量性项目运动员的营养代谢和需要特点

举重、投掷、短跑、跳跃、柔道和摔跤等项目的训练和比赛对运动员的神经肌肉的协调性和力量，尤其是爆发力方面有较高的要求。这类运动以负荷强度大、缺氧严重、氧亏量大、运动中必须有间歇为主要特征。

力量性项目运动员的体重大、肌肉粗壮，但因其持续运动时间短、运动中间歇多、密度小，按单位体重计算的热能消耗量并不高。因此，他们所摄取的食物应富含蛋白质，摄入量应占总热量的15%或更多，要达到每千克体重2g以上，且其中的优质蛋白质至少应占1/3以上。为了减少体液酸度增加的趋向，增加碱贮备，食物中应含有丰富的钾、钠、钙、镁等电解质，蔬菜和水果的供热量应提高到占总热能的15%，以满足运动员对糖、维生素和无机盐的需要。

三、灵敏技巧性项目运动员的营养代谢和需要特点

击剑、射击、乒乓球、羽毛球、网球和体操等灵敏技巧性项目，运动员训练和比赛中神经活动过程紧张，动作以非周期性、多变性为主要特征，并在协调、速率和技能方面有较高的要求。

这类运动的能量消耗不大，某些项目如体操、跳水和跳高等运动员为完成复杂的高难动作，还需要控制体重，使机体的脂肪含量始终保持在健康和技能要求的最低水平。因此，这类项目运动员的热能供给量大致为每千克体重222～238kJ（53～57kcal/kg）。蛋白质的供给量应占总热量的12%～15%，减体重期的蛋白质供给量应增加到占总热量的18%左右（15%～20%）。为满足神经活动过程紧张的需要，食物中应提供充分的蛋白质、B族维生素和钙、磷等营养素。视力活动紧张的项目如乒乓球、羽毛球、网球、击剑、射击、射箭运动员，应保证充足维生素A供给，每日供给量应平均达到1800～2400μg（视黄醇当量）。除食用含维生素A或胡萝卜素丰富的食物外，必要时服用适量鱼肝油丸。

四、球类项目运动员的营养代谢和需要特点

参加篮球、排球、足球等项目锻炼的能量需要为：17579（15486～19672）kJ/d或251±21kJ/kg体重。参加乒乓球、羽毛球、网球等项目锻炼的能量需要为：14649（11301～17579）kJ/d或230±21kJ/kg体重。

球类项目对体育锻炼者的力量、速度、耐力、灵敏、柔韧等素质均有较高的要求。能

量消耗量较高，膳食应根据运动量的大小，保证充足的能量。膳食的营养也是全面和平衡的，食物中要含丰富的蛋白质、糖以及维生素 B_1、C、E、A。球的体积越小，对运动者的眼力要求越高，所以在食物中维生素 A 的含量应更高些。篮球、足球活动时间较长，矿物质、水分丢失较多，应及时补充，在休息时间适当地补充一些运动饮料（150ml）。篮球运动锻炼者膳食中的热量应是糖类占 55% ~65%，蛋白质占 12% ~15%，脂肪占 25% ~35%。

五、游泳运动员的营养代谢和需要特点

游泳由于在水中进行，水的密度和导热性都与空气不同，水的阻力大、温度低，故游泳者在水中的散热量增加，热量消耗很大，对能量的需求较大。短距离游泳：17579（15486 ~19672）kJ/d 或 251 ±21kJ/kg 体重。长距离游泳：19672kJ/d 或 272（以上）kJ/kg 体重。花样游泳：14649（11300 ~17579）kJ/d 或 230 ±21kJ/kg 体重。

游泳锻炼要求有一定的力量和耐力素质，且能量消耗较大。因此要求膳食中热能较高，在膳食中要含有丰富的蛋白质、糖类和适量的脂肪，增加含糖类高的食物米、面，含蛋白质较高的鱼、禽类、牛肉等。还需要一定的脂肪和维生素 A，以利于保持体温和保护皮肤。还应摄入富含维生素 B_2 的奶蛋类和富含维生素 C 的蔬菜水果类和矿物质如碘、钙、铁、磷、氯化钠等。老年人在水温较低的水中冬泳时，出于抗寒冷的需要，可增多脂肪的摄入量，维生素的摄入，以 B_1、E、C 为主。矿物质增加碘的含量，以适应低温环境甲状腺分泌增多的需要，增加铁含量多的食物的补充，如瘦肉、鸡蛋、猪肝、绿叶蔬菜等，以增加血液中氧的含量，维持机体耐力。

六、冰雪项目的营养特点

冰雪运动主要包括速滑、花样滑冰、冰球、越野滑雪等。由于长时间在冰雪上活动，加之周围环境温度较低，机体产热过程增强以维持体温，因此能量消耗较多，相应的需求也较多。

速滑、花样滑冰、冰球等项目的能量需求为：17579（15486 ~19672）kJ/d 或 251 ±21kJ/kg 体重。越野滑雪项目的能量需求为：19672kJ/d 或 272（以上）kJ/kg 体重。

膳食上要求丰富的蛋白质和脂肪，以补充蛋白质和脂肪消耗，维持体温。同时增加糖类以提供能源。适当摄入动物肝脏、蛋类和奶类以及有色蔬菜和水果如胡萝卜、南瓜和芒果等。维生素以维生素 B 族为主并增加维生素 A 的摄入，保证眼睛适应冰雪场地的白色环境。

第三节 营养与运动员体重控制

人的体重主要由遗传因素决定，但也受饮食和运动等外环境因素的影响。有许多项目，尤其是按体重划分参赛级别的项目，为了提高竞技能力或参加比赛的需要，运动员常

在比赛前实施快速降体重的措施，如举重、摔跤、拳击、柔道以及其他按不同体重级别进行比赛的项目比赛前快速减轻体重；有些项目则需要运动员在训练中长期地控制体重和身体脂肪含量处于较低的水平，如体操、跳水、艺术体操、花样滑冰、长跑等。

一、人体体重的组成和身体成分评价

（一）人体的体重组成

人体由骨骼、肌肉、脂肪等组织及内脏器官构成，体重是这些组织器官重量的总和。根据生理功能不同，常把体重分为脂肪重（体脂，FBW）；去脂体重（fat free weight），又叫瘦体重（lean body mass，LBW）。体成分通常用体脂百分数来表示。瘦体重包括肌肉、皮肤、骨骼、器官、体液及其他非脂肪组织。

体重 = 瘦体重（LBM） + 脂肪重（FBW）

体脂% = 脂肪重/总体重 × 100%

运动员为比赛减轻体重的理想方法是尽量减去多余的脂肪而保留瘦体重及糖原贮备。因此监测运动员体脂百分数和瘦体重对控制体重十分必要。影响体重的两个基本要素是热能摄入量与消耗量，即热能平衡。当热能摄入量 > 消耗量时，则体重增加，即热能正平衡。而热能摄入量 < 消耗量时，则体重减轻，即热能负平衡。

（二）身体成分的评价指标与方法

对身体成分的评价可以采用体重指数（BMI）和体脂百分数。

1. 体重指数

体重指数也称身体质量指数（body mass index，BMI）。

体重指数（BMI） = 实际体重（kg）/身高（m）^{2}

根据 BMI，可按理想体重、过重和肥胖分类，世界卫生组织推荐 BMI≥30 为肥胖。此种方法确定的人的标准体重为 BMI = 22；BMI < 20kg/m^2 为偏瘦；20 ~ 24.9kg/m^2 为正常体重；25 ~ 29.9kg/m^2 为一级偏胖；30 ~ 40kg/m^2 为二级肥胖；> 40kg/m^2 为三级肥胖（病态肥胖）。

2. 水下称重法

体脂百分数是衡量人体肥胖程度的理论指标，其中男子体脂约为 15%，女子约为 25%。当男子体脂高于 20%，女子高于 30% 则称为肥胖。人体的体脂百分数可以从人体的身体密度推测计算而得到。

体内骨骼、肌肉等瘦组织密度高（1.2 ~ 3.0g/ml），脂肪组织的密度低（0.9g/ml），两种组织的含量不同，身体的密度不同。根据人体密度的高低，即可判断身体脂肪的含量。

测受试者水下重量，利用浮力定律计算人体密度。测试时需同时测量肺和胃内气体量。水下称重法曾是测量体脂的“金标准”方法，适用于科学研究。

3. 皮褶厚度测定法

测皮下脂肪的厚度在一定程度上反映身体脂肪含量。可以皮褶厚度数值推测身体密度。常用的推测公式有日本长岭－铃木公式、美国 Pollock 公式等。常用测定部位有肩胛下、肱三头肌、髂前上棘、腹部、大腿等（图 6－2）。

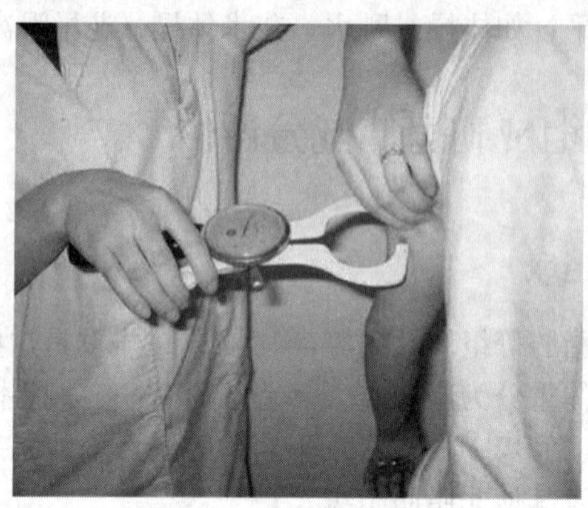

图 6－2　皮褶厚度测量

4. 生物电阻抗法

人体导电性反映人体水含量。水含量与瘦组织密切相关。脂肪组织内几乎不含水。因此，可以测量人体的导电性，通过阻抗的大小可反映人体瘦组织含量。这也是现今较流行而方便的一种方法（图 6－3）。

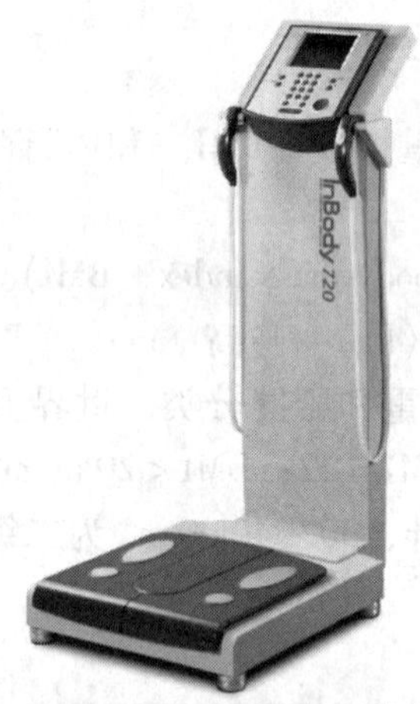

图 6－3　InBody 体成份测定仪

5. 双能 X 线吸收法

双能 X 线吸收谱（dual energy X－ray absorptiometry，DEXA）扫描成像与测量系统在医学上一般多用于骨密度的测量。同时，根据不同密度的组织 X 线的吸收程度不同，它也可以判断身体脂肪含量。其准确程度高于经典的水下称重法，测定结果与 CT 的测定结果呈高度的线性相关。

（三）运动员身体成分特点

正常男、女青年成人的平均体脂分别是 14% ~16% 或 20% ~22%。经常参加体育运动，可使瘦体重（主要指肌肉组织）增加，体脂肪减少。

训练水平和运动项目不同其身体成分也各异。例如优秀的女子体操运动员经常追求 10% 以下的体脂，而男子摔跤运动员则希望把体脂控制在 5% ~7% 水平以下。

马拉松、长跑、体操、跳高运动员的体脂百分比最低，为 1.4% ~9.9%（男）和 8.4% ~16.8%（女）。短跑、足球、游泳、划船等其次，为 8.2% ~15.4%（男）和 12.4% ~16.6%（女）。而投掷运动员的体脂相对较高，男、女分别为 29.4% ~30.9% 和 27.0% ~33.8%。

二、运动员的体重控制

举重、摔跤、拳击、柔道以及其他按不同体重级别进行比赛的项目，运动员在比赛前采取传统的减体重措施（如饥饿、半饥饿、发汗、加大运动量等），尤其以年龄小、体重轻的运动员所减轻的体重数值占其原有体重的百分数更大。多数教练员认为在平时训练时以一种较重的或正常体重进行，到比赛前快速减轻体重，参加低于其本人正常体重的级别，对比赛有利，但此种观点尚缺少科学数据的支持。

体操、艺术体操、跳水、花样滑冰、长跑等运动员经常在长期控制或间歇地减轻体重。这样有利于在完成技术动作时可较灵活地被举起或移动身体，可以获得单位体重的最大肌肉力量比，并保持完美的细长体型。

控制体重，特别是将体脂的百分比控制在较低的水平可取得好成绩。合理减重应当以不影响运动能力为原则，不适当地减重不仅会损害健康，还会使运动能力下降。需要长期控制体重时，必须采取有效措施才能实现，若有不当，便会损害健康和运动能力。

由于运动项目及习惯的不同，具有代表性的运动员减体重措施大致为以下 3 类。

（一）举重竞赛中，运动员只进行一次性比赛。有不少教练员认为在训练期内应当以正常的体重训练，不宜在训练期内减轻体重，以保证运动员的训练强度和量，而习惯于在赛前的 1 ~3 天进行快速减轻体重。主要采用的方法是限制饮食、限饮水，并结合发汗等措施。

（二）拳击比赛要进行几天。如运动员在第一局或第二局获胜，则还要进行决赛，因此需要在几天之内维持低于其正常时的“低”体重，并往往在脱水状态进行比赛，难度较大。运动员常在 1 ~1.5 月前开始限制饮食和水分摄入量，但是大部分体重也是在赛前的最后几天内减掉的，体重减轻量可为原体重的 3% ~20%。

（三）女子体操、艺术体操、跳水运动员主要借长期服用低热能膳食控制体重，但有时也间歇采用脱水措施，少数运动员还采用泻药、催吐或食欲抑制剂以期达到“不切实际”的低体重目标。

三、快速减体重的医学问题

快速减重指在赛前1～3天内将体重减少到预定目标的减重方式。如举重、摔跤、散打、拳击等项目的运动员赛前减重，主要是通过发汗减去体内的水分来实现。如利用高温（蒸汽浴、干热浴）、运动等使之排汗；同时限制饮食、饮水使体重迅速减轻。研究表明，快速减重可迅速减去原有体重的3%～10%，甚至20%（在一周之内）。快速减重可对机体造成一系列的影响。

（一）脱　水

脱水（dehydration）是快速减体重最早出现的医学问题。减轻体重可使体内的水分、脂肪和蛋白质等成分丢失。减体重速度越快，则体内水分的损失量越多。当使用高温或运动脱水，体内电解质随排汗而损失，体内水分丢失更加严重。脱水早期血容量减少。有资料报道当人体体重减轻3%～8%时，血浆容量可减少6%～25%；而体重每减少1%，肌肉内水分会减少1.2%。高温或运动发汗脱水也会明显地使血浆量、总血量及分布到活跃的肌肉组织的水分及营养减少。运动员在脱水情况下表现口唇干裂、眼窝塌陷、皮肤弹性减小及容易激惹。

（二）心脏血管系统负荷增加

体液损失会导致心输出量、每搏量、耗氧量减少，亚极限运动负荷时心率增加及心功能减低。对举重运动员的研究结果表明，快速减轻体重可使运动员的收缩压减低、脉率增加、脉压差缩小、部分运动员心电图改变（包括ST段轻度下降、PR及QT间期延长），这些变化均由于脱水引起的血容量减少所致。

（三）肾负荷加重

运动员在快速减体重时，尿量可骤然减少至正常尿量的1/2或更少。与正常不减体重情况对比，摔跤运动员在减体重期的尿具有比重大、克分子渗透压浓度高、pH低、钠浓度减少、钾浓度增高等特征；比赛后，尿内溶物的变化有所恢复。快速减体重期，尿液的变化提示饥饿、限制水分及氧利用率的减低可能与脱水引起的肾缺血有关。

（四）体蛋白质与无机盐丢失

举重运动员在快速减体重期的蛋白质丢失量为30～55g/d，此时运动员的血清白蛋白水平减低，球蛋白的相对百分数增加，白蛋白/球蛋白比值下降。采用低热量饮食减体重，除了热能和蛋白质短缺外，无机盐和维生素的摄入量也明显减少，约为正常膳食的1/3或更少，但无机盐仍继续排出，尤其是钾盐的排出量较多。正常饮食时，运动员的尿钾排出量平均为1.87±0.27g/d，而限制饮食后的排出量仍在1.36±0.27g/d，提示减体重期有必要补充少量钾盐。

（五）体温调节过程受到损害

减体重引起体液的丢失大部分来自血浆及细胞内液。脱水给人体的冷却系统带来问题。血容量减少使机体在热环境运动时体温很容易升高。有资料报导，每当体重减轻1%，肛门温度会升高0.17～0.28℃。

（六）肌肉和肝糖原贮备耗损

有学者报告当体重减轻量为原体重的8%时，肌糖原量减少48%。在快速减体重第1～2天，由于糖原贮备耗损、蛋白质和脂肪的分解以及无机盐丢失的联合效应，可出现低血糖及酮症。

（七）对运动能力的影响

当体重的减轻量为3%时，即会影响运动能力，如在亚极限强度运动，可出现心率加快、心输出量及心搏量减少等改变，并分析可能与心脏收缩力降低有关。极低热量的膳食可导致有氧运动耐力、速度、协调、判断和肌肉力量降低，但快速减体重对无氧能力的影响尚有不同的研究结果。减体重对有氧能力的影响则取决于减体重的程度和持续时间。在快速减体重期内的运动员多数会有脱水体征：如口干、眩晕、不安、容易激惹和压抑感等。在比赛当日称体重后，到比赛前短短几小时内补液，不能获得水平衡（即体内水复合），4～5小时内摄入液体在恢复血浆容量方面是无效的。不少的研究报道提出最大的体重丢失量是每周减轻体重1kg时，基本上不会影响到体液和糖原贮备。运动员应至少在赛前的2～3天（理想应为3～5天前）达到比赛体重。当需要减轻体重5kg时，应重新考虑体重级别。

四、长期控制体重的医学问题

对于长期过度控制饮食造成的不良影响如下。

（一）生长发育延缓

女子体操运动员的身高与体重显著小于同年龄的城市青少年学生。分析此种情况与选材时偏向于选择“矮、小、瘦”的运动员及入队后控制体重两种因素有关。

（二）月经紊乱

控制体重的女子体操运动员中月经自然来潮的年龄为15.6±1.58岁，比非训练的城市学生晚1～1.5年，这与大运动量训练和控制体重双重影响有关。

（三）营养不良

运动员采用的控制饮食措施，造成热能短缺，蛋白质及无机盐营养不足，部分运动员处于蛋白质及钾、钙、镁等无机盐负平衡，血红蛋白水平低，维生素和微量元素缺乏。

（四）精神负担及压力

长期采用低热能膳食及脱水措施使运动员处于一种精神应激状态。运动员感到饥饿和口渴，难以坚持，但由于考虑到控制体重是“事业的需要”，一般都能自觉地限制饮食及饮水，并可造成一种“自觉”对食物及肥胖的病理性厌恶，甚至可发展成为“神经性厌食”的情况。

（五）便　秘

由于食物及液体摄入量过少，使胃肠道缺少应有的正常刺激造成便秘。

（六）自我感觉无力

此感觉与长期控体重所致的综合影响有关。

（七）对运动能力的影响

对运动能力的影响取决于运动员限制饮食的程度，减体重是否造成瘦体重丢失、脱水和营养缺乏等情况。

（八）其　他

长期采用限制饮食措施控制体重还会造成运动员骨密度减低和钙丢失等问题。

第四节　运动员营养状况评定

运动员的营养状况与其身体健康和运动能力有着密切的关系。营养状况的评定是对营养调查、体格测量、营养缺乏病的临床检查及实验室检测的全面评价，为发现和解决运动员群体或个人的营养问题提供依据。

一、营养调查的目的

膳食调查是全面了解人群膳食结构和基本营养素摄入状况的重要手段，是研究营养与健康关系的基础。运动员是一组特殊的人群，其营养素需要量随运动量、运动强度、运动条件和不同季节而变化，而且一些项目具有特殊的营养需要。因此，必须定期对运动员进行营养膳食调查。

运动员膳食调查的目的主要表现在以下几方面。

（一）确定合理的膳食标准

根据运动员日常食物的种类和数量，由食物成分表计算出每人每日各种营养素的摄入量，并结合运动员每日的能量消耗，制定每日膳食营养素参考摄入量，并以此确定运动员伙食标准。

（二）评价个人饮食合理性

了解运动员饮食习惯、膳食结构的优缺点，发现影响膳食摄入情况的行为学因素和心理学因素，为进一步加强营养干预提供科学依据。

（三）综合分析运动员营养状况

以膳食调查结果为基础，结合体格测量、临床体征检查和营养状况的实验室检验，综合评定运动员的营养状况，分析膳食对运动员的生长发育的影响，从而科学调配饮食。

（四）制定减控体重营养方案

对有减控体重要求的运动员，根据训练和比赛需要，为其制定减控体重的营养方案和运动处方。

二、营养调查的方法

进行运动员膳食调查（dietary survey）可以根据研究的目的、运动员机体生理状况、运动量等选择具有代表性的运动员，同时适当考虑情况特殊者，如运动强度大或饮食有问题的运动员为调查对象。调查时间一般为3～7天，应当在春、夏、秋、冬四季或在夏秋或冬春各二次进行调查。运动员的膳食调查也应与不同的训练时期配合进行，如日常训练、集训期、比赛期等。

膳食调查的方法主要有回顾询问法、记账法、称重法和化学分析法等。

（一）回顾询问法

回顾询问法是通过询问膳食的主要组成、每日进餐的次数、时间、食物种类和数量，来计算每人每日食物消耗量的调查方法。询问调查的日期一般为3～5天或1周。调查记录表内所列各项内容必须认真详细填写。将调查期间所吃的同类食物相加，除以调查天数，即得出平均每日各类食物的进食量。回顾询问法包括24小时膳食回顾法（24－hour－recall study）、食物频率问卷调查（food frequency questionnaire）和膳食史法（dietary history inquiring）。

24小时膳食回顾法是目前获得个人食物摄入量资料最常采用的一种方法。要求每个被调查对象回顾和描述在调查时刻以前24小时内摄入的所有食物（包括饮料）的种类和数量，有时也指调查的前一整天的食物摄入量。熟练的调查者借助食物模型和测量工具，可以对摄入量进行定量的核算。国内外大部分大型的全国营养调查及小型的研究，都采用这一方法来估计个体的膳食摄入量。

食物频率问卷法可分为定性、定量或半定量几种类型。调查对象根据问卷列出的食物项目及食物名称回答他们食用某类或某种食品的频度，有时还加上食用量。调查期的长短可从几天、1周、1个月到3个月或1年以上。

膳食史法是通过回顾平常膳食模式，填写食物摄入数量和频率的名单及三天的食物的方法进行的。要求调查对象回顾前1个月、几个月或1年的食物摄人量。

（二）记账法

该法适用于有详细帐目的集体单位的膳食调查。具体方法是在一定的时期内，如1周、10天或半个月，根据被调查单位的每日购买食物的发票和账目、就餐人数的记录，获得各种食物总消耗量和用餐的人日数，据此和食物成分表计算出每人每日平均的食物消耗量及各种营养素的摄取量。

调查期间应注意食物分类及名称记录的准确性。调查者应到现场观察，看看有无废弃食物的情况，如有应加以纠正或可从食物总消耗量中扣除。

此方法在账目精确和每餐用膳人数统计确实的情况下相当准确，并可调查较长时期的膳食状况，适用于全年4个季度，手续较简便，所费的人力少，且易于为膳食管理人员掌握。记账法的缺点是不够准确，得到的是人均摄入量，难以分析个体膳食摄入状况。

（三）称重法

称重法（weighting method）是将被调查单位或个人每日每餐所消耗的各种食物的量，烹调前的生重、烹调后的熟重和吃剩的熟重都进行称重记录，并统计每餐就餐人数，然后根据生熟比计算这一餐平均每人所吃生食的重量，将一天各餐的结果加起来便可得出每人一天的进食量。

将平均每人每天各种食物的进食量填入“每人每日营养素摄取量计算表”，按食物成分表计算出每人每日营养素的摄取量。

调查期间调查对象在食堂或家庭以外吃的零食等，均需取得相应资料和数据，并计入其中。该方法较为仔细精确，可调查出每日膳食的变动情况和三餐食物的分配情况。称重法不依赖于调查对象的记忆，其主要优点是比其他方法能获得较为可靠的食物摄入量，因此常把称重法的结果作为膳食调查的“金标准”来比较其他方法的准确性。

（四）化学分析法

该方法不仅收集调查对象的食物摄入量，而且在实验室中测定调查对象一日内全部食物的营养成分，可准确地获得各种营养素的摄入量。

准确收集样品的方法是双份饭菜法，即制作两份完全相同的饭菜，一份供食用，另一份作为分析样品。要求收集的样品在数量和质量上一定与实际食用的食物一致。由于代价高，仅适于较小规模的调查，如营养代谢实验，了解某种或几种营养素的体内吸收及代谢状况等。很少单独使用，常与称重法结合使用。

三、运动员膳食调查结果评定

膳食调查结束后，根据已取得的平均每人每日各种食物的摄入量和《食物成分表》（中国预防医学科学院营养与食品卫生研究所编著）计算，也可将调查结果数据输入《运动员及大众膳食营养分析与管理系统》（国家体育总局运动医学研究所营养中心编制）自动进行评定。膳食调查的评定内容如下。

（一）每人每日热能和各种营养素平均摄入量。

（二）各种营养素日平均摄入量占推荐的适宜摄入量（AI 值）百分比。

（三）如果同时调查了被调查人群的热能消耗，可以计算热能摄入和热能消耗的比例。

（四）三餐能量分配百分比。

（五）三大能量营养素摄入百分比。

（六）优质蛋白质占总蛋白质的百分比以及动物蛋白和植物蛋白的比例。

（七）钙/磷比。

（八）胆固醇摄入量。

（九）不同种类的食物摄入量，确定被调查人群的膳食结构。

（十）几种主要营养素及能量的食物来源分布。

（十一）综合评定：从营养素摄入、饮食习惯、膳食构成、烹调科学等几个方面进行，并且提出改进和预防措施。

最后，综合营养调查的各项结果并结合运动员的自身特点、项目特点进行分析，从而对运动员的营养问题做出正确评价，并就调查中发现的问题提出合理化建议，指导运动员平衡膳食，合理营养，如按照营养供给参考值修订食谱。对需增体重或减体重者，根据体力活动情况、预定的目标体重，计算出每日热能需要量及增减体重速度，依此制订食谱；也可结合膳食制订减控体重的运动方案等。

四、我国优秀运动员膳食营养的主要问题

周丽丽等（2002）对国家集训队和省级运动队 18 个运动项目共 182 名运动员的膳食进行了调查和分析，常翠青等（2005）也曾对 23 个项目国家队、国家集训队和省市队的 599 名（男 331，女 268）优秀运动员进行了较全面的营养调查。发现一些相似的膳食营养问题。

（一）碳水化合物摄入不足

我国运动员碳水化物供能比偏低，蛋白质和脂肪偏高。这与肉类摄入过多，粮谷类和含糖量高的食物摄入相对不足有关。因运动员膳食采取自助餐形式，并且运动员普遍认为：膳食中摄入的肉越多，越有营养。相反，主食如米、面等食物则几乎完全被忽略。中国运动员膳食中碳水化合物提供的热能仅为总热能的 32% ~52%，没有达到理想水平。

对运动员的训练和比赛而言，碳水化合物是最理想的能源。碳水化合物摄入严重不足不仅会严重影响运动员训练质量和运动能力，同时会影响其他物质的正常代谢。

（二）脂肪和蛋白质摄入过多

我国优秀运动员蛋白质的摄入量为总能量的 15.4% ~21.6%，高于推荐的适宜摄入量（12% ~15%），也高于国外优秀运动员（12% ~19%）。

（三）部分维生素摄入不足

膳食调查和尿生化检测结果显示，有相当一部分运动员 VA、VB_1、VB_2 不足或缺乏，

尤其是女运动员。这与主食量，尤其是粗粮、绿叶蔬菜摄入相对不足有关，但更可能与运动员消耗大、丢失多、需要量高有关。B族维生素在体内以辅酶或许多酶前体形式存在，有助于营养素转化为能量。当碳水化合物摄入不足时，维生素B的缺乏会进一步加重运动中能量供应的不足。维生素A对于力量性运动和机体免疫功能非常重要。

（四）三餐热能分配不合理

一日三餐热能分配应与运动员的训练相一致，许多运动员忽视早餐，早餐和午餐比例不合理明显影响运动员训练期的能量供应和训练质量。

（五）钙、铁、锌等摄入不足

膳食调查表明部分运动员存在钙、铁、锌摄入不足，其中钙摄入不足的运动员人数高达25%。钙摄入不足的原因主要是运动员忽视奶和豆制品的摄入或者其食品的质量较差。钙在骨生长、肌肉收缩和神经兴奋性方面都有重要作用，运动员在膳食补充上应给予足够的重视。

我国优秀运动员也表现出铁不足和缺乏，女运动员高于男运动员，耐力项目高于其他项目。现代五项、自行车、短道速滑、皮划艇和花样滑冰项目的贫血检出率都在20%以上。这可能与铁的摄入量不足或植物铁吸收率低有关。另外，也与项目特点和运动性贫血有关。

（六）运动中脱水，补液不科学

运动员大多缺乏合理补水的知识，把口渴作为脱水的指征。而当运动员感到口渴时，其体液丢失已经达到体重的2%～3%，此时运动能力也已受到损害。运动员应在训练中少量多次地及时补水。此外，运动员应补充含矿物质、维生素和糖的水，因为，在训练中若仅饮用渗透压极低的纯水或茶，反而会加快排汗而导致更严重的脱水。

第五节　提高运动能力的营养和营养补剂

除正常的合理膳食外，运动员也会选择一些运动营养补剂来帮助自己提高机能或做为完成大强度、大运动量训练的保证。运动营养补剂曾广泛地应用于健美和力量等项目中，现在运动营养补剂的优点也正被其他项目的运动员逐渐接受和应用。

运动员选择营养补剂要根据专项的特点科学合理选择使用，既要防止误服兴奋剂，也不要过分夸大其作用，防止运动员走向堆积式地滥用营养补剂的另一个极端。

运动员营养补剂的使用按其作用原理可以分为四类：提高肌肉合成及力量的营养补剂，促进能量物质贮备的营养补剂，抗疲劳和提高免疫力的营养补剂，减轻和控制体重的营养补剂等。

一、提高肌肉合成及肌力的营养和营养补剂

（一）乳清蛋白

乳清蛋白（whey protein）是由牛奶中提取的蛋白质，其胆固醇（cholesterol）和乳糖（lactose）含量低，易消化和吸收，生物价高。乳清蛋白属于优质的完全蛋白质（即必需氨基酸种类和含量齐全并能提供人体需要的蛋白质），含有人体必需的8种氨基酸，且配比合理，接近人体的需求比例，可提供人体生长、发育、抗衰老等生命活动不可缺少的营养。

因为运动员对于蛋白质的需要量比常人需要量更高，而且运动后体内合成蛋白质的速率提高，因此运动员更需要补充容易吸收的优质蛋白。乳清蛋白因为具有容易消化吸收的特性，能作为机体快速合成蛋白质的原料，所以成为力量项目运动员训练常备的营养食品。

乳清蛋白含有β－乳球蛋白、α－乳白蛋白、免疫球蛋白和乳铁蛋白等多种活性成分。β－乳球蛋白是乳清蛋白的主要成分，具备最佳的氨基酸比例，支链氨基酸含量极高（有具有抗疲劳作用）。α－乳白蛋白富含胱氨酸残基，能安全通过消化道和血液，进入细胞膜，还原成两个半胱氨酸，合成谷胱甘肽（具有抗氧化作用），维持细胞膜和组织最佳的谷胱甘肽水平。牛奶中的免疫球蛋白与人乳免疫球蛋白有相同的特点，有抗人类疾病的活性。乳铁蛋白具有抗细菌性，对病毒有抵抗作用，刺激人体免疫系统细胞及抗氧化性等。

乳清蛋白的摄入量可提高到总蛋白摄入量的50%，一般训练期乳清蛋白补充量维持在每天20g左右，健美运动员一般摄入量大于50g，但过量摄入乳清蛋白对壮大肌肉和提高肌肉的质量并无益处，容易造成血氨的升高，会对机体产生不利的影响。

（二）促进肌肉合成的相关激素的营养补剂

睾酮具有同化作用，可促进骨骼肌蛋白质合成，增强肌力；也可促进红细胞生成素的产生和直接促进骨骼造血等。正常血睾酮水平可使运动员保持良好的训练状态和达到通过训练提高肌肉体积和力量的效果。某些营养素与睾酮合成有关。如微量元素硼，参与构成睾酮的成分，运动员的硼需要量比一般人多。维生素C与维持睾丸结构有关，可使体内更多的孕烯醇酮转化为睾酮。睾丸间质细胞产生睾酮需要锌，补充锌可以维持其功能。

生长激素对机体的代谢具有调节作用，可以使肌肉中的肌动蛋白和肌胶原蛋白的合成增加。某些游离氨基酸，如甘氨酸、鸟氨酸、精氨酸等，它们可以直接刺激脑垂体释放生长素。另外一些氨基酸，如色氨酸可刺激神经递质5－羟色氨产生和释放，后者促进生长素的释放。除了服用上述单一的氨基酸外，还可服用复合氨基酸。如鸟氨酸加服α－酮戊二酸比单一使用效果好，它们能最大程度地刺激内源性生长素的分泌。

二、促进能量物质贮备的营养和营养补剂

（一）糖

1. 运动前补糖

提高比赛前最大肌糖原储备，对提高长时间大强度运动过程中肌糖原供能能力及运动能力有重要意义。

运动前补糖传统的方法是糖原填充法。即赛前4天进行尽量消耗肌糖原的运动，然后接着3天逐渐减小运动负荷量以免肌糖原进一步消耗，同时采用高糖膳食（以淀粉为主），膳食糖量应达总热量的60%～70%或9～10g/kg/d，总量500～600g，使肌糖原达到超量恢复。

赛前2～6小时补糖以淀粉类多糖膳食为主，量可达到4～5g/kg体重；赛前2小时补充含单糖、双糖、低聚糖混合液体饮料为宜，约为1g/kg体重。

2. 运动中补糖

运动中补糖的目的是维持高水平糖氧化率，维持血糖浓度，减少蛋白质消耗，保持运动中的能量平衡，提高运动能力。

运动过程中补糖会受到时间、场合、竞赛规则、项目特点及补糖后胃肠影响等一些列限制，以含糖饮料的形式进行补充。可每隔15～20分钟补充一次含糖40～60g/h的饮料。

3. 运动后补糖

运动后补糖的目的是为了尽快地使运动中所消耗的糖原得到恢复。

有研究表明，长时间激烈运动后立即服用含糖饮料的运动员糖原合成速率比对照组快300%，如果推迟2小时后补糖，糖原的合成速率减慢47%。为此，运动后开始补糖的时间越早越好。

有研究表明，运动后6小时内摄入糖（0.7g/kg体重），能使糖原合成速率达较大值。所以，运动后恢复期的前6小时补糖量为0.7～2g/kg体重；24小时内高糖膳食量可参考糖原填充法为9～10g/kg体重。运动后可采用液体和固体的方式进行补充，正餐中以固体淀粉（馒头、米饭）膳食为主。

（二）肌　酸

人体在大强度运动时ATP消耗速率很快，体内储存量很少，需要不断再合成，合成速率则会影响运动能力并与疲劳有关。磷酸肌酸（CP）具有快速合成ATP能力，补充肌酸可有效提高肌肉中CP含量，从而改善肌力和速度能力。

在肉类和鱼类食品中大量存在肌酸。95%的肌酸都存在于骨骼肌中，另外5%存在于身体其他部分。肌酸可以以精氨酸、甘氨酸和蛋氨酸为前体由人体的肝脏、肾脏和胰脏合成。

补剂肌酸（creatine）是白色粉末状的单结晶体，用温开水溶解，由于肌酸无味，也可用果汁冲服。目前较常用的肌酸服用方法分为“冲击量＋维持量”的方法。即每天口服肌酸20g，分4～5次服用，连续服用4～6天。当体内总肌酸贮备浓度达到上限时，可

继续服用小剂量以维持肌酸的总储存量，每天2g，连续补充4周，肌肉中的肌酸会在数周内保持在较高的水平上。

研究表明，补充肌酸（每天20g，5～7天），冲刺能力增加1%～5%，反复冲刺的能力最多可以增加15%。训练期连续使用肌酸1～2个月（每天20g，5～7天后，使用维持量5～15g/d，在体重增加1%～3%的同时，冲刺能力增加5%～8%，力量增长5%～15%。

服用时需要注意：补充肌酸应与含糖饮料同服有利于肌酸的吸收；不能用热开水冲饮肌酸，防止肌酸水合物结构改变；大剂量补充肌酸将出现肌肉酸胀感、僵硬、恶心、增加体重等。补充肌酸的运动员在日常训练和比赛前一定要充分作好准备活动，以避免肌键损伤。

另有报道，单独服用肌酸的运动员从第2周开始普遍反映肌肉有发僵、发硬现象，其原因主要是补充的肌酸增加了水分在体内滞留，但同时使用丙酮酸肌酸的运动员则无此副反应。

（三）1，6－二磷酸果糖

1，6－二磷酸果糖（fructosc 1，6－diphosphate，FDP）是细胞内糖代谢的中间产物，在糖代谢中主要有两方面的作用：（1）作为能量较高的物质参与代谢供能。1mol 的 FDP 经糖酵解能生成4molATP，而1mol 葡萄糖酵解仅能生成2mol ATP。（2）FDP 调节多种糖酵解酶的活性，尤为重要的是它能反馈刺激糖酵解限速酶磷酸果糖激酶（FPK）和丙酮酸激酶（PK）的活性，促进糖酵解，并能绕过 FPK 反应步骤直接进入糖代谢途径，通过改善和增强糖无氧代谢的调节能力，加速糖酵解合成 ATP，从而改善细胞在缺氧后的生理机能和应激适应水平。

另据研究，外用 FDP 能够促进内源性 FDP、二磷酸甘油酸、ATP 成倍增高；促进红细胞向组织释放更多的氧；增加心肌供血，改善微循环，促进心肌细胞能量代谢，使心肌收缩力加强；提高心搏量和舒张快速充盈率，减少心肌耗氧量；保持细胞内钾离子浓度，改善细胞膜的极化状态和促进缺血组织、器官的活动；具有抗氧化作用，能够抑制肌细胞产生自由基，这对维持细胞完整性，恢复和改善细胞膜功能有重要作用。

三、抗疲劳和提高免疫力的营养和营养补剂

（一）抗氧化剂

在剧烈运动时，由于人体耗氧量增加，机体产生的氧应激可使体内自由基增加到平时的2～3倍。这种由运动产生的过量自由基使细胞膜和其他生物膜发生脂质过氧化损伤，改变膜的流动性、通透性和完整性，使细胞以及亚细胞器的功能紊乱。自由基攻击机体的生物大分子如蛋白质、DNA 等，使蛋白质、NDA 的结构受到损坏、功能丧失。自由基也会使呼吸链的功能下降等。运动性贫血、力竭运动后溶血作用增强、血清酶和肌红蛋白含量升高和肌肉疲劳时的延迟性肌肉酸痛等均与自由基的作用有关。因此，要提高运动员的机能能力，从营养上增加机体的抗氧化能力就十分必要了，这也是促进运动后疲劳的消除

和身体机能恢复的重要手段之一。

抗氧化或抗自由基能力较强的营养或补充品包括维生素 E、维生素 C、类胡萝卜素、番茄红素、硒和某些中药。其中麦芽、麦胚油、全谷（糙米、全麦、燕麦和玉米）、莴笋、菠菜及深海鱼油等含有丰富的维生素 E；蔬菜和水果富含维生素 C；南瓜、白薯、胡萝卜、番茄、菠菜和新鲜的热带水果（番木瓜、甜瓜、芒果等）富含类胡萝卜素；番茄、西瓜、柚子等富含番茄红素；新鲜的水果和蔬菜、大蒜、洋葱等含微量元素硒；黄芪、人参、刺五加等中药也具有较多的抗氧化成分。

（二）谷氨酰胺

谷氨酰胺（glutamine）是人的肌肉和血浆中含量最为丰富的游离氨基酸。谷氨酰胺是免疫细胞代谢过程中的重要原料，它为白细胞快速提供能量，对免疫细胞功能起着重要的作用。

长时间大强度运动的后期，糖原储备下降，引起血浆脂肪酸水平上升和氨基酸供能的增加，使谷氨酰胺合成受到限制，并且谷氨酰胺更多地参与糖异生以维持血糖的水平，因此不能满足免疫细胞的需要。谷氨酰胺的缺乏成为激烈运动对机体免疫机能产生抑制的原因之一。

运动员可通过补充谷氨酰胺、谷氨酰胺肽、谷胱甘肽等来提高机体免疫力及抗疲劳。

（三）防治运动性贫血的营养

导致运动性贫血的主要因素是自由基增加导致的溶血和铁代谢紊乱导致的铁缺乏，预防和治疗运动性贫血的主要手段也是通过添加抗氧化剂和铁来实现的。

其中可通过合理营养膳食铁和铁制剂使铁得到补充。其中猪肝、牛肝、鸡鸭肝含铁丰富；含有有机铁、无机铁、血红素铁和复合铁的铁制剂也有利于铁的吸收和补充。叶酸、维生素 B_{12} 和维生素 C 等有利于血红蛋白的合成。熟地黄、当归、何首乌、阿胶等为常用的补血中药。

（四）支链氨基酸

运动员在长时间运动中，脑 5 - 羟色胺（5 - hydro - xytryptamine，5 - HT）浓度的增高会造成中枢的抑制，从而使机体运动能力下降。5 - HT 生成的前体是色氨酸，过多的色氨酸可通过血脑屏障进入大脑后生成 5 - HT 是造成中枢疲劳的原因。支链氨基酸如亮氨酸、异亮氨酸和颉氨酸也是同色氨酸一样的中性氨基酸，它们可以同色氨酸竞争进入大脑。如果血液中有足够浓度的支链氨基酸，就可以减少色氨酸进入大脑，从而防止中枢疲劳的发生。运动员摄入富含支链氨基酸的食品或口服少量的支链氨基酸（每小时 0.01g/kg 体重），可以防止中枢疲劳的发生。乳清蛋白富含支链氨基酸。

四、减轻和控制体重的营养补剂

（一）丙酮酸

丙酮酸（pyruvate）是糖在细胞质中代谢的中间产物。在无氧条件下丙酮酸生成乳酸，在有氧条件下进入线粒体生成乙酰辅酶A，乙酰辅酶A进入三羧酸循环被彻底氧化生成二氧化碳和水，同时生成大量的ATP。三羧酸循环也将糖、脂肪、蛋白质代谢联系起来，实现三者的相互转化。

研究表明，摄入丙酮酸盐能促使体脂减少；能最大限度地减少体内蛋白的分解，提高耐力水平，提高运动员承受更高强度训练负荷的能力。丙酮酸盐被作为运动营养补剂，不仅适用于运动员，而且对平时较少活动的普通人也有同样的减肥效果。

（二）L－肉碱

L－肉碱（左旋肉碱，L－carnitine）是一种与机体脂肪代谢密切相关的物质，研究表明，外源性肉碱的供给直接丰富了机体内肉碱的水平，使得运动时肉碱脂酰CoA（辅酶A）转移至线粒体的速度加快，促进了脂肪的氧化分解，从而导致体内脂肪储备减少。L－肉碱可提高长时间运动时脂肪酸氧化速率，减少肌糖原的消耗，延缓疲劳的发生。

人体内，赖氨酸、蛋氨酸、烟酸等物质可合成少量的肉碱。红肉及动物产品是肉碱的主要来源，一般人只能从膳食中吸收50mg，达到理想健康状态，应摄入不少于250～500mg/d。

运动中采用口服肉碱2～6g，分两次服用，便可显著提高血浆和肌肉内肉碱的浓度。已有研究报道，每天补充4g的L－肉碱，可明显提高运动员的最大摄氧量，增强运动耐力。可减少短时间大强度运动中丙酮酸和乳酸的堆积，因而对速度耐力也有好处。L－肉碱补剂可刺激脂肪酸氧化加快，所以也被当作减肥食品的添加剂来使用。小剂量的补充未发现任何副作用，但大剂量补充会引起腹泻等不利影响。

（三）膳食纤维

膳食纤维（dietary fiber）是指不被人体肠道内消化酶消化吸收的，但能被大肠内的某些微生物部分酵解和利用的一类非淀粉多糖类物质及木质素组成的高分子物质的总称。包括纤维素、半纤维素、果胶、树胶、木质素、抗性淀粉等。

膳食纤维对人体的有益作用主要表现为：防治便秘，促进减肥，预防结肠癌和直肠癌，降低血脂、预防冠心病，预防妇女乳腺癌，防治痔疮，防治胆结石等。主要来源是全粮、豆子、蔬菜、水果、菌藻类、坚果类等，肉里几乎没有纤维，因此，健康膳食提倡多食用糙米、全麦粉、玉米、玉米碴、玉米面、小米、黑米、黑面等一些粗粮。

名　词

合理营养、瘦体重、BMI、膳食调查、24 小时膳食回顾法

复习思考题

1. 运动员合理营养的基本要求是什么？
2. 试述不同专项运动员的营养特点。
3. 简述身体成分的主要评价指标与方法。
4. 简述运动员身体成分特点。
5. 快速减重可能会对机体造成什么样的影响？
6. 膳食调查的方法有哪些？分析这些方法的特点和应用范围。
7. 提高运动能力的营养和营养补剂有哪些？

主要参考文献

1. 王安利主编. 运动医学［M］. 北京：人民体育出版社，2008.

2. 曲绵域，于长隆主编. 实用运动医学（第四版）［M］. 北京：北京大学医学出版社，2003.

3. 洪平，李稚，陈耿，等. 补充丙酮酸肌酸、肌酸和肉碱对运动员身体成分及运动能力的影响［J］. 中国体育科技，2010，46（3）：91－97.

4. 陈吉棣，杨则宜，李可基，等. 推荐的中国运动员膳食营养素和食物适宜摄入量［J］. 中国运动医学杂志，2001，20（4）：340－347.

5. 周丽丽，杨则宜，伊木清，等. 中国运动员膳食营养状况调查分析与改进建议［J］. 中国运动医学杂志，2002，21（3）：278－283.

6. 常翠青，陈志民，刘晓鹏，等. 中国优秀运动员的营养状况［J］. 营养学报，2005，27（5）：370－373.

7. 本书编委会. 运动员及大众膳食营养分析与管理系统和运动员个性化食谱设计方案指导手册［M］. 北京：中国科技文化出版社，2010.

8. 中国营养学会编著. 中国居民膳食营养素参考摄入量［M］. 北京：中国轻工业出版社，2000.

第七章　兴奋剂问题

提要

本章介绍了国际、国内的反兴奋剂机构及反兴奋剂历程，世界反兴奋剂机构所规定的运动员禁用物质及其危害，描述了兴奋剂检测的程序。分析了运动员应如何避免兴奋剂的“误用”。

兴奋剂是国际体育界违禁药物的总称。国际奥委会规定：竞赛运动员应用任何形式的药物或以非正常量或通过不正常途径摄入生理物质，企图以人为和不正当的方式提高他们的竞赛能力即为使用兴奋剂（doping）。

第一节　世界反兴奋剂机构及反兴奋剂历程

一、国际奥委会的反兴奋剂历程

兴奋剂问题早在19世纪末开始在体育运动中出现，20世纪60年代兴奋剂问题逐步引起体育界和全社会的关注。在1960年的罗马奥运会上，丹麦自行车运动员克纳德·延森（Knud Enemark Jensen）在高温下进行100公里公路自行车比赛过程中身亡，调查显示他服用了促进血液循环的药物苯丙胺，成为奥运史上首次因服用提高成绩的药物而致死的病例。

这一事件在当时引起了国际奥委会对兴奋剂问题的关注和重视。国际奥委会医学委员会成立后，于1967年禁止了某些药物的使用，并在1968年初，在法国格勒诺布尔举行的第10届冬季奥运会开幕前，正式宣布了奥运会兴奋剂检查历史上的首份禁用药物名单。同年7月国际奥委会医学委员会在总结实施兴奋剂检查的经验后，提出继续在墨西哥城夏季奥运会进行反兴奋剂检查和性别检查的方案。至此奥运会正式实施兴奋剂检查。

其后，国际奥委会不断增加奥运会的兴奋剂检查数量，并加大对兴奋剂违规人员的处罚力度。1991年国际奥委会通过一项议案，不仅对比赛期间的运动员进行抽查，而且开始实施赛外无通知的检查，即现在通常说的“飞行检查”（out - of - competition test）。由于赛外检查特有的突然性和威慑性，因此也在很大程度上遏制了兴奋剂在体育运动中的泛滥。目前国际上赛外检查的比例占检查总量的60%。

为了协调国际反兴奋剂行动，1999年11月10日世界反兴奋剂机构（the World Anti

-Doping Agency，WADA，www.wada-ama.org）在洛桑成立。其主要任务是致力于保护运动员参加无兴奋剂运动的基本权利，从而增进世界范围内运动员的健康、公平与平等，以及确保在国际和国家层次上在探察、遏制和防范兴奋剂方面制定协调一致和有效的反兴奋剂规划。

2000年，国际奥委会改在《奥林匹克运动反兴奋剂条例》中公布禁用物质与禁用方法清单。2004年起，又改由世界反兴奋剂机构（WADA）每年在《世界反兴奋剂条例》(the World Anti Doping Code）中公布最新的《禁用清单》。

《条例》是世界上第一份统一所有运动项目和所有国家的反兴奋剂规章的文件，为各体育组织和公共当局提供了制定反兴奋剂政策、规则及规章的框架。

至2009年《禁用清单》中总计列出了9大类217种禁用物质，并且大部分禁用物质种类前都注明"包括但不仅限于"或在后面注明"以及其他具有相似化学结构或相似生物作用的物质"，使禁用物质可达2000多种。

二、我国的反兴奋剂历程

20世纪80年代以前，我国体育界对兴奋剂问题了解得很少。随着我国对外体育交往的不断扩大，竞技体育竞争的日趋激烈，特别是商业化给体育带来的种种负面影响，兴奋剂这一"国际公害"在20世纪80年代中、后期开始波及我国。

为应对兴奋剂对我国体育事业健康发展的潜在危害，中国奥委会于1985年和1987年连续发布有关文件，要求各级体育部门严格执行国际奥委会关于禁用兴奋剂的规定，并且在1989年确定了对兴奋剂问题实行"严令禁止、严格检查、严肃处理"的三严方针，颁发了《全国性体育竞赛检查禁用药物的暂行规定》。同年12月，中国兴奋剂检测中心通过了国际奥委会组织的资格考试，正式投入使用，并独立承担了1990年北京亚运会的兴奋剂检测任务。

1992年中国奥委会反兴奋剂委员会成立，其后组织开展了反兴奋剂教育并进一步加大兴奋剂检查的力度等，采取了一系列措施，反兴奋剂工作取得显著成效。

1995年10月经全国人大通过颁布实施了《中华人民共和国体育法》，第一次将反对使用兴奋剂纳入国家法律范畴。

1999年1月国家体育总局发布《关于严格禁止在体育运动中使用兴奋剂行为的规定(暂行)》(国家体育总局1号令)，规范了对使用兴奋剂行为的处罚办法。

2000年2月中国成为世界反兴奋剂机构理事国，并在加拿大蒙特利尔举行的世界反兴奋剂机构会议上被选为亚洲的四个理事国之一，成为该机构的执委会成员。

2004年1月13日，国务院总理温家宝签署第398号国务院令，正式颁布《反兴奋剂条例》，并于当年3月1日正式实施。我国也由此成为世界上为数不多的专门立法规范反兴奋剂事务的国家之一。《条例》明确了国家提倡健康、文明的体育运动，加强反兴奋剂的宣传、教育和监督管理，坚持严格禁止、严格检查、严肃处理的反兴奋剂工作方针，禁止使用兴奋剂，并在生产、销售、进出口等兴奋剂管理环节上提出要求，规定了体育社会团体、运动员管理单位、运动员及包括教练员、医生等在内的运动员辅助人员的反兴奋剂义务；对组织实施兴奋剂检查、检测等方面进行明确规定，对违反《条例》的个人和单位都将给予严厉处罚。《条例》的实施第一次把反兴奋剂从行业管理的层面上升到国家管理的层面。

2005 年 10 月，联合国教科文组织全体会议通过了《反对在体育运动中使用兴奋剂国际公约》（以下简称《公约》）。2006 年 8 月 17 日，国务院正式批准了该《公约》，中国成为该公约的亚洲第一个缔约国家。

在 2007 年 2 月的反兴奋剂公约第一次缔约国大会上，中国当选大会主席团副主席，这既反映了国际社会对中国反兴奋剂工作的认可与肯定，也是对中国在国际反兴奋剂斗争领域发挥更大作用的希望。

2007 年 5 月 10 日我国成立国家体育总局反兴奋剂中心（中国反兴奋剂中心，China Anti-Doping Agency，CHINADA，http：//www. chinada. cn）即国家级的反兴奋剂机构（图 7-1）。

2008 年 3 月为保证兴奋剂治理工作的顺利开展，国家食品药品监督管理局组织对含有兴奋剂目录所列物质的药品进行了统计汇总并将品种名单予以公布。

图 7-1　成立于 2007 年 5 月的国家体育总局反兴奋剂中心是我国的国家级反兴奋剂机构

第二节　运动员禁用物质及危害

1968 年反兴奋剂运动刚刚开始时，国际奥委会规定的违禁药物为 4 大类，随后逐渐增加。虽然在分类时的表述有所不同，但基本上是按照这些物质的药理作用来分类的。2003 年之前的《禁用物质类与禁用手段》名单均由国际奥委会公布。禁用物质包括：刺激剂、麻醉剂、蛋白同化制剂、利尿剂、肽类激素、有抗雌激素作用制剂和掩蔽剂 8 类；禁用手段包括：药物的、化学的及物理的方法，血液兴奋剂和基因兴奋剂等。

自 2004 年开始，《禁用药物表》由世界反兴奋剂机构公布，改变了过去的列表方式，针对赛内、赛外及不同项目的具体情况进行了区分，包括赛内禁用物质与方法、赛内与赛外禁用物质与方法、特殊项目禁用物质和特殊物质 4 个部分。在每一部分中又详细规定了相关禁用物质和手段。

根据 2010 年禁用清单（世界反兴奋剂条例），兴奋剂包括赛内和赛外禁用的 5 大类物质和 3 大类方法；赛内禁用的物质除前面的类别外，还有另外 4 大类；在一些特殊项目中还有 2 类物质禁用。

一、赛内和赛外禁用物质

（一）蛋白同化制剂

指蛋白同化雄性激素类固醇和其他蛋白同化制剂。如睾酮、诺龙、克仑特罗、选择性雄激素受体调节剂等。

（二）肽类激素、生长因子及相关物质

包括促红细胞生成制剂，如促红细胞生成素（EPO）、达贝汀（dEPO）、甲氧基聚乙二醇糖苷促红细胞生成素 - β（CERA）、hematide 等；男性使用绒毛膜促性腺激素（CG）及促黄体生成素（LH）；胰岛素；促皮质素；各种类型的生长因子，如生长激素（GH）、胰岛素样生长因子 - 1（IGF - 1）、生长因子素（MGFs）、血小板衍生生长因子（PDGF）、成纤维细胞生长因子（FGFs）、血管内皮生长因子（VEGF）及肝细胞生长因子（HGF）等；通过肌肉给药使用血小板衍生制剂（如，富含血小板血浆）。

（三）β_2 - 激动剂

β_2 - 激动剂在临床上主要应用于支气管扩张剂，治疗哮喘。除沙丁胺醇（salbutamol）（24 小时内最大使用剂量不超过 1600 微克）及依照用药豁免国际标准需要吸入使用沙美特罗（salmeterol）外，所有 β_2 - 激动剂均禁用。

（四）激素拮抗剂与调节剂

1. 芳香酶抑制剂。这类药物，可以与芳香化酶结合，使它失去酶的活性，具有使人体内的雄激素无法转化为雌激素的作用。在临床上主要用于女性绝经后的乳腺癌治疗。

2. 选择性雌激素受体调节剂（SERMs）和其他抗雌激素作用物质。这类药物的作用机制是使雌激素受体（ER）的形态发生改变，从而阻止雌激素的活动。

3. 调节肌抑素（myostatin）功能的制剂，如肌抑素抑制剂等。在临床上这类药物主要是用于先天遗传的肌营养不良（MDM）治疗。

（五）利尿剂和其他掩蔽剂

利尿剂的临床效应是通过影响肾脏的尿液生成过程，来增加尿量排出，从而缓解或消除水肿等症状。违禁使用的目的可能是通过快速排除体内水分，减轻体重；增加尿量，从而尽快减少尿液中其他兴奋剂代谢产物，以此得到药检的假阴性结果。

二、赛内和赛外禁用方法

（一）提高输氧能力

1. 血液兴奋剂，包括使用自体、同源或异源血液或使用任何来源制成的血红细胞制品。

2. 人为提高氧气摄入、运输或释放的方法，如使用全氟化合物、乙丙昔罗（efaproxiral，RSR13）及经修饰的血红蛋白制剂（如以血红蛋白为主剂的血液替代品，微囊血红蛋白制剂等）。补充氧气不再禁用。

（二）化学和物理篡改

1. 在兴奋剂检查过程中，篡改或企图篡改样品的完整性和有效性的行为是禁止的。如导管插入术、置换尿样和/或变更尿样。

2. 静脉注射禁用（医疗机构的临床检查过程中的正当使用除外）。

（三）基因兴奋剂

1. 改变细胞或遗传元素（例如 DNA、RNA）。

2. 使用药学或生物制剂以改变基因表达。

禁止使用过氧化物酶体增殖物激活受体 δ（PPARδ）激动剂（例如 GW1516）以及 PPARδ－磷酸腺苷（AMP）－激活蛋白激酶（AMPK）轴激动剂（例如 AICAR）。

三、赛内禁用的物质

除上述定义的类别之外，下列种类的物质在赛内禁用。

（一）刺激剂

包括非特定刺激剂，如苯丙胺、安非他尼、可卡因等；特定刺激剂，如非局部麻醉用的肾上腺素、麻黄碱、奥洛福林（对羟麻黄碱）、西布曲明、士的宁等。

（二）麻醉剂

如二醋吗啡（海洛因）、美沙酮、吗啡等。

（三）大麻（酚）类

天然或合成屈大麻酚（THC）及具有类 THC 作用的大麻（酚）类（如 hashish 哈希什、marijuana 玛利华纳、HU－210）禁用。

（四）糖皮质类固醇

所有糖皮质类固醇禁止口服、静脉注射、肌注或直肠给药。

依照治疗用药豁免国际标准，运动员通过关节内、关节周围、腱周围、硬膜、皮下及吸入途径使用糖皮质类固醇时，运动员必须进行声明。

治疗耳、口腔、皮肤（包括电离子透入疗法/超声波透入疗法）、牙齿、鼻、眼和肛门疾患的局部用药不禁用，既不需要申请治疗用药豁免也不需要声明。

四、特殊项目禁用物质

（一）酒　精

在某些项目中，酒精（乙醇）仅在赛内禁用，将通过呼吸气分析和（或）血液进行检测。兴奋剂违规的阈值（血液指标）为0.10 g/L。

（二）β－阻断剂

在某些项目中，赛内禁用β－阻断剂。如阿普洛尔（心得舒）、拉贝洛尔（降压乐）等。

β－阻断剂 主要是与儿茶酚胺竞争β－受体，从而阻断儿茶酚胺的激动和兴奋作用。如减轻焦虑性紊乱，使心率减慢、减少肌肉震颤等。

五、兴奋剂的危害

使用兴奋剂不仅损害奥林匹克精神，破坏运动竞赛的公平原则，而且严重危害运动员身体健康。

科学研究证明，使用兴奋剂会对人的身心健康产生许多直接的危害。使用不同种类和不同剂量的禁用药物，对人体的损害程度也不一样。一般说来，使用兴奋剂的主要危害有如下几个方面：（1）出现严重的性格和心理变化；（2）产生药物依赖性；（3）导致细胞和器官功能异常；（4）产生过敏反应，损害免疫力；（5）引起各种感染（如肝炎和艾滋病）。

使用兴奋剂的危害主要来自激素类和刺激剂类的药物。特别令人担心的是，许多有害作用只是在数年之后才表现出来，而且即使是医生也分辨不出哪些运动员正处于危险期，哪些暂时还不会出问题。

类固醇导致脂肪代谢紊乱、肝功能异常、头痛、高血压、秃发、前列腺肥大、精液过少或无精、性欲改变、过度的攻击行为等。而对女性的有害作用几乎都是不可逆转的，其中包括：引起月经不调和闭经、乳房扁平、阴蒂肥大、痤疮、多毛症、嗓音低沉等。更可怕的还是那些尚未查明、潜伏期较长的副作用，例如导致癌症和胎儿先天畸形等。

能激活或增强中枢神经系统活性的制剂，包括苯丙胺、可卡因、咖啡因和其他黄嘌呤类、烟碱及合成的食欲抑制剂。如芬美曲嗪或哌甲酯，可引起中毒症状，包括心动过速、瞳孔扩大、血压升高、反射亢进、出汗、寒战、恶心或呕吐及异常行为，如斗殴、夸大、过度警觉、激越和判断力受损。长期应用常导致人格改变，如冲动、攻击、易激惹和猜疑，也可导致妄想性精神病。长期或大量使用后停用，可产生戒断综合征，表现为抑郁心境、疲劳、睡眠障碍和梦多。

第三节　兴奋剂检测的程序

一、选定接受检查的运动员

在体育竞赛开始前，检测机构应同有关单项体育联合会和竞赛组委会进行磋商，确定接受检查运动员的数量及挑选受检运动员的方法。选定受检运动员一般以比赛名次、是否破纪录或抽签结果作为取舍标准，也可根据特殊情况任意指定运动员接受检查。

二、采取检样

采取尿样的程序规定得极为周密、严格，最多可列出约30款细则。其主要步骤和过程大致如下：检查人员将检查通知单交给被选定接受检查的运动员。运动员在通知单（一式两份）上签名确认后，必须在1小时内携带身份证明到指定的兴奋剂检查中心报到。在此期间运动员由检查人员陪同，不得排尿，候检室里应备有足够的密封饮料供运动员饮用。运动员到达检查站的时间及个人情况需要登记在记录单上。运动员还需申报自己最近3天来是否服用过任何药物，并由兴奋剂检查官员登记在记录单上。

运动员自己挑选一个干净的留尿杯，当着一名同性检查官员的面，留取至少75毫升的尿量，取尿时不得有其他人在场。运动员自己从几套未使用过的、有号码的密封样品瓶（A瓶和B瓶）中挑选一套，先将留尿杯中的尿液倒入A瓶50毫升，再倒入B瓶25毫升。经检查官员检测留尿杯中残留的尿，若尿比重低于1.010或pH值不在5~7之间，则运动员必须留取另一份尿样。运动员盖紧并加封A瓶和B瓶后，将瓶子号码和包装运输盒密封卡号码记录在兴奋剂检查正式记录单上，然后将A瓶和B瓶装入包装盒并在盒上插入防拆密封卡。运动员本人、兴奋剂检查官员和有关体育组织的医务代表均需在兴奋剂检查正式记录单上签字，以证明上述留尿过程是按规定准确无误地进行的。

装有尿样的包装盒必须由指定的监护人运送，运送人和兴奋剂检查站的负责官员应在运送单上签名。尿样包装盒送到实验室后，必须由专门的负责人检查有无破损和偷换、核对运送单与盒内尿样的号码，签字验收，然后才能送交检测分析。

三、样品分析

兴奋剂检测实验室收到尿样后应尽快完成检测分析。样品分析严格采用经国际奥委会医学委员会批准的技术方法。

如果A瓶尿样的分析结果为阳性，必须立即书面报告有关当局。兴奋剂检查机构的官员在检查核对后，应立即书面通知有关单项体育联合会，然后再按规定程序通知运动员及其代表团的官员，并尽快确定B瓶尿样的检测分析（复检）在同一个实验室进行，但由不同的人操作。反兴奋剂机构、有关单项体育联合会和运动员所属代表团均可派人观察检测分析过程。

如果B瓶的检测分析结果仍为阳性，则该运动员的兴奋剂检查结果即被判定为阳性。

第四节　避免兴奋剂“误用”

为了体现出公平性和威慑性，国际奥委会对使用兴奋剂的运动员或从体内采集样品中发现禁用物质的运动员的处罚使用的是“严格责任”原则，即只要在从运动员体内采集的样品中发现了某种禁用物质，就构成违规。无论运动员是否故意地使用了某种禁用物质或是由于疏忽大意或其他因素所致，均构成违规。

一、“误用”事件时有发生

在奥运会的比赛期间或参赛过程中，经常出现运动员“误用”兴奋剂事件。

1992年7月8日，在巴塞罗那奥运会上，前中国女排的主力接应二传手、中国女排冠军队某运动员，被查出服用禁药，当时就被停止了奥运会的参赛资格。后来查明是因为她服用了含禁药成分的止咳药。但“服药事件”不仅给运动员个人的运动生涯带来了一定的影响，也严重影响了中国女排的士气。最终，中国女排仅名列八支参赛球队的第七位，成为中国女排当时的最差战绩。

2000年9月21日罗马尼亚16岁的体操运动员拉杜坎在悉尼奥运会女子全能体操比赛中获得了金牌，但赛后的兴奋剂检测表明其A样中含有禁用的物质伪麻黄碱。由于其在比赛前感冒，队医让她吃了一片感冒药。9月25日上午，罗马尼亚奥委会得到了检验结果并且监督了B样的检验。9月26日上午对B样所进行的检验表明其也含有禁用物质，故国际奥委会作出了因为服用禁用物质而取消拉杜坎参赛资格并且收回其所获得的金牌的裁决。

而近些年屡次出现的“瘦肉精”事件更是使众多著名运动员身受其害。瘦肉精是一类能够促进瘦肉生长的饲料添加剂，也称克仑特罗。很多运动员因食用含有瘦肉精的猪肉出现“盐酸克伦特罗”阳性，而受到处罚。如2008年奥运会前，我国某游泳名将因为药检盐酸克化特罗呈阳性而遭到终身禁赛。其对此的解释是因为在度假时没有在意饮食，不小心食用的烧烤类食物中含有瘦肉精。其后如我国某柔道运动员、某羽毛球名将、环法自行车赛冠军孔塔多、美国蛙泳名将哈迪、德国乒乓球名将奥恰洛夫等人，都是瘦肉精的受害者。为此很多运动队出台严厉队规，其中不仅包括不喝来历不明的饮料，更规定了严禁运动员外出就餐，甚至有的运动员从此不再吃猪肉。

二、防止“误用”的措施

为了防止“误用”兴奋剂，我国兴奋剂检测中心吴侔天博士曾总结运动员应做到：

（一）努力了解和掌握有关兴奋剂、兴奋剂检查以及用药申报的有关规定。

（二）遵守纪律，随队集中食宿。

（三）有伤病要及时治疗，要主动向医生说明自己的运动员身份，并向医生了解所用药物的情况。如果医生不了解有关兴奋剂的情况，要向医生介绍有关规定。

在参加国际大赛时，对于突发性的治疗用药，应到赛事指定的医疗机构就医。赛事医疗机构会按照赛事有关兴奋剂的规定给予及时、适当的治疗。本人应保存治疗用药的处方或处方复印件以及其他医疗诊断材料。在训练时的突发性治疗用药，请队医或与治疗医生商量，尽量避免使用含有违禁成分的药物。

（四）使用的药物一定要明确药物成分，不要自己轻易买药服用，因为有些药物可能还含有在标签上并没有标明的成分。如一些常用的感冒药中有可能含有麻黄素类成分；一些降血压药物中可能含有利尿剂成分等，运动员在使用时一定要注意药物的成分。一些所谓的纯中药制剂中可以检测到非天然的违禁成分。

（五）如医疗必须使用一些违禁药物，要及时申报治疗用药豁免（therapeutic use exemptions）。为保证运动员的正常治疗用药，在《世界反兴奋剂条例》中有申请用药豁免的国际标准，简称 TUE，应认真按该条例的要求申报。需要说明的是，申请用药豁免之前，一定要详细研读该国际标准并按其要求准备材料，逐步进行；申请用药豁免和批准用药豁免是两个不同的概念，登记使用了含有兴奋剂成分的药物，并不意味着使用该药物就一定没有问题。

（六）慎用补剂。一定要确认你所使用的营养品中不含违禁物质，因为营养品的质量良莠不齐。德国科隆实验室的一项调查，检测了国际上流行的 600 种运动营养补剂，确证兴奋剂阳性和可疑的占 24% 左右。我国兴奋剂检测实验机构曾检测的 1000 多种补剂，含有违禁物质的占 11% 以上。美国巴尔科 BALCO 实验室，在 1984 年向市场推出了一种名为 ZMA 的营养品。该公司称 ZMA 是微量元素天门冬氨锌与天门冬氨镁的组合产品，同时含有维生素 B_6。后发现实为一种新型合成类固醇 THG（四氢孕三烯酮 tetrahydrogestrinone），众多运动员深受其害。

（七）珍爱生命，拒绝毒品。在一个房间中，别人抽吸大麻或烫吸海洛因等毒品，有可能会使在场的其他人尿检显示含有违禁物质。

三、部分含有违禁成分的中成药

国家食品药品监督管理局 2008 年 3 月中旬公布了“含有兴奋剂目录所列物质的中药品种名单”，5 月中旬又对名单进行了更改，删除了川贝枇杷糖浆等 53 个不属于含兴奋剂目录所列物质的品种。

中成药中含有兴奋剂一般是由于其中添加了西药成分或是中药材本身含有兴奋剂目录所列物质。

（一）中成药中添加了西药成分

在中药中添加西药主要集中在抗感冒药、止咳平喘药类药物中。其中大多数复方感冒药、止咳平喘药中都含有麻黄碱、咖啡碱等西药。麻黄碱具有镇咳、扩张气管和缓和鼻黏膜充血的作用；咖啡碱是重要的解热镇痛剂，都是较为理想的治疗感冒的药品。某些降血压药如珍菊降压片、脉君安胶囊等则含有利尿药氢氯噻嗪。用于慢性支气管炎、支气管哮喘、肺气肿等治疗的喘舒片、喘息灵胶囊等则添加有盐酸克伦特罗（即瘦肉精）。

（二）部分中药材含有兴奋剂目录所列物质

一些中药本身就含兴奋剂类物质。如温肾补精、益气养血的紫河车（胎盘），含有绒毛膜促性腺激素；补肾壮阳的鞭类含有性激素；壮肾阳、益精血的鹿茸含有胰岛素样生长因子（IGF-1）；敛肺、涩肠、止痛的罂粟壳含有吗啡；通络止痛、散结消肿的马钱子含有士的宁；发汗散寒、宣肺平喘、利水消肿的麻黄含有麻黄素。

中成药所含的兴奋剂违禁成分可分为麻黄生物碱类、士的宁类、阿片生物碱类、麝香类。

1. 麻黄生物碱类药物

含麻黄生物碱类药物属于拟交感神经胺类药物，是一类仿内源性儿茶酚胺的肾上腺素和去甲肾上腺素作用的物质。麻黄所含的生物碱成分主要为麻黄碱和伪麻黄碱，可以兴奋大脑皮层和皮质下中枢，引起精神兴奋，增加心率、肌肉血流量、肺通气量，从而提高循环系统和呼吸系统的机能，加强能量代谢等作用，故将其定为违禁的兴奋剂中的刺激剂之列。含有麻黄碱类的中成药具有解表散寒、止咳平喘、祛风除湿等功效。临床上主要用于感冒、鼻炎、咳喘、风湿骨痛的治疗。

2. 马钱属生物碱类

马钱属生物碱主要为士的宁（番木鳖碱），是中枢兴奋剂的一种，是植物番木鳖或云南马钱子种子中提取的一种生物碱，具有选择性地提高脊髓兴奋功能，治疗剂量（1mg）可使脊髓反射性的应激提高，反射时间缩短，骨骼肌的紧张度增加。士的宁归入中枢兴奋药一类，此类兴奋剂对运动员神经、肌肉具有运动兴奋作用，是最早被禁用的一类兴奋剂。临床上此类药常用于治疗风湿痹痛类疾病。

3. 阿片生物碱类

阿片生物碱类如吗啡和可待因罂粟碱等，此类成分对中枢神经系统具有强烈的镇痛作用。此外还有明显的镇静作用，能消除疼痛所引起的焦虑、紧张、恐惧等情绪反应，显著提高患者对疼痛的耐受力。用后可产生快感及心理亢奋，给其造成超越体能的幻觉，可抑制和减轻伤病疼痛，使运动员感受不到受伤的真实情况，仍继续参加比赛，会造成更严重的伤害。而且连续服用此类物质易产生成瘾性，引起精神依赖和身体依赖，一旦停药会出现戒断症状，成瘾后患者会不择手段地追求继续用药，危害极大。中成药药物组成中有罂粟壳的含此类成分，临床上多用于治疗剧烈腹痛类、咳喘类疾病。

4. 麝香（人工麝香）类

麝香类药物是一种名贵中药，麝香（人工麝香）内含麝香酮、胆甾醇、甾体激素样物质等，其中麝香酮为主要成分，有兴奋神经系统、呼吸中枢和心脏的作用，可使呼吸、心跳加速，有助于昏迷病人的苏醒。麝香（人工麝香）能促使各腺体的分泌，有发汗和利尿作用，其水溶性成分有兴奋子宫作用，可引起流产，对孕妇应禁用。人工麝香含有去氢表雄酮（睾酮的衍生物）等雄激素及衍生物。此类激素主要作用是维持男子性功能和雄性特征，可刺激组织摄取氨基酸，促进核酸与蛋白质合成，刺激促红细胞生成素分泌等，但也可干扰运动员的体内自然激素的平衡，产生严重副作用，如男性性格改变、肾功能异常、乳房增大、早秃；对女性可引起肌肉增生、月经失调、体毛过度生长。所以运动员应禁用。临床上含麝香（人工麝香）的中成药多用于治疗神昏窍闭、瘀血肿痛等疾病。

名　词

兴奋剂、世界反兴奋剂条例、飞行检查、蛋白同化制剂

复习思考题

1. 世界反兴奋剂机构主要任务是什么？
2. 运动员应如何避免误服兴奋剂？
3. 简述兴奋剂对身体的主要危害。
4. 描述兴奋剂检测的程序。
5. 简述某些中成药可能含的兴奋剂违禁成分。

主要参考文献

1. 国家体育总局反兴奋剂中心. 反兴奋剂条例. http：//www. chinada. cn
2. 国家食品药品监督管理局. 含兴奋剂品种目录. http：//www. sda. gov. cn
3. 常征，高素强，胡欣. 含兴奋剂成分的中成药简介［J］. 首都医药，2008（12）：47 - 48.

第八章 运动医学

提要 本章介绍了运动医学的组成和基本任务。描述了运动训练和比赛期间的医务监督，运动按摩作用、手法和在运动实践中的应用。论述了常见运动损伤的原因、防治方法及运动性软组织损伤的处置原则。最后介绍了应用运动处方进行慢性病防治的方法。

运动医学是医学与体育运动相结合的一门科学，也是一门综合性应用科学。其内容是研究与体育运动有关的医学问题，运用医学的基本知识对运动者进行监督和指导，防治运动伤病，研究医疗体育和预防疾病的体育等，以增强和保障运动者的健康，促进运动成绩的提高。

运动医学大致可分为5部分：(1) 运动医务监督，研究人体对体育运动的适应能力和体育锻炼对机体的影响，运用生理学、病理学、卫生学、临床医学等方面的知识对运动者的健康进行监督，对其机能好坏进行医学评定，指明什么是良好的运动训练状态，解决运动性疾病的防治、运动员选材、运动与环境、运动员的自我监督以及体育运动竞赛的兴奋剂问题等；(2) 运动营养学，主要研究各项运动员热量的消耗以及运动员的营养卫生等问题；(3) 运动损伤学，研究运动损伤的发生规律、机理、防治措施以及伤后的训练安排等问题；(4) 体疗康复，主要研究用医疗体操、按摩等体育手段防治疾病及疾病治疗后的功能恢复方法；(5) 运动性病症，主要研究与运动有关的内脏病症。

第一节 医务监督

一、医务监督的概念

医务监督（sports medical supervision）是指用医学和生理学、生物化学方法，对从事体育运动的人（包括运动员）的身体进行全面检查和观察，评价其发育水平、训练水平和健康状况，为体育教师和教练员提供科学训练的依据，保证运动训练顺利进行并取得较好成绩的一种方法。

通过医务监督，能更有效地运用体育的手段，促进体育活动参加者的身体发育，增进健康和提高运动技术水平；能培养科学的体育锻炼方法和良好的卫生习惯，遵守体育锻炼的卫生原则，避免与减少运动伤病的发生；保证体育教学和运动训练的顺利进行，使人们从中受益，获得更大成效。

二、运动训练的医务监督

（一）自我监督

自我监督是体育运动参加者在锻炼或训练过程中，运用简单的医学方法，对自己的健康状况和身体功能状况进行观察的一种方法。自我监督可以用专门的自我监督表记录，也可逐日地把各项指标写在日记中。

自我监督的内容包括主观感觉和客观检查。

1. 主观感觉包括精神状态、运动心情、不良感觉、睡眠、食欲和排汗量等。女运动员的月经期反应等。

2. 客观检查包括脉率、体重、运动成绩等。

（二）大运动量训练的医务监督

现代运动训练中，提倡的是“从难、从严、从实战出发，大运动量科学训练”的原则，这也是我国赶超世界体育先进水平的重要手段之一。所谓大运动量训练就是超过人体正常机能负荷能力的训练，因此对机体提出了更高的要求。为了科学地进行大运动量训练就必须运用医学和生理学、生物化学指标，结合运动员的自我医务监督及教练员的实践经验，观察、监控运动员机体对大运动量训练的反应，为大运动量训练提供科学的依据。这既可以提高运动成绩，又能避免伤病的发生，是运动员大运动量科学训练的重要保障。

1. 机能评定

在运动训练过程中，医务监督的主要内容之一是对运动员的身体机能进行客观准确的评定。评定时可根据评定的目的和运动员的年龄、运动专项、训练水平等进行多指标、多层次地综合测试与评价。客观、全面、科学地综合评定运动员的机能状态，从而科学地指导运动训练过程和提高训练效果。

进行机能评定时，所选取的各评价指标既要具有独立性，又能从不同的侧面反应运动负荷或机能的变化；简单实用，又可相互补充，以便获得较全面的评价结果。如运动后的血乳酸值可评定运动负荷强度；血尿素值能够评定负荷量和机能状态；血清睾酮可以反映运动员机体合成代谢状况，血清皮质醇可以反映分解代谢的水平。通过多项生理、生化指标的测试与分析，能够较为客观地诊断运动员的机能状态，对科学安排训练、预防过度疲劳和运动损伤的发生具有重要的作用。

2. 伤病的预防

由于各个运动项目的特点不同，因此对机体不同器官系统的负荷也就不同。在运动训练中应根据专项的各自特点进行相应方向的医务监督，预防过度疲劳和各种伤病的发生。

（1）田径运动：中长跑项目心脏负担较重，应合理安排青少年运动员的负荷量；跑、跳项目训练初期易发生胫骨疼痛；短跑、跳远、跨栏易发生股后肌群的拉伤；夏天训练应防中暑、冬天防冻伤等。

（2）球类运动：应预防半蹲位反复扭转、起跳引起的膝部损伤；球类运动对抗性强、体力消耗较大，要加强身体素质的全面训练、合理营养；应定期进行心血管系统功能评定。

（3）体操运动：技术难度高，动作错误、下跌机会多，要注意保护和自我保护，做好运动场地、器械、服装及护具的检查。

（4）游泳运动：有心脏病、高血压、活动性肺结核、传染性皮肤病、中耳炎、癫痫和一切发热病人以及女子月经期均不宜参加。应预防肌肉痉挛、感冒、游泳性眼结膜炎及中耳炎等。

三、比赛期间的医务监督

运动员在比赛期间神经系统处于高度紧张状态，比赛中机体能量消耗很大、体力负担较重。同时场地器械、住宿条件、饮食、生活制度的改变等均会较大地影响运动员在比赛期间的机能状态和运动成绩的发挥，因此赛期的医务监督工作十分重要。

（一）赛前医务监督

1. 赛前体检。如发现感冒、发烧、过度疲劳、心动过速、心脏听诊有病理杂音、心电图有异常改变、外伤未愈或各种内脏器官的病变期，一律不允许参加比赛。

2. 协助教练员做好比赛日程安排。避免和防止运动员连续参加比赛。

3. 做好参赛准备。做好赛前场地、服装的检查工作及对饮食、救护配备的准备工作，保障运动员的安全和比赛的顺利进行。

4. 合理安排饮食。做好赛前膳食的安排和调配，以适应比赛项目能量和营养素的消耗，并合理地安排一日三餐的时间。

（二）赛中医务监督

1. 督促运动员进行合理和充分的准备活动。

2. 做好比赛中意外损伤的急救工作。如运动中腹痛、中暑、低血糖、肌肉痉挛，手、膝、踝部关节的韧带扭伤等。

3. 做好赛中的饮料供应工作。

（三）赛后医务监督

1. 做好体格检查。根据运动项目的特点，在赛后的一定时间内测定脉率、血压、体重、尿蛋白、心电图等指标，观察机体的恢复情况，若发现异常改变，应分析原因并及时处理。

2. 消除赛后疲劳，促进体力恢复。合理安排膳食、促进体力恢复。赛后休整期内，督促运动员遵守各项生活制度、保证睡眠时间，使机体得到充分休息。

四、女运动员月经期间的训练与比赛

（一）大运动量训练与女运动员月经失调

大运动量训练对女子月经周期、初潮年龄、经期长短、经血量多少等都有不同程度的影响，加之运动专项需要，许多女运动员在青春前期或青春早期就开始了系统的专业训练，并且绝大部分运动员经期还需正常训练。因此，运动员月经失调的情况较普通人群明显升高。其月经状况除受普通的因素影响外，还与其运动专项特点、训练开始的年龄、运动水平以及训练年限等有关。

耐力及体操、艺术体操、跳水、花样滑冰等项目中，运动员月经失调的发生率明显高于其他项目。2005 年的一项调查显示，优秀体操运动员月经失调的比例高达 78%，而非运动员的发生率一般为 2% ~5%。痛经、闭经以及经量过少等是运动员月经失调的主要表现。这种现象与大运动量训练和过于严格的饮食控制有关。研究表明低体脂、低体重可导致闭经，主要与雌激素的代谢方向、腺外组织转化量减少以及脂肪储存雌激素的量下降等有关。而保持其低体脂、低体重状态必然要受到长期饮食能量供给的限制，导致生殖性腺轴及多种内分泌激素的失调，从而引发月经失调乃至闭经。这种激素的紊乱不仅影响了运动员的身心健康，还可因骨质疏松、应力性骨折的发生率大幅度上升而严重影响运动成绩，甚至缩短运动生涯。所以加强医务监督，预防闭经现象发生是十分必要的，而一旦出现闭经症状，就要积极治疗，防止骨量的大量流失。

（二）经期训练

一般来说，对于训练水平差的运动员，特别是月经初潮的少年，月经期不宜参加比赛。因为比赛时运动强度很大、精神紧张、神经系统往往不能适应，容易引起内分泌腺的机能失调，导致月经紊乱、痛经或闭经。

如果平时有经期参加训练的习惯、训练水平较高的运动员，月经期可以参加比赛。运动员经期参加比赛，虽给月经带来一定的影响，但只要注意循序渐进和区别对待，可以采取慎重态度参加比赛。

也有学者提出，女运动员经期表现分为 4 种类型：（1）正常型：经期自我感觉正常，成绩稳定。（2）抑制型：经期体力降低、身体反应明显、脉搏减慢、血压降低等。（3）兴奋型：经期各生理指标都趋于增高，出现异常激动，脉博快、呼吸频率增加、血压升高等。（4）病理型：经期出现病理反应，如头晕、乏力、食欲不振、心率加快等。其中正常型、抑制型和兴奋型运动员月经期间可参加比赛；病理型运动员月经期间不应参加训练和比赛。

为了参加重要比赛，可以采用改变周期的办法，推迟或提前月经期，以错开赛期的月经，这种方法称为“人工月经周期”。这样可使运动员不受月经期身体不适的影响而参加比赛。一般是用黄体激素制剂在卵泡发育期抵制排卵（提前行经即缩短月经周期）或在黄体期应用使黄体期延长（推迟行经即延长月经周期）。

（三）月经期间参加体育运动应注意的问题

女性月经期间注意事项：（1）避免过冷、过热的刺激。（2）经期的前 1 ~ 2 天应减少运动量以及强度。（3）经期不宜从事剧烈运动。（4）经期一般不宜下水游泳。（5）有痛经、月经过多或失血不调者，应减少运动量和强度，甚至停止运动。

第二节　运动按摩

按摩（massage）是运用一定的手法作用于人体相应的部位引起局部或全身反应，从而调节机体，增进健康，达到防治伤病，提高机体机能的目的。按摩的门类繁多，运用范围广泛。在体育运动中按摩广泛运用于运动训练和比赛的各个环节中。

一、按摩的作用

（一）对神经系统的作用

通过一定按摩手法的良性刺激对神经系统可起到兴奋或抑制作用。不同的按摩手法对神经系统可起到不同的作用，如叩打、重推摩可起到兴奋作用，而轻推磨、轻揉可起到抑制作用。

（二）对皮肤的作用

按摩的机械作用可使皮肤衰亡的上皮细胞得以清除，皮脂分泌通畅，皮肤柔润，富有光泽；按摩还可以增强皮肤的弹性，加快代谢，减少皮下脂肪有助于减肥。

（三）对运动系统的作用

按摩能使肌肉纤维被动活动，松弛过度紧张的肌肉，加速血液循环，从而使肌肉需要的氧气和营养物质得到及时地补充，促进了乳酸等代谢产物的吸收和排泄；增强肌肉的弹性和收缩，提高肌肉的工作能力。

（四）对循环系统的作用

按摩能使人体周围血管扩张，降低循环系统的阻力，使机体血流加快，减轻心脏的负担。按摩还能加速静脉血流和淋巴液的回流，调整血液的合理分配，改善肌肉和内脏的血流量，以适应内脏活动和肌肉紧张工作的需要。按摩还能改变血液成分和提高机体抗病能力。

（五）对呼吸及消化系统的作用

按摩通过对穴位、经络、神经等的刺激及传导作用，影响肺的功能。如按摩肺俞、膈俞及相关穴位，能够调整胸膈和肺的状态，从而产生镇咳、平喘、化痰的作用，可加深呼吸增加氧气的吸入和二氧化碳的排出，恢复肺的弹性。

按摩的刺激可使胃肠道平滑肌的张力、弹力和收缩力增加，从而加速胃肠蠕动；同时通过交感神经的作用，可使支配内脏器官的神经兴奋，促进胃肠消化液的分泌。

二、按摩的注意事项

按摩对人体各器官、系统具有良好的作用，具有广泛的适应症：帮助局部或全身放松，减轻疼痛，治疗特定问题（如慢性水肿），疤痕组织、肌肉、肌腱、韧带、关节等软组织的伤害，血肿，慢性便秘，诱发肌肉活性及动作，预防变形，减缓肌肉萎缩。

按摩使用不当亦会造成不良后果。一般以下情况不宜进行按摩：急性感染或发炎（皮肤炎、肌炎、蜂窝性组织炎），皮肤疾病（皮肤炎、癣），嗜血杆菌疾病，癌症或结核病，开放性伤口或未愈之烧伤伤口，淋巴管炎，急性神经炎，严重感觉过敏，异物存在，血管疾病（如血栓静脉炎）等。

三、按摩的手法

运动按摩常用手法，有以下多种。

（一）推　摩

用拇指的指面平推范围不很大而需深达的部位如头部或用拇指尖推穴位，使之发生针刺样得气感觉或用手掌平推肢体，沿着向心方向或淋巴流动的方向向前推进。

（二）滚　法

用一手或两手的小鱼际及手背在身体上做滚动动作，适用于范围较大的腰、背、大腿等处，作用较深而广。

（三）揉　捏

用拇指和其余四指捏住肌肉，沿肌肉行走方向边揉捏边移动。可用于松解深部肌肉、肌腱、韧带等的粘连，也是散淤消肿的有效手法。

（四）理筋和弹筋

理筋是用一手或两手拇指按紧肌肉，沿肌肉的纵横方向顺理；弹筋用一手拇、食二指捏住肌肉或肌腱处，向肌肉垂直方向拉开，然后在二指间滑脱，引起酸胀反应，主要作用于肌肉。

理筋有调和气血、理筋归位、消肿镇痛的作用，可用于肌肉部分断裂以及肌腱、韧带损伤的治疗；弹筋能强烈刺激神经、肌肉和肌腱，有助于缓解肌肉的紧张和痉挛，促进血液流畅和神经感觉的恢复，防止肌肉肌腱萎缩。

（五）捶和拍

捶用空握拳的尺侧缘或指背部着力，用腕劲捶击，可两手同时操作，适用于腰、背、大腿等处，作用较深，有兴奋作用。拍是以指面或指背着力，用腕劲拍打，可两手同时操作，适用于头、胸、背等处，用力轻而作用较浅，也起兴奋作用。

（六）刮 法

用拇指侧面作深而横向的刮剥动作，刮时有疼痛反应，适用于某些运动损伤，摸到组织有肥厚、硬结等病变处做刮法，有拨离粘连、缓解肌肉痉挛、恢复神经感觉的作用。

（七）切 法

用拇指尖端切压组织，边切压边向前推，对急性软组织损伤后局部有肿胀、瘀斑者，有消肿、散瘀、镇痛的作用。

（八）摇动法

对各关节部位作轻巧摇动的被动动作，用于某些运动损伤后增进关节的灵活性。

（九）引伸法

对肢体施行轻巧的牵拉、伸展等被动动作，常用于颈、肩、腰、髋等部位的运动损伤，有松解组织粘连等作用。

四、按摩在运动实践中的应用

（一）赛前和训练前按摩

一般在比赛或训练课的准备活动前，把按摩作为准备活动的一部分，以改善肌肉、韧带的机能状态，使之适应高难动作的要求。按摩的部位是全身和主要运动部位相结合，一般用作用较深、刺激较强的手法，以引起兴奋反应，如拍打胸背、滚动腰腿、捏动肢体，随后用捶法等。一次按摩时间约 10 ~ 30 分钟。此外，还可根据运动员赛前的表现，施行合适的按摩，以调整其精神状态。运动员如精神不振，对比赛表现淡漠，除用语言鼓励外，还应给予兴奋性按摩，如用手指拍打头部两侧，用拇指尖推太阳、手三里、足三里、阳陵泉等穴位，随后快速捶击腰、背、肢体部位。运动员如过分兴奋，对比赛表现紧张，当用镇静性按摩，如在头部用拇指面平推，缓慢而有节律地推动，在腰背部用轻柔的滚法或用拇指尖推阴陵泉、三阴交等穴，只使稍有得气感即可，一次按摩时间约 20 ~ 30 分钟。

（二）恢复期按摩

即在比赛和大运动量训练后或间歇过程，用以帮助恢复运动能力，提高运动成绩。如在长距离或超长距离赛跑、自行车、游泳运动后，给予下肢按摩，用手掌平推，由远端到近端，来回数遍，然后用拇指尖推委中、承山等穴位或用弹筋法，使紧张或痉挛的肌肉迅速得到放松，最后作腰、背和上肢的滚动。又如举重、体操等比赛间歇时，可在肢体上用拇指或手掌平推法、轻柔的滚法或拍打法，促进运动能力的恢复，为下一场比赛做好准备。又如乒乓球等连日进行比赛的项目，在每日比赛结束后，运动员往往过于兴奋或紧张，晚上临睡前可用拇指平面推头部10～15分钟。

（三）运动伤病后的按摩

按摩对某些运动损伤和运动性疾病有治疗作用。常见运动伤病的按摩方法如下：对急性韧带损伤或软组织挫伤，可视情况于伤后1～2天开始按摩，在损伤局部用拇指平推法和切法，以活血、散瘀、消肿、镇痛；对慢性劳损性损伤，如髌骨软骨软化症，可用指尖推髌骨周缘，轻按拍髌骨和捏股四头肌。又如膝脂肪垫损伤肥厚，可用拇指尖推膝脂肪垫处，摸到有组织肥厚处可用拇指刮法，最后捏股四头肌。对过度训练有头痛失眠者，可在头部用拇指平推法，特别要多推头部两侧，在头后部用掌推，然后用拇指尖推风池、风府等穴位，再作背部穴位按摩。

第三节　运动损伤及防治

一、运动损伤及分类

（一）运动损伤

运动损伤（sports injury）是指在体育运动过程中所发生的各种损伤。研究与总结损伤的发生原因、发病规律、预防措施、治疗方法和康复手段等，有利于改善运动条件，改进体育教学和运动训练的方法，提高运动成绩，起到增强体质、增进健康的效果。

（二）运动损伤的分类

1. 按损伤组织的种类分类：可分为肌肉与肌腱损伤，皮肤损伤，关节、骨损伤，滑囊损伤，神经损伤等。

2. 按运动能力丧失的程度分类：不影响工作和训练的为轻伤；伤后24小时以上不能工作或训练者为中等伤；须住院治疗者为重伤。

3. 按伤后皮肤或粘膜完整与否分类：可分为开放性损伤与闭合性损伤。开放性损伤有伤口与外界相通，易引起出血和感染。如擦伤、刺伤、切伤及撕裂伤及开放性骨折等。闭合性损伤没有伤口与外界相通，如挫伤、肌肉拉伤及关节韧带损伤等。

4. 根据发病的缓急，还可分为急性损伤和慢性损伤。急性损伤指一瞬间遭到直接暴力或间接暴力造成的损伤，如肌肉拉伤、关节韧带扭伤等。慢性损伤指局部过度负荷，多次微细损伤积累而成的损伤或由于急性损伤处理不当转化来的陈旧性损伤，如肩袖损伤、髌骨软骨软化症等。

在体育锻炼和运动训练过程中，严重的创伤很少，大部分属于小创伤，其中以肌肉、筋膜伤、肌腱腱鞘、韧带和关节囊伤最多，其次是肩袖损伤、半月板撕裂和髌骨软骨病等。

二、运动损伤的原因及预防

（一）运动损伤的原因

造成运动损伤的原因是多方面的，既与锻炼者的基础、技能水平有关，也与运动项目的特点、技术难度以及运动环境等因素有关。

1. 思想麻痹大意。思想上不够重视是所有运动损伤因素中最主要的因素。如注意力不集中或集中持续时间不长，发生损伤的危险性增加。也包括运动前不检查器械，预防措施不得力，好胜好奇，常在盲目和冒失中受伤。

2. 运动前准备活动不充分。特别是缺乏针对性准备活动，使运动器官、内脏器官机能没有达到运动状态而造成损伤。

3. 运动情绪低下，在畏难、恐惧、犹豫以及过分紧张时发生伤害事故。有时因缺乏运动经验，缺乏自我保护能力致伤。

4. 身体机能状况不佳。运动时间过长、运动量过大、运动频率过高等极易导致过度训练，过度训练是运动损伤的主要原因之一。在慢性疲劳、贫血、感冒、痛经、睡眠不足等的情况下，对意外事件缺乏敏锐的判断和快速准确的保护反应，就可能导致运动损伤。

5. 练习训练安排不合理。内容组合不科学，方法不合理，纪律松散以及技术上的错误等都可能引起损伤。

6. 场地与环境因素。运动场地狭窄，地面不平坦，器械安装不牢固，锻炼者拥挤在一起或多种项目在一起活动，容易相互冲撞致伤。空气污浊，噪音，光线暗淡，气温过高或过低以及运动服装不合要求等原因，都可以直接或间接造成伤害事故。

（二）运动损伤的发生规律

运动损伤的发生可因运动项目的不同而不同，具有一定规律，这与下列两个潜在因素有关。

1. 运动项目的特殊技术要求不同，人体各部位的负担量不尽相同，因此，易导致人体相应部位受伤。例如网球运动易使锻炼者造成“网球肘”，长跑运动会导致锻炼者膝外侧疼痛症候群，等等。

2. 运动员身体某部位存在的解剖生理弱点。如运动中肩袖易与周围组织发生磨擦和挤压。当这两个因素由于某种原因同时起作用时，即易发生运动损伤。例如：篮球运动员易伤膝，这是由于篮球运动员经常处于膝关节半屈位（130°~150°）时左右移动、进攻、防守、踏跳、上篮等，使膝关节发生屈曲、扭转、磨擦等，而膝关节半屈位正是它的解剖弱点，此时韧带及肌肉放松，关节杠杆长，导致关节稳定性相对较弱，因而易发生膝部软组织损伤，如韧带、半月板损伤和髌骨软骨病等。

（三）运动损伤的预防

1. 加强运动安全教育，克服麻痹思想，提高预防意识。

2. 认真做好准备活动，对可能发生运动损伤的环节和易伤部位，要及时做好预防措施。如进行充分的慢跑热身和适当的伸展练习；对易伤部位进行扎贴或支具保护等。

3. 合理组织安排锻炼，合理安排运动量，防止局部运动器官负担过重，加强肌肉力量的平衡。循序渐进地加强易伤部位或相对较弱部位的训练，提高它们的功能，是预防运动损伤的一个积极手段。例如，为防止髌骨劳损，可采用“站桩”方法以增强股四头肌和髌骨功能；为了预防腰部损伤，除加强腰背肌训练外，还应加强腹肌力量训练，有助于防止脊柱过伸而造成腰部损伤；为预防股后肌群拉伤，要加强股后肌群的力量和伸展性练习等。

4. 加强保护与帮助，特别要提高自我保护能力。如摔倒时，立即屈肘低头，团身滚动，切不可直臂或肘部撑地。由高处跳下时，要用前脚掌着地，注意屈膝，弯腰，两臂自然张开，以利于缓冲和保持身体平衡。习惯性易伤部位，如脚背外侧、拇指的根部等，除要充分做好准备活动外，还要注意正确使用保护带，如护踝、护指、绷带等。

三、常见的运动损伤

（一）肩袖损伤

肩袖损伤（rotator cuff injury）指肩袖肌腱的损伤性炎症。多见于体操、投掷、乒乓球、游泳、举重等运动中。肩袖撕裂是造成肩部疼痛和功能障碍的常见原因，约占肩部病变的60%。

肩袖撕裂的常见症状包括肩部疼痛、力弱和活动受限。有时还出现弹响、交锁、僵硬等。最普遍的症状是疼痛，通常位于肩峰前外侧。也可位于后侧。可放射至三角肌止点区域。如伴二头肌腱病变，疼痛可放射至肘关节。许多患者出现静息痛和夜间痛，肩部运动时疼痛加重。肩部主动运动往往受限，但被动活动角度一般正常。

辅助检查如X线平片、B超和MRI等有助于确诊。其中MRI则是目前主要确诊手段。

非手术治疗包括休息、冰敷、理疗、口服消炎止痛药物、肩袖肌力训练、肩峰下间隙封闭等。对经正规非手术治疗3~6个月无效者应考虑手术治疗。近年来随着关节镜技术的提高和新器械的开发、特别是锚钉技术的出现，肩袖撕裂的修复已逐渐向全镜下技术发展。

（二）网球肘

网球肘（tennis elbow）又名肱骨外上髁炎（external humeral epicondylitis）。其特点是肘及肱骨外上髁的损伤，多见于网球、乒乓球等项目，大多数属于慢性劳损。损伤是由于肱骨外上髁伸肌总腱起点处的慢性劳损及反复牵扯引起的（图8－1）。

预防网球肘的发生，应避免反复过度压腕动作；加强腕、肘、肩部的力量配合；运动前后按摩等。

保守治疗，治愈时间至少需时 2 ~3 个月，甚至半年以上。保守治疗对约 90% 的患者有效，但 5% ~10% 的患者会发展成慢性病，即顽固性网球肘。顽固性网球肘患者中部分因疼痛或功能障碍影响生活和工作而需手术治疗。

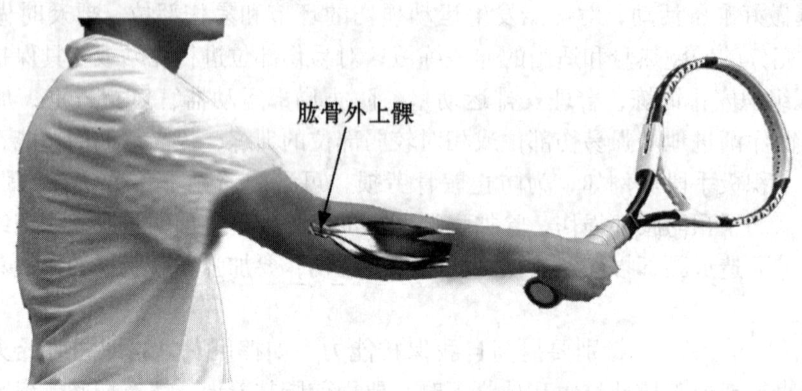

图 8 -1 网球肘的发生部位

（三）前交叉韧带断裂

前交叉韧带断裂（anterior cruciate ligament rupture，ACL rupture）是发生率较高又较严重的运动损伤（图 8 -2）。

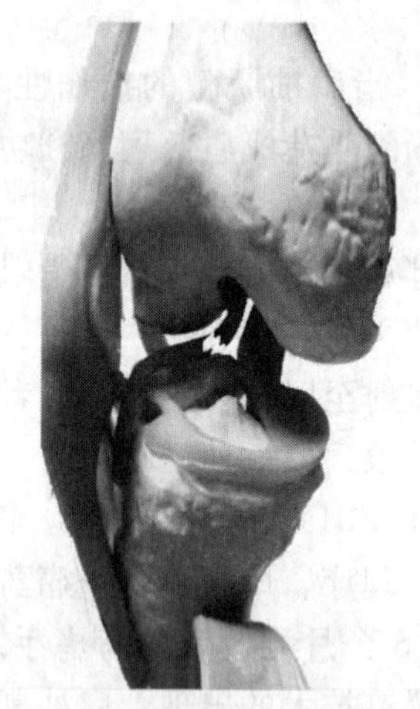

图 8 -2 膝关节内易发生的韧带断裂

急性 ACL 断裂患者都有外伤史，伤时可有组织撕裂感，随即出现膝关节不稳表现如膝关节反复扭伤、不敢随意蹦跳、不敢做急转或急停动作、不敢突然加速跑等。

ACL 断裂后胫骨向前活动度增大，常用 Lachman 试验、前抽屉试验、垂腿位抽屉试验、轴移试验和“之”字跳等方式来检查。MRI 诊断 ACL 断裂具有极高的敏感性和特异性，被认为是 ACL 损伤后影像学检查的“标准”。

ACL 断裂后除导致膝关节不稳外，还会继发关节软骨、半月板等主要结构损害，导致膝关节退变和骨关节病的早期发生。目前，不管是急性断裂还是陈旧断裂，对诊断明确者多主张尽早手术治疗。

现在大部分临床医师采用 ACL 重建术，即在股骨建立一个骨道，在胫骨建立一个骨道来重建 ACL。可以使用自体的或异体肌腱替代断裂的前交叉韧带。自体材料，如自体半腱肌腱和股薄肌腱、股四头肌腱等。手术后要佩戴支具 6 周进行保护，患肢在支具保护下可以部分负重。当恢复到能够正常行走后可以开始进行固定自行车、下肢肌肉力量恢复锻炼。手术后 3 个月可以开始进行跑步和跳跃的锻炼，术后半年可以恢复简单的体育运动，术后一年基本可以恢复正常的体育活动。

（四）半月板损伤

半月板（meniscus）是垫在股骨和胫骨之间的新月形纤维软骨垫，使股骨和胫骨接触面更好地匹配，起到传递应力、吸收震荡、稳定和润滑关节及营养关节软骨的重要作用。

半月板损伤多见于足球、篮球、体操、田径等项目，膝关节由屈曲至伸直运动同时伴有旋转时最易发生。半月板损伤后，不但产生疼痛、交锁等症状，而且会加剧软骨损伤。

半月板只有外围 1/3 有血供，损伤后如果不进行手术治疗很难自愈。推迟治疗将导致撕裂进一步增大，失去对整齐撕裂处缝合修补的机会，导致部分切除或全切除的后果。最初治疗措施普遍采用的是半月板全切术，现今人们认识到全切将继发关节软骨损伤后，更多采用半月板部分切除术。

对于半月板有血供区的损伤，则尽量采用缝合修补术。如果缝合修补成功，半月板功能会恢复到损伤前水平。随着关节镜技术日益成熟和半月板缝合技术的发展，半月板缝合的适应证不断扩大。

（五）损伤性跟腱周围炎、跟腱断裂

跟腱周围炎（heel tendon peripheral inflammation）是指足踝部过度屈伸运动，跟腱反复牵拉引起的无菌性炎证。跳跃性项目运动员多见。跟腱断裂（achilles tendon rupture）则主要是瞬间压力增加致肌腱无法承受而断裂。通常发生在足跟上方约 3 ~4cm 处，为脚跟腱血循环最差处。

跟腱断裂的原因包括直接外力（如锐器割伤、撞击）和间接外力（如空翻等致跟腱异常受力）。间接外力导致的跟腱断裂可能与跟腱本身先有疾病或受伤有关。运动员跟腱断裂则与足过度背伸（勾脚）发力造成跟腱受力异常增加有关。

间接外力引起的跟腱断裂患者顿觉跟腱部疼痛，有被踢或棒击感，可听到“啪”的响声，随即足踝动作失灵，不能站立或行走，伴疼痛、麻木、发胀感。检查可见跟腱外形消失下陷，压痛明显。

石膏固定处理对部分病症较轻者有良好效果。但对于运动员、大运动量年轻人则应手术治疗。手术修补是对断端纤维稍加缝合，同时用腱瓣加固。腱瓣加固能增加跟腱的强度，减少再断的可能。手术后需长腿（从大腿根部至足尖）石膏固定。约在术后 3 个月可练习跑步，6 个月后才可恢复伤前运动水平。

（六）踝关节扭伤

踝关节扭伤（ankle sprain）是最常见的运动创伤，约占所有运动创伤的16%以上。在篮球、足球、滑雪、体操、田径等运动中最常见。通常我们所说的扭伤是指韧带损伤或断裂，其中以踝关节外侧韧带损伤为主。

踝关节外侧副韧带包括距腓前韧带、跟腓韧带和距腓后韧带三条韧带，防止踝关节向前、后脱位和向内过度翻转。常见的损伤原因是踝关节向内翻转，同时足向内旋转扭伤。距腓前韧带最先断裂，如果暴力持续，跟腓韧带随后断裂，距腓后韧带很少发生断裂。

扭伤后外侧肿胀，严重时有瘀血，患者感疼痛，伴活动受限。检查可发现外侧压痛，踝向内翻转时疼痛。医师常做两项特殊检查：前抽屉试验阳性提示距腓前韧带完全断裂，内翻侧搬试验提示距腓前韧带和（或）跟腓韧带完全断裂。X线检查，尤其是应力位片有助于判断外侧副韧带损伤。MRI可较清晰显示踝关节外侧韧带，对诊断有重要意义。

踝关节扭伤急性期处理应遵循PRICE原则，即保护、休息、冰敷、加压包扎、抬高患肢。绷带包扎的方向应与受伤作用方向相反，使受伤组织处于松弛状态（图8－3）。后期进行肌肉力量、灵活性和平衡训练。距腓前韧带单纯断裂者应在石膏固定3～4周后开始功能康复训练。伤后2个月可做轻度运动，做剧烈运动约3个月左右。

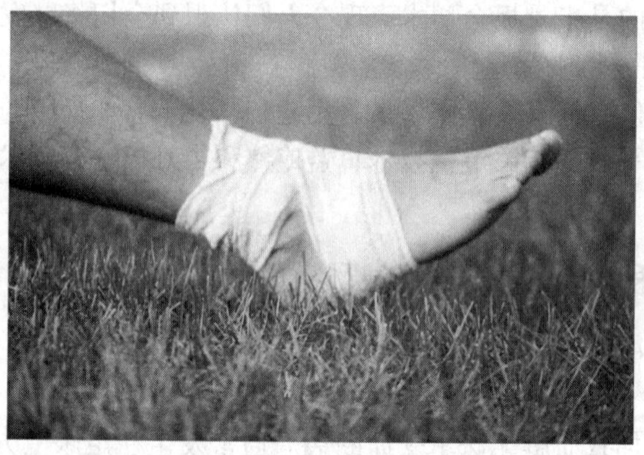

图8－3　踝关节的内翻性扭伤

（七）腰背肌肉筋膜炎

腰背肌肉筋膜炎（lumbar back myofascitis）又称腰背肌肉劳损（strain of lumbar muscles）、腰背部纤维炎、腰背筋膜疼痛综合征等。

致病因素主要有：肌肉受伤致渗出物及出血到肌肉和筋膜之间引发炎症粘连，受湿受凉，肌肉慢性劳损筋膜肥厚粘连，筋膜裂隙，肌肉筋膜止点劳损，急性腰背肌受伤未及时治愈迁延成慢性病损等。

轻者以局部酸痛为主，部位可在肩胛间区或骶棘肌部，有时有麻感到上肢肩背、臀、大腿外侧，但不到膝以下。重者疼痛影响睡眠，尤其在后半夜至清晨。疼痛在活动时加重，并与运动量大小正相关。触诊可有肌肉痉挛，有时可触到条索或硬结，压痛明显，甚至有放射痛。局部麻药封闭疼痛即可消失。

本病以保守治疗为主。应控制运动量，适当锻炼腰背肌，运动后和晚间睡前做腰背肌的牵拉运动，即身体前屈尽量拉长腰背肌，这样可以缓解肌肉痉挛，改善血液循环。

物理治疗，如热疗、超短波、短波、拔火罐等。按摩、针灸有效，尤其电针灸疗效更佳。口服药可用维生素 E、双氯芬酸、保泰松、布洛芬、洛索洛芬等。外用疏筋活血止痛的中成药也有效。

四、运动性软组织损伤的处置原则

急性闭合性软组织损伤的病理过程分为四个阶段：组织损伤出血；急性炎症反应；组织再生；疤痕形成。对于软组织损伤应根据在不同时期的特点进行相应的处理措施。

（一）早期处理

伤害发生时，患处产生出血与炎性反应。表现出来的症状便是红、肿、热、痛与不同程度的活动度丧失。

早期处理的原则应是尽快止血，防止或减轻局部炎症反应或肿胀，减轻疼痛。适当制动，止血防肿止痛，减少炎症反应。运动损伤紧急处理遵循 PRICE 原则。其中，Protection（保护制动）：以绷带、石膏或支具等器具保护受伤部位，避免进一步伤害。Rest（休息）：停止运动，损伤部位得以休息，减少进一步的伤害。Ice（冰敷）：减轻疼痛，减少出血，打破疼痛循环，降低代谢速率。冰敷时间以 15 ~20 分钟为宜，不要超过 30 分钟。连续冰敷，每次最好间隔 1 小时左右。Compression（加压包扎）：减少组织液及血液渗出，减轻肿胀。如大腿拉伤，需均匀包扎整个大腿，以防组织液流到其他地方。Elevation（抬高）：促进血液回流，减少组织液的渗出，减轻肿胀。

（二）中期处理

肌肉不活动便会造成肌肉无力和肌肉萎缩。萎缩的肌肉会更加无力，当某动作使用这些损伤肌肉时又会造成疼痛，更不敢动，故成了“痛的恶性循环”。

肿胀本身会使组织的修复能力受损。肿胀更造成患处组织内压力上升，上升的压力会造成更多的疼痛与更进一步损害组织修复能力。这又是另一个“肿胀的恶性循环”。

中期处理的原则是促进损伤部位的修复。改善伤部的血液和淋巴循环，减轻淤血，促进组织代谢和渗透液的吸收，加速再生修复。可以采用热疗、按摩、针灸、拔火罐、适当功能锻炼等方法。

（三）后期处理

后期处理的原则是以功能恢复为目标，增强和恢复肌肉关节的功能，如果有瘢痕应设法使之软化松解。可以采用热敷、按摩、拔罐、药物治疗等方法。

冰敷是在急性伤害发生后，用来止痛与减轻肿胀。热敷一般认为急性伤后 24 ~48 小时后方可使用。热敷功用是使僵硬、疲劳的肌肉、肌腱、关节、韧带变得柔软。在损伤的中后期恢复时最为有用。

五、支具及贴扎在运动损伤防治中的应用

运动员在比赛中由于自身肌肉力量不平衡或是用力过度，就会造成关节、肌肉、韧带和软组织等拉伤。为了将运动损伤程度降到最低，专业人员会针对不同运动项目的特点及运动员已经受到损伤的部位，根据人体肌肉结构、状态和力学特征，用绷带、膏贴和保护支具，对拉伤的关节、韧带、肌肉及软组织进行保护和助力或贴扎支撑。

（一）支　具

支具（brace）也称矫形器（orthosis），是用以减轻四肢、脊柱、骨骼肌系统的功能障碍为目的的体外支撑装置。支具可以起到稳定与支撑、固定、保护、助行等功能。现代康复支具广泛应用于骨科矫形、骨病、创伤等的治疗和康复。如脊柱侧弯、膝内外翻、足内外翻、斜颈等畸形的矫正，脊柱和四肢手术后的外固定，截瘫、儿麻后遗症病人的支撑体重，辅助站立行走等。

在前交叉韧带的保守治疗中或重建术后应使用功能性支具，可以为前交叉韧带损伤的患者提供膝关节全方位的稳定，并允许一定范围内的活动。功能性支具一方面可提高伤者的肌肉本体感觉，另一方面可避免膝关节的再次损伤（图 8 -4）。

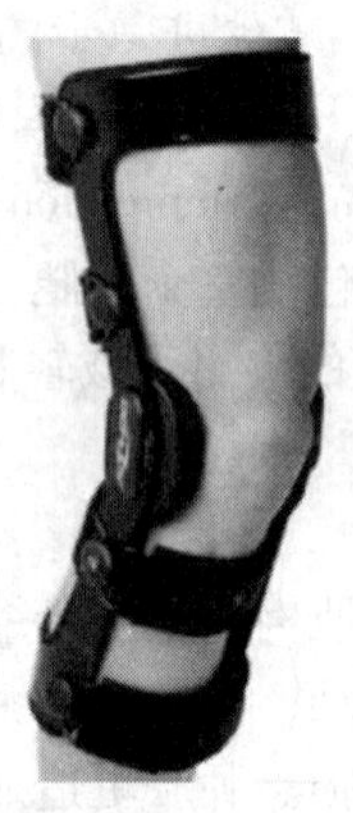

图 8 -4　膝关节支具

在骨折的治疗过程中，早期重点是通过各种方式的复位及固定，使骨折获得初步稳定，促进软组织愈合。后期重点是促进骨折愈合及肢体功能恢复，而支具恰恰能满足这一要求。利用支具维持骨折对位特点，可在软组织愈合及骨折达到初步稳定后使用支具，使其成为一种有效的外固定方式，不必担心骨折的再移位。功能支具治疗骨折另一个特点就是通过肢体负重引起骨折部位微动促进骨折愈合，达到早期肢体负重的效果。

（二）贴　扎

在比赛和日常训练中，运动员经常用各种贴扎技术，以使其运动损伤更快地恢复或对其关节肌肉加以保护。如排球运动员、柔道运动员经常在手指上贴扎胶布（也称白贴）以防止指关节的扭挫伤。

现在越来越多的运动员开始使用新一代的具有弹性的贴扎技术，即肌内效贴布（the kinesio taping method）。这种技术使用具有弹性、透气性的贴布，配合肌肉收缩动力学及生物力学的原理，不仅能对肌肉、关节起到固定、防护的作用，还能针对特定的损伤肌肉起到一定的治疗作用（图8－5）。

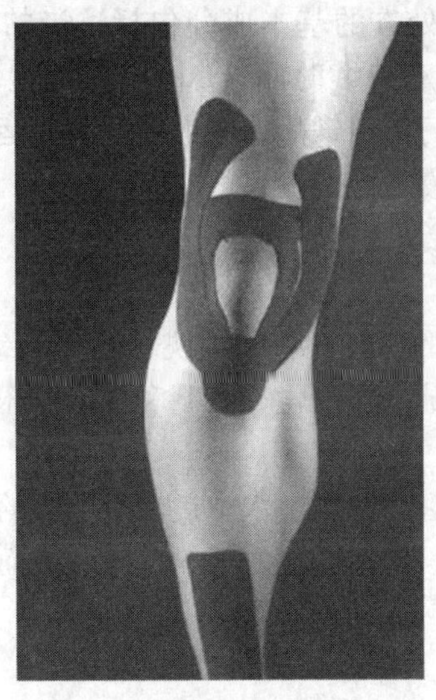

图8－5　膝关节的肌内效贴技术

在运动员训练或比赛运动过程中，利用贴布的黏性与弹性，肢体的运动会牵动皮肤移动，增加了皮肤与肌肉之间的间隙，防止筋膜与肌肉的粘连，具有促进淋巴及血液循环，增加代谢物质的消除、减少肿胀和炎症等作用。

肌内效贴布也可以在不限制正常活动范围的情况下，为关节和肌肉提供支撑，提高其稳定性。通过在运动中的神经肌肉感觉反馈校正不正确的肌肉功能，减轻急性和慢性损伤的疼痛感，加速高强度运动后的恢复等。从而对运动员保持竞技状态具有十分重要的作用。

因为肌内效贴布有以上的效能，近年来已大量运用在运动伤害的预防与治疗中，在足部较常用在脚拇趾外翻或趾跖滑液囊肿、伸趾长肌与肌腱、足底筋膜炎与踝关节扭伤；在小腿则可治疗阿基里氏腱炎、胫骨前肌肌腱炎；对丁膝关节在内外副韧带、前后十字韧带及跳跃膝的治疗很有效果；在大腿则应用在股四头肌、腿后肌酸痛及膝关节囊受损；臀肌拉伤、腰背酸痛及腰椎侧弯也是常见使用肌内效贴布作治疗。对于躯干，肌内效贴布常见用于肋间肌、肩胛下肌、旋转袖及肩颈酸痛。对于上肢，也用于网球肘、高尔夫球肘、腕管综合症、落枕、妈妈手及板机指等。肌内效贴发挥着越来越广泛的应用。

第四节　运动处方与慢性病的防治

运动处方（exercise prescription）是由医生、康复治疗师、社会体育指导员或体育工作者，根据患者、运动员或健身锻炼者的年龄、性别、健康状况、身体锻炼经历以及心肺功能和/或运动器官的机能水平等，以处方的形式制订的系统化、个性化的健身方案。

一、运动处方的组成

一个系统的、个体化运动处方的基本成分包括适当的运动方式（mode of exercise）、运动强度（intensity）、每次运动持续时间（duration）、运动频率（frequency）和注意事项。按照运动处方有计划地进行健身锻炼，能够明显减少运动伤病的发生率，有效提高身体机能，达到预防和治疗某些慢性疾病的目的。

（一）运动方式

健步走、慢跑、骑自行车、登山、游泳、秧歌舞等有氧耐力运动，可以提高心肺适能、减肥、调节血脂、防治动脉粥样硬化、控制和降低血压、降低血糖或减缓胰岛素抵抗等。

力量练习、柔韧性练习、医疗体操、水中运动等肢体的功能锻炼，可以增强相应肌肉或肌群的力量、增加肌肉体积、增加关节的活动范围，进而增加胰岛素的敏感性、防治骨质疏松和关节疾病等。

（二）运动强度

在有氧运动中，运动强度取决于走或跑的速度、蹬车的功率、登山时的坡度等。在力量和柔韧性练习中，运动强度取决于给予助力或阻力的负荷重量。运动强度是否恰当，关系到锻炼的效果和锻炼者的安全。应该按照个人的特点，确定锻炼时应达到的强度和安全范围。

（三）运动持续时间

在耐力运动处方中，主要采用“持续训练法”，应该规定有氧运动持续的时间。在力量运动处方和柔韧运动处方中，则需要规定完成每个动作的重复次数、每组练习所需要的时间、共需要完成几组、两组的间隔时间等。

（四）运动频率

一般指每周锻炼的次数。应根据锻炼目标确定运动频率。3～4 次/周、30～60 分钟/次中等强度的有氧运动，即可达到维持心肺适能的目的，1 次/日的锻炼可以收到更佳的健身效果。对某些疾病患者，可以适当增加锻炼次数，如对于糖尿病患者，2 次/日在餐后 1 小时各锻炼 20～30 分钟，可以对血糖调节产生良好的作用。进行 2～3 次/周的力量练习，2 次练习之间休息 24～48 小时，可以使机体得到“超量恢复”，收到更好的锻炼效果。

（五）注意事项

根据健身者的具体情况，提出锻炼时应当注意的事项，保证锻炼的安全性，如锻炼时心率不应超过靶心率，对患有慢性疾病的患者注意监测疾病状态，进行力量练习时注意预防意外事故等。

二、减肥运动处方

肥胖（adiposis，obesity）是当今重要的流行病之一，它严重威胁着人类的身体健康。如肥胖者易于出现高血压、高血脂、冠心病、心功能衰竭、中风等疾病；肥胖者胸、腹脂肪堆积，肺受挤压，肺活量降低，易出现低氧血症；肥胖者并发脂肪肝、胆石症较常人高；肥胖者易并发胰岛素抵抗及糖尿病，肥胖者脂肪组织细胞膜上胰岛素受体对胰岛素不敏感，而且单位面积上胰岛素受体数量减少，血浆中胰岛素浓度长期增高，易出现糖尿病；肥胖患者由于体重过大，易得腰背痛、关节痛。

（一）运动目的

1. 改善心肺功能，提高有氧耐力，增强体质。
2. 改善消化系统功能。
3. 促进脂肪代谢，控制体重，减肥健美。
4. 防治高血脂、高血压和动脉硬化等心血管疾病。

（二）运动种类与方法

运动种类可根据肥胖者的体质和个人爱好进行选择，以有节律的动力性有氧运动为主，例如长距离步行、慢跑、自行车、游泳、健身操以及其他的水中运动（如水中行走、水中跑、水中跳跃、踢水等）。有研究表明，水中运动被称为最有效的减肥运动。力量性的运动主要是进行躯干和四肢大群肌的运动，主要活动方式有仰卧起坐、下蹲起立、俯卧撑等。也可以利用哑铃或拉力器进行力量练习。力量练习虽然不能有效地改善心肺机能的最大摄氧能力，但却可以明显增加体内瘦体重的含量。瘦体重的增加可以提高人体安静状态下的代谢率，即瘦体重多的人消耗的能量要多。因此，有氧运动结合力量练习是较单独有氧运动减肥更有效的减肥方法。

（三）运动的强度、时间、时间带、频度

1. 运动的强度

以减肥为目的运动，宜采用中小强度有氧运动。高强度有氧运动虽对改善心、肺功能有良好的作用，但不利于改善脂质代谢。运动强度一般用心率反映，减肥运动中要求达到个人的“最适运动心率”，具体计算公式如下：

最适运动心率 =（220 - 年龄数 - 安静心率）×60% ~80% + 安静心率。

美国运动医学会（ACSM）提出的传统方案为：60% ~90% 最大心率或 50% ~85% $\dot{V}O_2max$、20 ~60 分/次、3 次以上/周；近年来，美国疾病预防与控制中心（CDC）和 ACSM 联合推荐了一个新的方案：3 ~6 METs（代谢当量）、30 分/次、7 次/周。新方案能起到更好的锻炼效果。

2. 运动的时间

初始锻炼者运动时间控制在 30 分钟左右，经常锻炼者运动时间在 40 ~60 分钟以上。

3. 运动负荷的时间带

晚餐前2小时锻炼比其他时间进行运动锻炼更能有效地减少脂肪。

4. 运动的频度

运动持续时间与运动强度有关，每周的运动频率可根据强度大小适当调节频率，通常运动频率为3~6次/周。

（四）注意事项

1. 锻炼前首先做医学检查，判定心功状况及有无心血管系统合并症，同时进行心血管功能负荷试验，以确定最大心率或最大耗氧量，确定运动的强度。

2. 运动处方的制定要考虑个人的锻炼目的、身体状况、兴趣爱好，并在处方实施过程中根据具体情况进行调整。

3. 要遵循循序渐进的原则，少数肥胖者因不经常运动，肌肉关节比较僵硬，心肺负荷较大，初始运动量要小，以后逐步增加。

4. 要持之以恒，运动减肥不是短时间就能达到目的的，而是一项长期工程。为了避免单调，可以变换运动种类。

5. 虽然专家们一致认为，减肥的关键在于运动，但科学的饮食也是不容忽视的。科学的节食与运动相结合，会使减肥取得更佳的效果。

三、高血压病运动处方

一般认为，高血压病（hypertension）的发病机理主要是大脑皮质的功能失调所致。在这种失调的影响下，体液、内分泌、肾脏等从几个方面参与了发病过程。由于外界环境及内在的不良刺激（如长期或反复的精神过度紧张和情绪波动），引起大脑皮质的兴奋与抑制过程失调，皮质下血管舒缩中枢形成了以血管收缩神经冲动占优势的兴奋灶，使全身小动脉痉挛而外周血管阻力适度增加，血压于是升高。

坚持服药治疗及体育锻炼，可以使高血压病情得到有效控制。

（一）运动目的

1. 调整大脑皮质的兴奋与抑制过程及改善机体主要系统的神经调节功能。

2. 降低毛细血管、微动脉及小动脉的张力，调节血液循环，降低血压。

3. 降低血黏度，提高血液流变性，改善微循环，增强物质代谢的氧化还原和组织内的营养过程。

4. 发挥机体和血液循环的代偿机能，改善和恢复患者的全身状况。

5. 减轻应激反应，稳定情绪，抑制心身紧张，消除焦虑状态。

（二）运动种类与方法

高血压病康复体育的运动类型选择要以有氧代谢运动为原则。如：散步、快走、骑车、爬山、游泳、球类及跳舞等。应动静结合，也可结合开展气功或太极拳等有利于控制紧张和保持情绪稳定的其他运动，保持心理平衡，有益于降压。要避免在运动中做推、拉、举之类的静力性力量练习或憋气练习。

（三）运动的强度、时间、时间带、频度

1. 运动的强度：对原发性高血压的患者，运动中强度一般控制在50% VO_2max 范围或以心率为指标控制在每分钟心率110～140次之间。总之，运动强度以中等强度及低强度为宜，要避免运动强度过大使血压突然升高或大量排汗使血液浓度、黏性增加而使血压升高。

2. 运动的时间：如果是持续性周期运动，每次应达到30分钟以上（不包括准备活动）。如果是非周期性或间歇性运动，如太极拳、气功、垂钓等，则每次运动应达到40～60分钟。

3. 运动负荷的时间带：人体昼夜血液流变学的指标，尤其是血黏度，从20:00至次日6:00呈不同程度的上升趋势，因此高血压病患者进行运动锻炼要避免清晨和晚间。

4. 运动的频度：可根据个人对运动的反应和适应程度，采用每周3次或隔日1次或每周5次等不同的间隔周期。

（四）注意事项

1. 药物治疗和合理的锻炼相结合。康复体育不能代替药物治疗，但与药物治疗结合进行常能取得更佳疗效，以后逐步将药物剂量减少至能维持血压平稳的最低量。

2. 合理安排生活。指生活有规律，保证有足够的睡眠时间，劳逸结合，戒除烟酒。

3. 运动的同时配合饮食疗法。提倡少吃多动，粗细粮合理搭配，低脂、低盐、低糖饮食，以保持理想体重。

4. 除初期高血压者外，康复体育应在专业人员指导下进行。并注意预防并发症（主要是预防发生脑血管意外）。

5. 在运动中注意防止发生运动外伤。在实施运动处方过程中要定期检查，根据身体状况适当调整运动处方。

四、糖尿病运动处方

国内外众多的研究证明，适当的运动可以降低糖尿病（diabetes mellitus）患者的血糖，提高糖尿病的治疗效果，运动已成为公认的糖尿病治疗的重要方法。

（一）运动目的

1. 加强末梢组织对胰岛素的敏感性，降低血糖。
2. 改善脂代谢并能控制体重。
3. 改善机体循环系统能力，降低血压、调节呼吸系统功能。
4. 预防并发症的发生，改善生活质量。

（二）运动种类与方法

糖尿病运动处方一般以有氧运动为主。研究发现，力量练习除了能提高糖耐量和胰岛

素受体的敏感性外，还可增强肌力、减少脂肪、改善体形等作用，因此近年来作为有氧运动的辅助手段被纳入糖尿病运动处方中。

1992 年世界卫生组织提出最好的运动是步行的建议。2003 年国际糖尿病联盟提出将运动穿插于日常生活中，如步行上楼梯、做家务、踏自行车或步行上班、花更多的时间种花、生活中能手工做的工作尽量不用工具等。具体方式如下：老年、妊娠糖尿病者可进行散步、下楼梯、平地自行车、太极拳、体操、轻微家务劳动等；肥胖型糖尿病者可进行平地快走、慢跑、上楼梯、自行车、登山、各类球类训练、擦地板；轻度糖尿病无并发症者可选择举重、拳击、游泳、体育比赛、重体力劳动。运动方式的选择应该遵循个体化原则，可依据社会习俗、性别、文化、当前病情、年龄等因素制定。

（三）运动的强度、时间、时间带、频度

1. 合适的运动强度为活动时病人的心率应达到个体 40% ~60% HRmax。依据个体化原则调整活动强度。如脉搏过快，应降低运动量。可根据个体运动后的感觉判断运动量是否适宜。运动量适宜：运动后有发汗，稍感肌肉酸痛，休息后肌肉酸痛消失，饮食睡眠良好，身心舒畅，有运动欲望。运动量过大：运动时不能自然交谈，运动后大汗、胸闷、气促，明显疲倦，饮食、睡眠差，次日身体乏力，无运动欲望。运动量不足：运动后身体无发热感，无汗，脉搏无变化或 2 分钟内恢复。

2. 运动时间：每次活动时间 20 ~30 分钟，1 次/天，肥胖病人可适当增加次数。

3. 运动负荷的时间带：餐后 0.5 ~1 小时运动为宜，也有研究报道认为餐后 90 分钟进行运动，其降糖效果最好。用胰岛素和口服降糖药者每天应定时活动，避免在胰岛素和降糖药发挥最大效应时活动。如应用胰岛素 1.5 小时以后，口服优降糖 1 小时后。也有学者认为 I 型糖尿病患者运动时间宜选择早晨，在胰岛素使用前进行，以减少低血糖反应。

4. 运动的频度：运动应该持之以恒。研究发现，如果运动间歇超过 3 ~4 天，已经获得的胰岛素敏感性会降低，运动效果及积累作用就减少。可根据个人对运动的反应和适应程度，采用每周三次或隔日一次或每周五次等不同的间隔周期。

（四）注意事项

运动前应了解糖尿病运动疗法的适应证和禁忌证，运动疗法对治疗 II 型糖尿病的肥胖效果较好。糖尿病患者运动时的禁忌证，主要包括：

1. 空腹时易发生低血糖。

2. 应用胰岛素和降糖药常发生低血糖者。

3. 严重的 I 型糖尿病或血糖 >16.8 mmol/L 者（注：血糖 >14 mmol/L 者应减少活动，增加休息，避免运动诱发酮症酸中毒）。

4. 并发糖尿病足、眼底病变、高热、严重呕吐、腹泻、急性感染。

5. 并发高血压，收缩压常超过 26.7 kPa、舒张压常超过 13.3 kPa 者（运动时血压上升，增加玻璃体和视网膜出血的可能性）。

6. 并发心脑血管疾病者（运动时心脑负担加重，血浆容量减少，血管收缩，有诱发心绞痛、心肌梗死和心律失常的危险）。

7. 糖尿病肾病者（肌苷 >176 mmol/L，运动使肾血流量减少使病情加重）。

名　词

医务监督、自我监督、PRICE 原则、网球肘、肌内效贴布、运动处方

复习思考题

1. 如何进行训练和比赛期间的医务监督?
2. 试述按摩在运动实践中的应用。
3. 踝关节扭伤急性期应如何处置?
4. 试述支具及贴扎在运动损伤防治中的应用。
5. 论述糖尿病人的运动处方应具有的主要特征和组成。

主要参考文献

1. 王安利主编. 运动医学［M］. 北京：人民体育出版社，2008.
2. 曲绵域，于长隆 主编. 实用运动医学（第四版）［M］. 北京：北京大学医学出版社，2003.
3. 姚鸿恩主编. 体育保健学［M］. 北京：人民体育出版社，2000.

第九章　运动生物力学在体育运动中的应用

提要

本章介绍了运动生物力学的发展与任务，从运动学、动力学、静力学、转动力学及流体力学等方面论述了人体运动的力学基础；介绍了运动生物力学的主要测试仪器和进行运动技术分析的一般方法。

第一节　运动生物力学的发展与任务

一、运动生物力学的概念

运动生物力学是研究体育运动中人体及器械机械运动规律的科学。

运动生物力学要具体回答人体完成各项运动动作时是怎样运动和为什么会运动，同时也要研究影响人体运动的外界条件（如体育场地及各种训练和比赛的器材设备等）与运动技术的关系。根据人体的形态和机能的特点，结合对运动场地、器材的改进，研究最合理、最有效的运动技术，以求达到最好的运动成绩。

二、运动生物力学的发展

在运动生物力学发展史上有一些重要的、值得纪念的事件与人物，推动了运动生物力学在基础、应用基础和应用研究上的发展与进步。

1877 年美国摄影师麦布里奇（E. Muybridge）用 24 部照相机排成一列，按顺序拍摄了骑马奔跑的连续动作照片。他的革命性的视觉实验不仅为电影的发展提供了最基本的理论根据，也奠定了影像测量与分析的基础。

20 世纪初德国学者布拉温（C. W. Braune）和菲舍尔（O. Fischer）采用解剖尸体的测量技术，完成了人体各环节质量、环节重心等参数的测量，并在此基础上建立了第一个人体质量分布模型，从而奠定了人体运动数理分析的基础。菲舍尔关于人体各环节相对重量和重心位置的资料，至今仍被用于计算人体重心。

英国生理学家希尔（A. V. Hill）取青蛙的缝匠肌为试样，通过测量肌肉在缩短过程中的肌张力、肌肉产生的热量及肌肉维持挛缩状态所需的热量，并按热力学第一定律建立了与实验结果相当一致的希尔方程。他的研究获得了 1922 年诺贝尔生理学或医学奖。而他描述肌肉向心收缩的力 - 速度关系方程（Hill，1938），即肌肉在最适长度产生的最大力量会随着收缩速度的加快而下降，也为生物力学研究奠定了理论基础。

阿马尔（Amar，1924）研制了第一台两分量测力台。测试时当台面受到作用力后会引起指针的移动。其后 Elftman（1938）将其进行改进，用高速摄影机记录指针的移动，从而实现了运动生物力学的在体动力学测量。

1849 年法国人 Du Bois - Reymond 首次在主动收缩的肌肉中检测到电流，1922 年 Gasser 与 Erlanger（1944 年诺贝尔生理学或医学奖获得者）将阴极射线示波器代替之前使用的检流器，使人们“看”到了肌肉收缩时产生的电变化，创立了肌电测量技术。

基于这些伟大的发明和运动生物力学家们的不懈努力，运动生物力学的基础理论和应用研究方法都取得了丰富的成果。

学术交流和学术组织的成立则是推动运动生物力学学科发展又一重要动力。

1967 年在瑞士苏黎士召开了第 1 届国际生物力学讨论会，此后每两年举行一次。1973 年在第 4 届国际生物力学大会上，正式成立了国际生物力学学会（International Society of Biomechanics，ISB）。1982 年国际运动生物力学学会（International Society of Biomechanics in Sports，ISBS）成立，并每年召开一次学术会议。至此运动生物力学成为一个较为完备的学科。

三、运动生物力学的研究层次及一般流程

（一）运动生物力学的研究内容

1. 研究运动员身体结构和机能的生物力学特征，为运动员寻求最佳的运动技术方案提供依据，也为早期选择各专项运动员提供必要的生物力学参数。

2. 研究各项动作技术原理，建立动作技术模式来指导教学和训练。

影像分析结果表明举重运动员在举起杠铃的过程中，杠铃的运动方向应该尽量地接近垂直方向，使发力的上肢受到的阻力矩最小，再通过肌肉强大的爆发性用力，使杠铃上举的速度加快，在最短的时间内发挥出最大的肌肉力量和上举效果。

生物力学的理论与实践证明鞭打动作可以更好地使肢体末端发力加速。鞭打动作是肢体游离（或手持物）做类似鞭子急速抽打的摆臂动作。如排球跳起大力发球、掷标枪、乒乓球、羽毛球的扣杀等动作。这种鞭打动作，其技术特征为大环节带动小环节，借近端环节制动加大远端环节速度。

3. 结合运动员个人的身体形态、机能和运动素质等的特点，运动生物力学研究适合个人的最佳技术方案和进行动作技术诊断。

上海交通大学洪嘉振等人对朱建华跳高过杆技术进行的仿真研究（图 9 - 1）。结果表明过杆时适当抬头挺髋效果更佳。

4. 探索预防运动创伤和康复手段的力学依据。

运动生物力学的研究领域除了竞技体育中运动技术的应用外，还包括应用于人类健

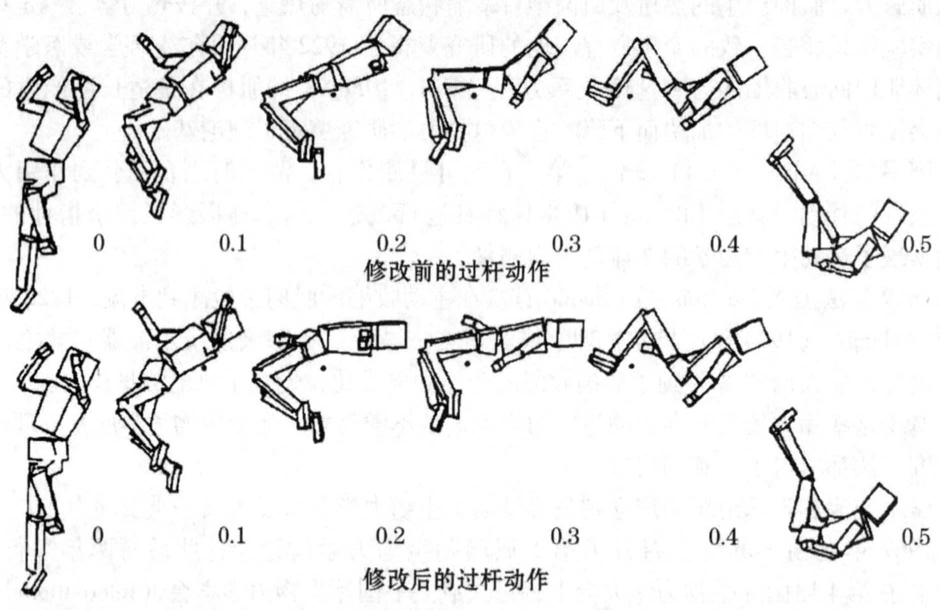

图9－1 多刚体系统模拟朱建华过杆动作

（引自：洪嘉振．运动生物力学计算机仿真研究［J］．体育科学，1989，3，56－60.）

康、健身运动等方面，基于健康的预防康复生物力学已是运动生物力学的主要研究课题。2005年在北京召开的第23届国际运动生物力学大会的主题报告中，近半数是属于这类文章。有学者提出，改进运动技术和避免运动损伤是未来运动生物力学的主要研究趋向。

5. 设计和改进运动器械。应用运动生物力学改进和设计运动器械，使其性能大幅提高。

如在撑杆的杆头和杆尾都采用了大量碳纤维材料，使其更加轻盈，耐弯曲易反弹，从而使撑杆跳的运动成绩大幅度提高，布勒卡用现代杆创造了6.14米的世界纪录，伊辛巴耶娃则在北京奥运会上使用碳纤维杆将女子世界纪录提高到了5.05米。

（二）运动生物力学的研究层次

运动生物力学的研究包括运动中的力学基础、人体运动环节的力学特征、人体运动数据的采集处理以及运动动作的技术分析等方面的研究（图9－2）。

运动生物力学是以力学理论为基础，以实际应用为目标，去研究人体机械运动的规律。因此人体运动的运动学、动力学、静力学、转动力学和流体力学的基本定律是运动生物力学的基础知识。

人体形态结构与其机能有着密切的联系，体育运动的动作技术是以人体及各环节的骨杠杆、肌肉收缩力学特性为基础的一种表现，因此对人体结构与机能的力学特征的认识也是生物力学的研究内容之一。

运动生物力学研究中广泛采用各种先进的物理学测试手段和计算机技术，对运动员的技术特征进行分析，并通过运动技术的优化来提高运动能力。要完成这种技术的优化，首先要测量运动技术并建立最佳运动技术的评价模式；其次是构建实现最佳运动技术的逼近

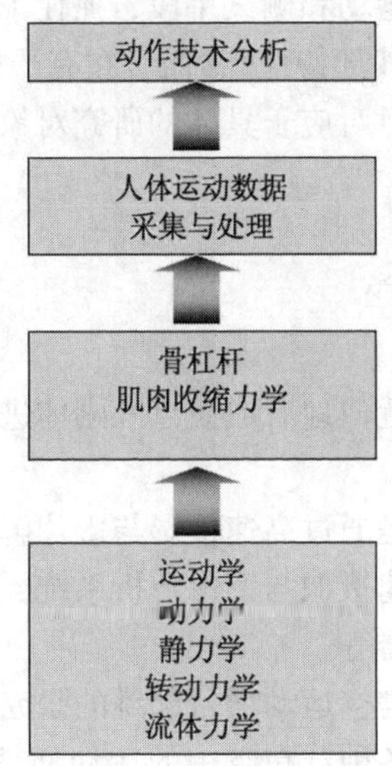

图 9-2　运动生物力学的研究层次与内容

方案，包括训练方案。现代测量技术，如三维动态测力、高速影像、等动肌肉力矩测量、多道肌电图仪以及它们的同步测量技术等，已经能够使我们较为便利获得人体运动过程中的动力学、运动学等参数，为实现运动技术的最佳化提供必要条件。

当然，研究运动技术的最佳化，不仅仅是对运动技术进行测量、分析和评价，更重要的是采用适当的数学、力学方法建构优化的运动技术方案并设计实现优化方案的训练手段和训练器械。

（三）运动生物力学研究的一般过程

运动生物力学研究人体运动动作技术、战术、过程和与运动以及日常生活基本动作有关的器械、装备、环境条件等，其研究过程通常包括：（1）信息的获取、测量，数据的处理、分析；（2）对运动动作进行分析研究，作出技术诊断，对相关的器材、装备等的性能进行分析研究，提出改进方案和新的设计；（3）进行更深层次的理论探讨，提炼出新的动作技术原理、新的战术思想、新理论、新方法。

第二节　人体运动的力学基础

运动生物力学是以经典牛顿力学理论为基础，通过对人体和器械的位置、速度、加速度等物理量的描述来研究人体运动规律。

在研究人体运动时，为了突出主要矛盾，需要把人体和器械简化处理，近似地看成质点、刚体和实体模型。其中质点（particle）是只有质量的大小，而无形状的大小的几何点；而刚体（rigid body）是指在任何条件下都不变形的物体；实体模型则是把人体的 200 多个环节简化为多个（14 ~ 16 个）环节的模型。

这类研究大大简化了复杂的运动和测试手段，抓住了事物的主要矛盾，着眼于人体整体，反映出运动中人体系统的“外部特性”，而且在有严格条件限制的情况下，结论还是比较准确的。缺点就是研究结论只对应于具体的研究对象，只适用于比较严格的条件和狭窄的范围。

一、人体运动的运动学

人体运动的运动学是把人体近似地看成质点和刚体进行研究。主要解决人体运动或器械运动的速度、加速度等问题。

运动学参数的测量方法主要是通过高速摄影与影片解析来进行。随着电子设备的不断进步与发展，现在常用的还有高速摄像与图像解析系统、红外光点运动检测分析系统、光电计时测速、加速度计、电测角器等。

对于投掷项目的出手角度及腾空运动项目起跳的研究是典型的运动学的应用。投掷器械的运动、人体各种腾空运动及各种球在空中的运动都是抛物线运动，研究其运动规律，对于改进技术动作，提高运动成绩具有重要意义。

（一）斜上抛运动的基本公式

对于抛点与落点在同一水平面上的斜上抛运动，计算其最大水平位移，可利用以下公式。

设抛体的抛射初速度为 V_0，与水平面成 θ 角，总飞行时间为 T。以抛射点为坐标原点建立直角坐标系，如图 9－3。其中水平加速度为零，垂直加速度为 g；水平方向为等速度运动，水平方向速度 $V_{0x} = V_0\cos\theta$；垂直方向为等加速度运动，垂直方向速度 $V_{0y} = V_0\sin\theta - gt$，其中 t 为行飞时刻；全程飞行时间为 $T = 2V_0\sin\theta/g$。

则得最大水平位移距离 S_m 计算公式：

$$S_m = V_0\cos\theta \cdot T = V_0^2\sin2\theta/g$$

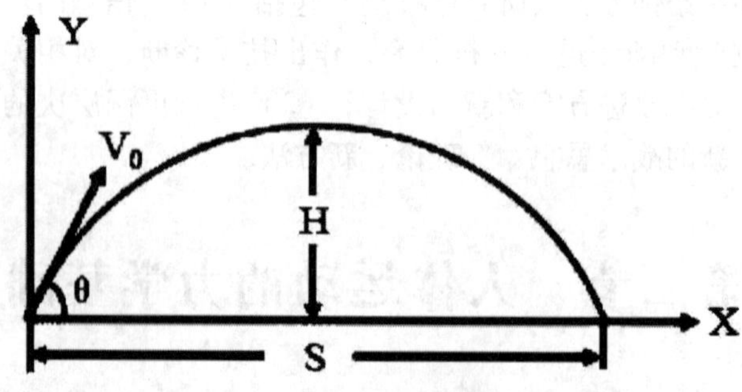

图 9－3　斜上抛运动运动学轨迹

当出射角为 45°时，水平距离最远。但在确定最佳技术表现时，也要着眼于整体动作体系，局部效应服从整体效应。

（二）抛点高于落点的斜上抛运动

体育运动中大部分的抛射动作都是处于抛点高于落点的状态。如推铅球时，出手点远远高于铅球的落点；跳远起跳时的身体重心的高度，也高于落地时身体重心的高度。

1. 推铅球等项目最佳出手角度的确定

对于投掷项目，器械出手时的初始高度均远远高于落地高度（即 h >0）（图 9 –4），这时水平位移距离 S 计算公式则为：

$$S=\frac{V_0^2\sin\theta\cdot\cos\theta+V_0\cos\theta\sqrt{V_0^2\sin^2\theta+2gh}}{g}$$

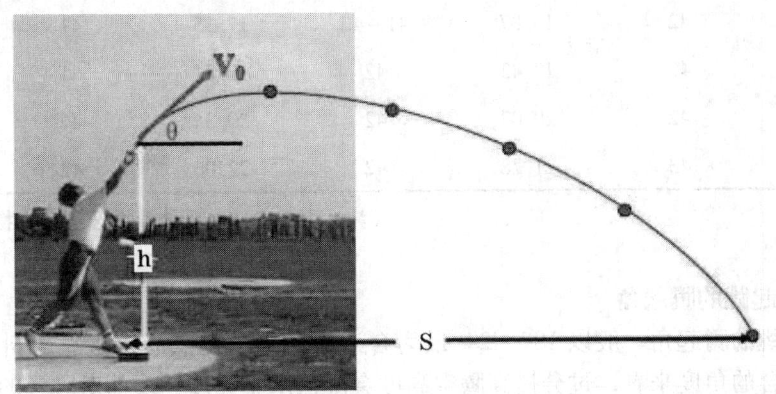

图 9 –4 推铅球时出手点高于落点

图片提供：曲峰教授

在追求远度的项目中，我们首先强调的是增大初速度，其次是考虑抛射角的问题。由于出手高度、出手速度和空气阻力因素的影响，铅球、铁饼、标枪的最佳抛射角度一般在 32°～39°。最佳抛射角度应是一定出手高度的运动员在充分发挥最大身体能力，获得最大初速度的情况下，使远度为最大值时的角度。

在实践中，不同的运动员应根据自己的具体情况，确定与其适应的最佳抛射角度。如表 9 –1。

表 9 –1 推铅球出手初速度、出手高度、最佳出手角与飞行远度之间关系

出手初速度（米/秒）	出手高度					
	1.83 米		2.13 米		2.44 米	
	最佳出手角（°）	飞行远度（米）	最佳出手角（°）	飞行远度（米）	最佳出手角（°）	飞行远度（米）
7.92	38～39	8.02	37～38	8.26	37	8.48
8.53	39	9.07	38～39	9.31	38	9.55
9.14	40	10.17	39	10.44	39	10.68

出手初速度（米/秒）	出手高度					
	1.83 米		2.13 米		2.44 米	
	最佳出手角（°）	飞行远度（米）	最佳出手角（°）	飞行远度（米）	最佳出手角（°）	飞行远度（米）
9.75	40～41	11.38	40	11.63	39	11.83
10.36	41	12.64	40～41	12.90	39～40	13.16
10.97	41	13.98	41	14.24	40	14.50
11.58	42	15.39	41	15.66	40～41	15.92
12.19	42	16.87	41～42	17.15	41	17.41
12.80	42	18.43	42	18.71	41	18.98
13.41	42	20.07	42	20.34	42	20.62
14.02	43	21.78	42	22.06	42	22.34

（注：引自全国高师体育系《运动生物力学》教材）

2. 跳远起跳的腾起角

跳远起跳的腾起角一般以 18°～24°最为合适，因为从抛点高于落点的斜上抛运动模式和整体配合的角度来看，过分提高腾空高度会降低水平速度，反而对跳远的成绩不利。

二、人体运动的动力学

在运动技术研究中，不仅需要掌握各种运动在时间、空间上所表现出来的运动学特征，也需要了解产生这些变化的内在原因。这种内在的原因就是人体或器械运动状态变化与引起这些变化的力之间的关系。运动学描述人体或器械在空间和时间上的运动状态及变化规律，是外部几何性质的描述。动力学研究的则是人体运动的动力与原因。动力学研究能有效地确定动作的技术原理，改善运动技术动作的效果，在运动生物力学中占有重要地位。

人体运动的动力学是以牛顿力学为基础。很多运动现象与规律可以运用牛顿运动定律来解释与说明。

（一）牛顿第一运动定律及应用

牛顿第一定律也称为惯性定律，是指物体不受外力作用或合外力为零时，它将保持其静止或匀速直线运动。

在体育运动中经常会遇到惯性问题，如短跑起跑后人体不可能立即达到最大速度，而冲刺之后，人体也不能立即停下来。在体育运动中合理利用惯性可使动作更加经济协调，减少能量消耗。如在长距离游泳、赛跑中保持速度稳定；在上举杠铃、撑杆跳等动作中，要求动作连贯性，都可以认为是惯性定律的具体应用。

（二）牛顿第二运动定律及应用

当质量为 m 的物体所受外力不为零时，其运动状态将发生变化，即产生加速度 a，加速度的大小与力 F 的大小成正比，与其质量成反比，加速度方向与外力作用方向相一致。即：

$$\vec{F}=m\vec{a}$$

在运动生物力学的技术分析中经常利用牛顿第二运动定律进行运动中阻力、动力及加速度方面的计算。如测力台与图像解析中一些参数的计算。

（三）牛顿第三运动定律及应用

两物体相互作用时，物体甲对物体乙的作用力 F_1 与物体乙对物体甲的反作用力 F_2 大小相等、方向相反，沿同一直线，且分别作用于这两个物体甲与乙。即 $F_1=-F_2$

在走、跑、跳等动作中，人体所获得的动力是在蹬地过程中，地面给人体的反作用力。要获得较大的反作用力作为人体运动的动力，必须加大人的蹬地力。

（四）动量定理及应用

动量（momentum）是用以描述物体在一定运动状态下所具有的“运动量”，把物体的质量 m 和其速度 V 的乘积称为该物体的动量。即

$$\vec{K}=m\cdot\vec{V}$$

在碰撞问题中，物体动量的变化反映了物体对其他物体产生的机械效果。动量为矢量，其方向与速度方向一致，单位为“千克·米/秒（kg·m/s）”。

要使物体的动量发生一定的变化，作用于物体的力和此力作用的时间是非常重要的因素。在力学上，将作用于物体的外力与外力作用时间的乘积，定义为力的冲量（impulse），即：

$$\vec{I}=\vec{F}\cdot\triangle t$$

冲量也是矢量，其方向与力的方向相同。冲量的单位为“牛顿·秒（N·s）”。

在研究碰撞、冲击等问题时，由于瞬时作用的冲力很难测定，故经常根据动量定理来测定物体在碰撞或冲击前后动量的变化，从而确定冲力的情况。动量定理（Momentum Theorem）是指物体在运动过程中，在某段时间内动量的改变 ΔK 等于所受合外力在这段时间内的冲量 I。即：

$$\triangle\vec{K}=\vec{I}$$

或 $\vec{F}\ (t-t_0)\ =m\vec{V}_t-m\vec{V}_0$

动量定理是描述物体机械运动状态变化规律的基本定理，在体育运动中有着广泛的应用。如投掷项目器械出手前保持最大用力的同时，往往是通过“超越器械”的大幅度动作来延长力的作用时间，这样可以增加作用于器械的冲量，增加器械出手的速度。游泳运动员划水动作采用屈臂的“S”型划水，也是通过增加力的作用时间，加大对人体的冲量，从而提高游进的速度。

当人体的动量改变恒定时，延长力的作用时间，就可以减少外力对人体的冲击。如很多运动鞋通过气垫、弓型等设计进行减震（图 9－5）。

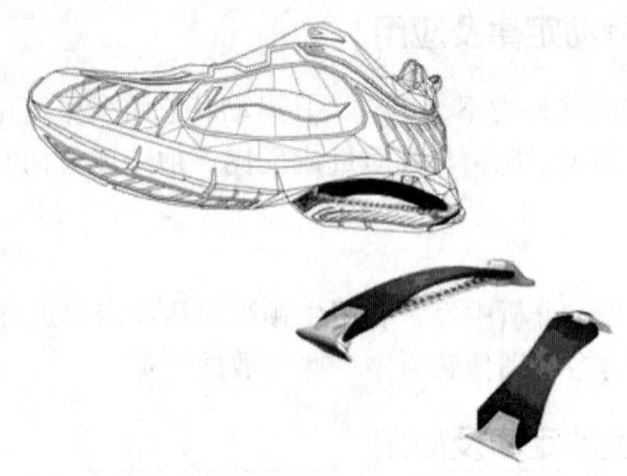

图9－5 运动鞋的减震系统

三、人体运动的静力学

体育运动中的人体运动的静力学主要是研究人体在完成静力性动作时的受力情况，以明确获得平衡和维持平衡的力学条件。体操中的吊环十字支撑、手倒立，体操、技巧、武术等项目的各种落地动作，都要求在一定时间内保持相对静止与平衡。而柔道、摔跤等项目则是要尽量破坏对手的平衡。

当物体保持平衡时，作用在物体上的一切外力相互平衡，也就是物体所受合外力为零，所受合外力矩为零。所谓力矩（torque，moment）又称转矩（rotating－torque），表示力对物体作用时产生转动效果的物理量，是力 F 与力臂 d 的乘积，即力矩 $M = F \cdot d$，单位为"牛顿·米（N·m）"。

当物体受力绕某点或定轴转动时，力的转动效果除了取决于力的大小和方向外，还取决于所绕定点或定轴到力的作用线的距离。

一般用平衡稳定性反映物体维持原有平衡状态和抵抗倾倒的能力。下支撑物体的平衡稳定性除了所受合外力矩为零外，还与支撑面的大小、重心的高低、稳定角、平衡角和稳定系数等因素有关。

如柔道、摔跤等项目在比赛时，战术千变万化，但都离不开最基本的力学原则，即是保持自己的平衡和破坏对手的平衡。双方抢夺有利把位，施展各种专项技术动作向对方发起进攻，都是为了用足够的力矩让对方重心超越支撑面边缘而翻转倒下。同时以灵活的步伐不断调整支撑面、扩大支撑角来保持自己的重心稳定。

四、人体运动的转动力学

人体各环节的运动都是绕关节轴的转动，人体的跑、跳、投等各运动动作都是通过环节的转动来实现的。研究人体转运的规律有助于分析了解体操、技巧等翻转技术动作原理。

转动运动学中是用角位移 $\Delta\varphi$、角速度 ω、角加速度 β 等角量来描述物体的转动。

转动的物体同平动的物体相似，同样也具有惯性。转动力学中用转动惯量来描述物体转动惯性的大小。转动惯量与物体的质量、质量的分布及转轴的位置有关。质量越大、质量分布离轴越远，转动惯量也就越大。

对于质量为 m 的质点，如果它离转轴的垂直距离为 r，则这个质点对该转动轴的转动惯量 I 为：

$$I = \sum_{i=1}^{n} m_i r_i^{\ 2}$$

转动惯量越大，转动状态越不容易改变。如体操运动员在做直体空翻时，身体质量分布离转轴较远，翻转的难度也就大于身体质量离转轴较近的团身空翻。

由于人体的躯体几何形状的不规则性，质量分布的不均匀性，因此很难列出相对于某转动轴的数学表达式，计算人体相对于某转动轴的转动惯量就变得相当困难。因此生物力学家们将人体简化为多个刚体（环节），通过铰链（关节）联结起来的刚体系统，作为一种人体的物理模型。1964 年汉纳范（Hanavan）建立了由 15 个刚体部件组成的人体力学模型（图 9－6）。包括（1）头、（2）上躯干、（3）下躯干、（4）右手、（5）左手、（6）右上臂、（7）左上臂、（8）右前臂、（9）左前臂、（10）右大腿、（11）左大腿、（12）右小腿、（13）左小腿、（14）右足、（15）左足。通过这一模型可以对人体环节的转动惯量进行近似计算。

图 9－6 汉纳范人体力学模型

在研究人体运动过程中的转动问题时，经常涉及的定律、定理还有转动定律、动量矩定理和动量矩守恒定律等。

刚体绕定轴转动时，转动惯量 I 与角加速度 β 的乘积等于作用于刚体的合外力矩 M，即：$M = I \cdot \beta$，称为转动定律（law of rotation）。

刚体动量矩的改变等于作用于刚体上的冲量矩，称为动量矩定理（theorem of moment of momentum）。即：$M(t - t_0) = I\omega_t - I\omega_0$。

利用转动定律和动量矩定理，可对人体局部肢体的转动动作和人体整体的转动动作作简单的分析，以了解人体的一般特点。例如，跑步时为加快摆动的角速度，可采用屈肘摆臂；小腿在后摆时，尽量靠近大腿折叠，使整个下肢绕髋关节轴的转动惯量减小，以提高摆动的角速度。在跳高、跳远等项目中，快速助跑到踏板或起跳点时，人体在支撑点突然制动，则制动点以上部分仍保持向前的运动状态，形成了整个人体绕制动点的转动。掌握好制动时间的长短，可获得适宜的腾起角。

在腾空状态下，人体可以被看作一个封闭的力学系统。腾空状态时人体转动动作都可以用动量矩守恒定律来分析。当物体所受的合外力矩为零时，其总动量矩保持不变，这就是动量矩守恒定律。

如在挺身式跳远的起跳后摆动腿前伸，两臂向后上摆动，可减小在起跳制动时所产生的绕额状轴转动的角速度；落地前做收腹举腿动作，同时上身的前屈下压动作，上下两部分的相向运动使动量矩的矢量和保持为零。

五、体育运动中的流体力学

人体的运动是在流体环境——空气或水中进行的，很多情况下流体对人体或器械的影响是不能忽略的。例如，游泳、划船、大多数的球类运动、田径中的投掷项目乃至自行车等运动中，流体对人体和运动器械的阻力或动力效应相当明显。掌握基本的流体力学知识有助于全面准确了解人体或器械的运动规律。

（一）浮力原理

物体在流体中所受的浮力遵循阿基米德定律：物体在流体中减轻的重量，等于它排开同体积流体的重量。即浮体所受的浮力数值等于它所排开的液体的重量，方向向上。

（二）伯努利定律

流体具有流动性，其流速与压强具有密切的关系。在一个流体系统中，流速越快，流体产生的压力就越小，这就是被称为“流体力学之父”的丹尼尔·伯努利（Daniel Bernoulli）1738 年发现的“伯努利定律”（Bernoulli law）。这个压力产生的力量是巨大的，空气能够托起沉重的飞机，就可利用伯努利定律解释。因机翼形状决定其上表面的气流速度大于下表面的气流速度，所以机翼下方气流产生的压力就大于上方气流的压力，飞机就被这巨大的压力差“托”起。

伯努利方程式为：

$$\frac{1}{2}\rho v^2+\rho gh+p=const$$

其中 ρ 为流体的密度，v 为流动速度，g 为重力加速度，h 为流体所处的高度，p 为流体所受的压强，const 为常数。

（三）马格努斯效应

旋转的物体在空气中运行时，飞行轨迹会因物体表面气流流速不同而受到横向力，进而发生偏转，这种现象称作马格努斯效应（Magnus effect）。马格努斯效应可以用来解释乒乓球运动中的弧线球、足球运动中的香蕉球等现象。

在体育运动中，旋转球在空中飞行时，即有平动又有转动。由于球体表面并非光滑，空气本身具有粘滞性，使空气在球体表面形成一定厚度的环层流，随着球体一起转动。如

图9-7，在球体的上方，环流的方向与空气流向相同，在球体的下方，环流的方向与空气流向相反，所以上方的气流速度大于下方的气流速度，由流体力学的伯努利方程，可知上方的压强小于下方的压强，从而造成压力差，上方压力小于下方压力，由此，这个压力差将改变球的运动方向，使球的运动轨迹向上偏转。

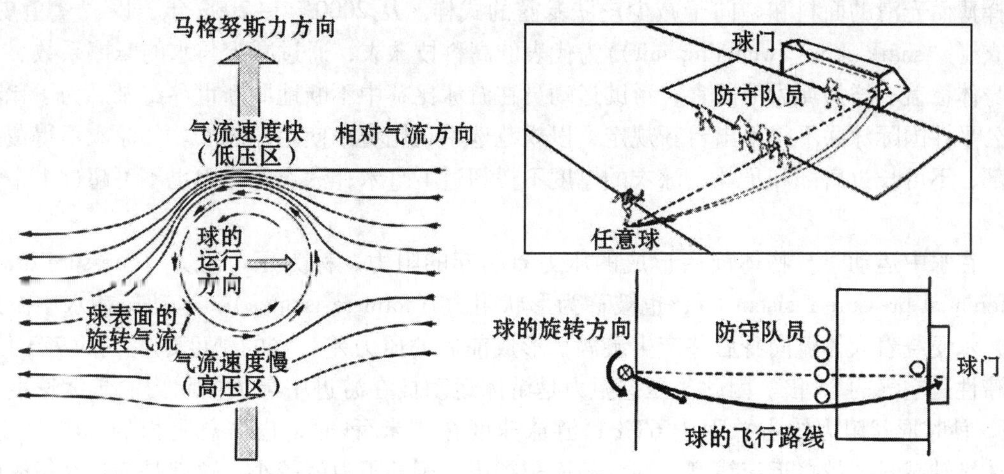

图9-7　旋转球的马格努斯效应

（四）流体的阻力

在众多的体育运动项目中，总会遇到流体的阻力问题。在现代体育运动中，对这一问题的解决，往往成为决定成败的关键因素之一。在球类运动中，如足球、排球、网球、乒乓球、高尔夫球，在投掷运动中，如标枪和铁饼以及在短跑、跳远、滑冰、自行车运动中，都会遇到空气的阻力问题。在游泳和划船运动中会遇到水的阻力。

1. 人体运动的空气阻力

人体运动时空气的迎面阻力F为：

$$F=\frac{1}{2}\rho\cdot S\cdot Cd\cdot V^2$$

其中ρ是空气密度，S是物体的截面积，V是气流的速度，而Cd是与物体形状有关的系数，也称为阻力系数或形状系数。这个系数可用风洞试验来确定。

研究表明，当运动员跑速在10~12米/秒时（优秀短跑运动员的跑速），空气阻力约为24.7~41.5牛顿（2.5~4.2kg）。自行车运动员以40公里/时速度骑行，垂直于风向每平方米面积受到的压力为11kg，以骑行时受风面积为0.5平方米计算，这时空气对人们的压力为5.5kg。所以运动员要想尽一切办法减小阻力，如运动员穿紧身衣，戴流线型头盔，把自行车的辐条轮改为封闭轮；在比赛中采用跟随战术；在比赛中运动员保持身体低位等。

2. 游泳运动的阻力

游泳时由于人体是界于水中和空气中进行的，所受阻力一般是由摩擦阻力、形状阻力、兴波和碎波阻力等组合而成。

由于流体的粘性所引起的阻力，称为摩擦阻力（frictional resistance）。影响体表摩擦阻力大小的主要因素有体表面积、体表的光滑程度和运动速度。实测数据表明，游进速度大于 1 米/秒时，摩擦阻力不超过总阻力的 15%，2 米/秒游速时占 12% 左右。为了尽可能地减小摩擦阻力的影响，运动员采用刮体毛的方式来减小摩擦阻力。游泳衣的设计也是选择薄而光滑的面料和趋向于减少皮肤暴露的式样。从 2000 年 ~ 2009 年，以"鲨鱼皮"泳衣（"shark skin" swimming suit）为代表的高科技泳衣，通过减少与水的摩擦系数、增加身体覆盖、增加浮力等因素，帮助运动员在游泳比赛中不断地刷新世界纪录。为了比赛的公平性国际泳联不得不出台新规定，以规范选手在比赛中使用的泳衣。如泳衣不得覆盖颈部，不可长过肩部和足踝；泳衣的厚度不得超过 1 毫米；泳衣的浮力也不可超过 1 牛顿等。

在水中运动时，物体前后形成的压力差引起的阻力，称为压差阻力（pressure drag, differential pressure resistance），也被称为形状阻力（form resistance）。运动员在水中游进时，水便绕着人体流向身后并产生漩涡，形成前后的压力差。水的密度是空气的 773 倍，粘滞性是空气的 55 倍。因此，压差阻力是游泳运动员在游进中最大的阻力。游泳速度在 1 米/秒时形状阻力约占总阻力 68%；游泳速度在 2 米/秒时，也占总阻力的 50% 以上。身体纵轴越长，越接近流线型，迎水截面积越小，压差阻力就越小。这就是为什么优秀的游泳运动员都有修长的体型，前进中尽量保持身体与水面平行的原因。

在水中，由于存在自由液面而产生波浪所引起的阻力，称为兴波阻力（wave resistance）。这种阻力在游泳运动居于第二位，在 1 米/秒的游速时占总阻力的 18% 左右，在 2 米/秒的游速时占 30% 以上。游泳池里分隔泳道的小转轮可消除一部分相邻选手间的波浪干扰。潜水式蛙泳因在水底躲过了波浪阻力，速度较快，所以奥运会的蛙泳比赛只允许出发和转身时潜水蹬划一次。

第三节　人体运动数据采集与技术分析

随着科学技术的发展，高速摄影机（high speed camera）、三维测力台（3 - D force platform）、肌电图仪（electromyogram instrument）及高速录像（high speed video camera）等研究手段的提高，计算机软、硬件水平及数字化技术的发展，使运动生物力学数据采集和处理能力增加，也进一步推动了运动生物力学解决运动中实际问题的能力。

运动生物力学在研究人体运动的技术、战术过程中，一般包括：（1）数据的获取、测量及处理分析；（2）根据数据对运动动作进行分析研究，作出诊断，提出改进方案，提炼出新的动作技术原理、战术思想等。

一、运动生物力学主要的测试仪器

运动生物力学用到的测试手段按照测量对象的属性分为运动学参数测量、动力学参数测量、生物学参数测量。运动学参数测量指测量运动的时间、空间特征参数，如速度、加速度、轨迹等；动力学参数测量是测量与人体相互作用的力、力矩、转动惯量等参数；生物学参数测量则是指肌力、肌电等生物学因素的测量。

（一）运动学参数的测量

对于运动学参数（kinematic parameter）的测量，在20世纪80年代前人们普遍采用高速摄影加图数转换板的方法对运动员的技术进行数字化的分析，通过人工点取运动过程中每一幅画面中人体各关节点来计算运动的速度、加速度、角速度等的变化。到80年代末录像分析已逐步取代了影片分析，图数转换板与计算机显示器形成一体。人工点取关节点的方法，也部分被计算机自动识别技术所取代。明显加快了图像解析和结果反馈教练员、运动员的速度（图9－8）。同时红外光点技术（即在测试者重要环节上固定发光管，重点记录发光管的运动轨迹）的应用也逐渐提高了自动化水平和测量精度。

高速影像技术、传感技术和同步技术的进步，使得人体运动的研究也进入了三维运动学时代。当代计算机图形学、智能动画技术、神经网络技术的渗入，极大地丰富并促进了运动生物力学的测量分析水平。

Qualisys、Vicon Peak、MotionAnlysis、SIMI、Ariel等运动影像捕捉分析或三维运动分析系统可以进行运动学参数的测量。

图9－8　利用高速影像技术进行运动分析

（二）动力学参数的测量

测力台是运动生物力学进行动力学参数（kinetic parameters）测定的经典设备，可以测定人体与支点间相互作用的力值及变化，即人体对地面的作用力及变化的数据。

测力台进行力量测试常用的有压电晶体传感器与应变式传感器，具有准确率高、简单易行的特点。Kistler、AMTI等三维测力台均是业界常用的测试系统。测力分析在运动员的运动技术分析、运动医学的步态分析、运动鞋设计研究等方面具有广泛应用。

（三）生物学参数的测量

1. 技术动作中骨骼肌工作情况测试

对于运动员各个技术动作过程中，骨骼肌工作的情况可以通过肌电图来反映。肌电是骨骼肌兴奋收缩过程中电位的变化，可以反映出肌肉参与动作的募集特点。运动技术分析一般采用表面电极进行记录。测量时是把盘状电极放置于测试肌肉的肌腹表面，采集到肌电信号经过肌电放大器放大、A/D（模/数）转换、计算机采集输出并分析测试结果。

肌电图可以很好评定某个动作的各肌肉激活及发力的先后顺序、停止活动的先后顺序以及各肌群间的协调性作用关系和参与的程度，为更好地进行运动技术分析提供依据。随着的遥测技术的发展、仪器的小型化、与摄像的同步化和相关计算机分析软件的开发应用，遥测肌电图测试可以非常便利地应用于运动员的技术分析之中。

2. 人体关节力量测试

对人体各关节肌肉力量的测试，可以分析运动员训练的程度、效果、技术差异的原因等，同时这类仪器也应用于康复领域，如用于运动员伤病风险预测、伤病程度诊断、运动处方制定和术后及康复效果评价等。目前国内外常用的进行肌肉力量测试的仪器主要有Cybex、Biodex、IsoMed 等多关节等速测试仪。

二、运动技术分析的一般方法

（一）了解动作技术的一般过程

分析研究动作技术时，首先要做的是划分动作技术的阶段，确定动作技术的特征画面。

1. 划分动作技术的范围

确定动作技术的范围一般是通过确定动作技术的开始与结束瞬间来进行的。如跑步动作是周期性的，当其中一只脚着地，经过支撑与腾空至另一脚着地与腾空，为一个动作周期。

2. 划分动作阶段

确定动作范围之后，划分动作的不同阶段，为分析研究提供方便。如跑步动作周期由两个单步组成，一个单步可以分为支撑、腾空两个时期。期中支撑阶段，人体重心投影点处于支撑点后方，蹬地力的水平反作用力方向与人体运动方向相反，为跑步的阻力阶段；当人体重心投影点处于支撑点的前方时，水平支撑反作用力方向与人体运动方向一致，为跑步的动力阶段。

3. 确定动作技术的特征画面

划分两个不同动作阶段的临界点画面，称为动作技术的特征画面。如跑步的着地与离地瞬间、最大缓冲瞬间等。这些特征画面可表征各动作阶段基本力学特征与动作质量。如最大缓冲时刻的膝关节角可表示缓冲动作的质量，蹬离地面时的后蹬角可表示蹬地水平力的利用程度。

4. 明确各动作阶段的相互影响及其作用

完整动作的不同部分之间存在着必然的联系与因果关节，如跑步的蹬伸动作是缓冲动作的继续，而缓冲程度影响后蹬角的大小及蹬伸动作的幅度与时间，后蹬时膝关节伸直的程度，又影响动作的频率。

（二）明确动作技术本身所要达到的目的

赛跑运动员的成功，取决于其跑步的平均速度，而跑的速度又取决于平均步长与平均步频。因此跑步技术本身的目的是力求达到尽可能大的步长与步频或是两者合理的组合。

（三）明确动作技术的关键环节

如跳高、跳远起跳垂直力总冲量中，缓冲阶段占80%以上，而蹬伸阶段占20%，因此，缓冲阶段对起跳动作是关键环节。

（四）揭示动作技术的生物力学特征

通过影片解析和测力台测量得出运动学和动力学数据，并进行分析、整理得出规律性数据材料，最后成为动作技术的生物力学研究结果。

如跑步过程中，较小的着地距离可增大着地角，减少阻力作用，有利于跑速的发挥（图9－9）。着地缓冲时间较长可增大膝关节活动范围，减少后蹬角，从面提高蹬地效率。

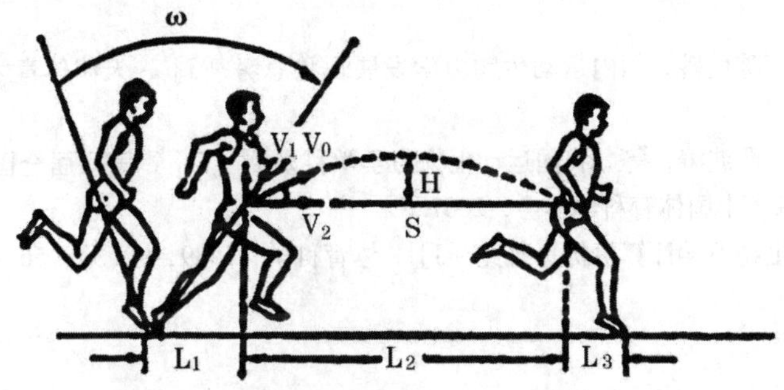

图9－9　步长的组成

（注：其中 L_1 为后蹬距离，L_2 为腾空距离，L_3 为着地距离；H 为重心腾空波动的最大高度。）

（引自：体育学院通用教材．运动生物力学［M］．北京：人民体育出版社，1990.）

跑步时摆动动作也具有重要意义：良好的摆腿可以使脚在着地瞬间获得较大的反作用力，形成较短的着地距离；摆动动作是跑步周期的重要组成部分，直接与步幅、步频有关；上肢的质量较小，而相对力量较大，在摆动时更易加速，并更易维持高节奏，对下肢的快速摆动及提高步频有促进作用。

（五）作出结论

对研究结果进行进一步归纳、提炼和升华，根据研究目的及数据结果做出结论。

如研究结果发现在短跑运动员完成蹬伸动作时，膝关节不必充分伸直，在膝伸结束时，膝关节角在150°~165°之间。因膝关节角在从165°伸展到180°时，髋关节与踝关节之间的距离反而因解剖结构的特殊关节缩短8毫米。优秀短跑运动员的蹬地功率并不很突出，而是摆腿速度较快，实现了蹬地功率与步频的最佳配合。

名　词

运动生物力学、质点、刚体、运动学、动力学、动量、冲量、汉纳范人体力学模型、伯努利定律、马格努斯效应

复习思考题

1. 试述运动生物力学的任务和内容。
2. 试用流体力学的有关理论解释“香蕉球”的原理。
3. 简述分析研究动作技术的一般方法。
4. 简述运动生物力学常用的仪器设备。

主要参考文献

1. 全国体育学院教材委员会．运动生物力学［M］．北京：人民体育出版社，2005.

2. 纪仲秋，李建设．运动生物力学［M］．北京：高等教育出版社，2006.

3. 郑秀瑗等著．现代运动生物力学［M］．北京：国防工业出版社，2002.

4. 李建设，王良民．运动生物力学研究技术的发展与存在问题［J］．中国运动医学杂志，2002，21（4）：389－391.

5. 王今越，刘伟，陈民盛．国内运动生物力学发展现状思考［J］．天津体育学院学报，2003，18（4）：33－36.

6. 王清，忻鼎亮，严波涛，等．我国运动生物力学学科发展［C］．第八届全国体育科学大会论文摘要汇编（一）．北京：中国体育科学学会，2007.

7. 洪嘉振．运动生物力学计算机仿真研究［J］．体育科学，1989，9（3）：56－60.

第十章　运动心理学在竞技体育中的应用

提要

本章介绍了运动心理学的发展与任务，描述了焦虑、唤醒、动机、人格、感知觉等运动心理学的基本概念。介绍了进行运动员心理训练与心理咨询的主要方法。

心理因素在运动竞技能力和运动成绩表现上具有重要作用。我国运动心理学的应用以高水平运动员的竞技运动为重心，取得了明显的社会效益，也带动了运动心理学在体育教育和大众健身领域的应用与发展。

第一节　运动心理学的发展与任务

一、运动心理学的发展

运动心理学这个术语首先出现于现代奥林匹克运动会创始人顾拜旦的文章中。在他的倡议下，国际奥委会于 1913 年在洛桑召开运动心理学专门会议，标志着这个学科进入科学的行列。

20 世纪初期，运动心理学研究的问题多集中在技能学习上，包括学习的分配、保持和迁移等，而后深入到运动行为的理论方面。

1925 年，美国学者 Coleman Roberts Griffith 在伊利诺伊大学创立了第一个运动心理学实验室，标志着运动心理学的诞生。第二次世界大战后，世界各国普遍开始重视运动心理学的研究，运动心理学作为一门学科开始盛行，一些国家出版了教科书，创立专家组织、学术刊物。1965 年国际运动心理学会成立，使运动心理学走向科学化发展道路。

20 世纪 60 年代以来，运动心理学受到广泛重视，大多数国家都开展了这方面的研究工作，成立运动心理学会并召开专门会议，有关的文章和书籍也大量问世，使这门科学得到迅速发展。

运动心理学发展的前期主要研究运动员个性、唤醒、焦虑与运动成绩的关系，运动认知过程等基础理论问题。20 世纪 90 年代以来，不仅研究领域发生了重大的变化，而且各国日益重视运动心理学的实践和应用问题，研究内容主要集中在心理技能训练、体育运动社会心理、锻炼与心理健康、运动焦虑、唤醒及情绪、运动技能、运动动机等方面。同时，体育运动社会心理、锻炼与心理健康也逐渐成了运动心理学研究热点。

二、运动心理学的任务与分类

（一）运动心理学的概念

运动心理学是研究人在从事体育运动时的心理特点及其规律的心理学分支，也是体育科学中的一门新兴学科，与体育学、体育社会学、运动生理学、运动训练理论和方法以及其他各项运动的理论和方法有着密切的联系。

运动心理学是通过运用人类心理学的理论、框架和原则试图解释、预测或改变与运动相关的行为。

（二）运动心理学的主要任务

运动心理学的主要任务是研究人们在参加体育运动时的心理过程，如感觉、知觉、表象、思维、记忆、情感、意志的特点及其在体育运动中的作用和意义；研究人们参加各种运动项目时，在性格、能力和气质方面的特点及体育运动对个性特征的影响；研究体育运动教学训练过程和运动竞赛中有关人员的心理特点，如运动技能形成的心理特点、赛前心理状态、运动员的心理训练等。

从历届国际运动心理学大会主题内容来看，1993 年以前的国际运动心理学大会的主题内容主要集中在竞技运动领域，之后研究重心从竞技心理转向竞技心理和锻炼心理及健康心理等领域的研究并重，研究对象从传统的以运动员、特别是优秀运动员为重心转向运动员与广大运动参与者或一般人群并重。

运动心理学家可以帮助运动员降低焦虑、发展更好的集中注意力、建立自信、防止过度训练、控制比赛压力、增强活力和耐力。运动心理学家可以帮助减少运动员受伤的机率，同时也可以帮助运动员从伤病中迅速恢复。

（三）运动心理学的研究领域与应用

运动心理学的研究领域可以分为三个分支。分别是竞技运动心理学（sports psychology）、体育心理学（psychology of physical education）和锻炼心理学（exercise psychology）。

竞技运动领域的心理学研究主要围绕运动员的心理评定、心理选材、心理训练和心理咨询工作进行的（张力为、任未多，2000）。各国体育界近年来对运动员心理训练和运动员的心理选拔越来越重视。因为在运动水平越来越接近的竞赛中，心理因素对竞赛的胜败往往起决定性作用，致使心理测量和心理诊断学被广泛运用，各种心理训练方法不断出现。

体育心理学侧重研究体育教育教学过程中的心理现象，特别是学生在学习过程中的心理特点和变化。有关运动技能形成、保持和发展的研究在国外已经形成单独的学科，称为运动技能学习（motor learning）。

大众健身领域的心理学研究主要是围绕参加体育锻炼的动机和体育锻炼与心理健康的

关系进行的。这一研究领域与健康心理学和行为医学关系密切（张力为，2004），同时也出现了锻炼行为的促进（干预）等研究热点。

虽然目前体育心理学和锻炼心理学尚未成熟，但是传统的运动心理学分化成竞技运动心理学、体育心理学和锻炼心理学三门相对独立又彼此联系的学科的趋势已日趋明显。

三门学科都是研究体育运动这一特定情景中的心理现象，而体育运动是以身体练习为主要特征的；不管哪门学科都是主要研究身体练习过程中的心理特点和变化规律。这也决定了有些行为的心理学依据是一样的，只不过是程度和方向上不同而已。

竞技运动心理学与锻炼心理学最明显的差异表现在研究方法和目的方面。竞技运动心理学多采用原因研究模式，即以各种心理变量为因，运动成绩为果，研究这些心理变量对运动成绩的影响，例如，赛前焦虑对运动成绩的影响。锻炼心理学则采用结果研究式，即以锻炼活动为因，以心理变量为果，研究锻炼活动对各种心理变量的影响。例如，锻炼活动对焦虑和抑郁的影响（张力为、任未多，2000）。

目前我国的竞技运动心理学和锻炼心理学的研究较多，而体育心理学的研究相对稍弱。

第二节 运动心理学的基本概念及应用

澳大利亚长跑天才，罗·克拉克（Ron Clarke）在他的田径生涯中共创下 18 项中长跑世界纪录，其中包括男子 5000 米赛跑和 10000 米赛跑纪录 6 项，在 3 英里和 6 英里越野跑中也有多项纪录。虽然克拉克一共参加过三届奥运会，但只在 1964 年的东京奥运会上获得过一枚铜牌。体育界自此有了所谓的“克拉克现象”（Clarke phenomenon）——即特指杰出运动员在重大比赛中不能正常表现出应有的竞技能力，比赛失常的问题。运动心理学针对运动员在训练、比赛中的一些现象，结合普通心理学的一些概念进行了深入的研究。

一、焦虑、唤醒与比赛

运动焦虑与运动唤醒一直是运动心理学研究的热点，研究者对其表现出了极大的关注。运动心理学在对运动焦虑、唤醒产生的原因、特点、评价、测量、调节等进行了大量的研究。

运动焦虑、唤醒与运动员比赛中的运动成绩和发挥水平有着很大的关系。运动员心理品质的培养、心理承受能力及自我调控能力都比较集中地通过其竞赛焦虑方面表现出来。

（一）运动焦虑与运动唤醒

焦虑（anxiety）指由于不能克服障碍或不能达到目标，而体验到身体和心理的平衡状态受到威胁，形成的一种紧张，是一种生理唤醒、情绪体验以及威胁、不确定性和担忧的认知表征（Hackfort & Spielberger，1989）。

唤醒（arousal）是指机体总的生理性激活的不同状态或不同程度。唤醒对维持与改变大脑皮层的兴奋性、保持觉醒状态有主要作用，它能为注意的保持与集中以及意识状态提供能量。生理唤醒是焦虑的一种成分，是焦虑描述的一种维度。

心理学家将焦虑区分为短暂的情绪状态（状态焦虑）和稳定的人格特质（特质焦虑）。同样运动焦虑也分为运动状态焦虑和运动特质焦虑，并把运动焦虑视为运动特有的焦虑。如第一次参加国际比赛的短跑运动员走到起跑线前，即将进入比赛时所体验到的紧张、不安，就属于比赛前的状态焦虑；而某运动员在训练、比赛中，在平时待人接物中都具有情绪紧张、焦躁不安、忧心忡忡的倾向，则他是个特质焦虑较高的人。

运动焦虑是把运动情景觉察为威胁、伴随着恐惧和紧张感对运动情景反应的个性特征，即个体在运动或训练中对当前或预计到的具有潜在威胁的情景产生的担忧倾向（图10－1）。在心理上体现为不安、忧虑、焦急、恐惧的情绪状态，在生理上则伴随有唤醒水平的增高。其主要特点是具有不同的强度和随时间的推移而不断变化。个体的心理状态、情绪变化与调整、优异成绩的取得都与运动焦虑有关，而体育比赛的不确定性是运动焦虑产生的根源。

运动员的焦虑水平可以通过一些心理量表进行测量。测量特质焦虑和状态焦虑比较通用的量表有“斯皮尔伯格的特质焦虑量表（TAI）”、“斯皮尔伯格的状态焦虑量表（SAI）”、“运动竞赛焦虑测验（SCAT）”、“竞赛状态焦虑量表（CSAI）”以及“运动焦虑量表（SAS）”等。

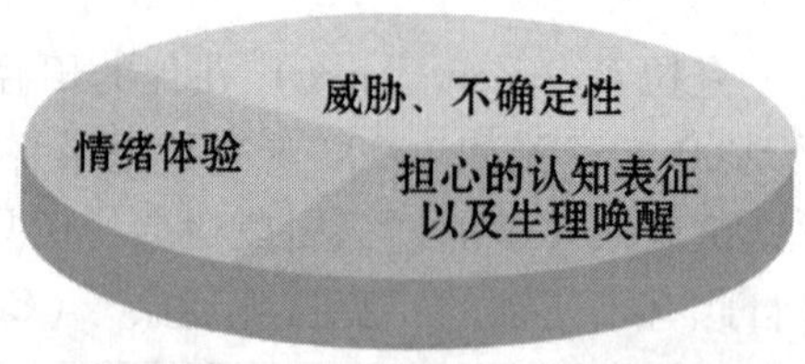

图10－1　焦虑状态含三种主要成分

（二）唤醒水平及对比赛成绩的影响

焦虑既可能导致运动员在比赛时失去控制，不能充分发挥应有水平，也可能促使运动员更有信心地参加比赛。正常的焦虑强度适中，可以激发人的斗志，调动个体的生理和心理潜能，促使运动员获得更好的成绩。神经过敏性焦虑则是人对某种预期威胁作出一种过分担忧和恐慌的反应，它对运动员的竞赛成绩有十分消极的影响。

在体育运动中，各个项目对运动员焦虑水平的要求不同。马霍尼（Mahoney，1979）提出，单一力量性任务如举重，可从高水平的唤醒或焦虑中获益，而许多认知性任务，像高尔夫球，即便是中等水平的焦虑体验也会造成不利影响。

现在看来，对抗性强的项目、以体能为主的项目要求运动焦虑水平高一点，即最佳唤醒水平要求处于较高的位置。因为，项目的特点本身要求运动员要发挥自己的兴奋能力（量），提高运动水平，如拳击、柔道、足球等。但是，对于技能成分要多的运动项目就要求运动员焦虑水平偏低，最佳唤醒水平要求处于较低的位置。因为，它要求运动员要保持大脑高度集中、冷静，小肌肉群精细调节、协调配合，如体操、射箭、射击、棋牌、台球等项目。

同时唤醒水平会影响运动员的注意范围，从而影响运动员专项动作的完成。唤醒增强会使运动员的注意范围缩小，唤醒减弱会扩大运动员的注意范围。如排球的二传手必须特别注意比赛的所有情况，如果他的视野不够宽，就会对他的传球选择很不利，因此需要较弱的唤醒。而跳远运动员要完成专项动作时，就需要加强唤醒水平，把注意范围缩小。

（三）运动员焦虑状态产生的原因

体育比赛是高度竞争和高度对抗的竞技运动，在比赛之前和比赛之中，运动员承受着重大的心理压力，处于高度紧张状态，很容易诱发焦虑心理。目前，国内外对运动员焦虑状态影响因素的研究呈现多样化态势。

恩德勒（Endler，1978，1983）认为有5种特殊的前因或因素导致人在参加竞赛时焦虑升高。

1. 对失败的恐惧：害怕被实力不如自己的对手打败会对运动员的自我评定产生威胁，害怕失败后必须承担重大责任。

2. 对社会消极评价的恐惧：害怕被成千上万的观众及父母、同伴、领导、新闻媒介等评价为不好，而使运动员的自尊心产生威胁。

3. 对受伤的恐惧：害怕运动中伤害事故的发生，尤其是完成高难度动作及危险动作时，会对运动员产生很严重的威胁。

4. 情况不明：运动员不知道是否该开始比赛了，这种等待有时也会产生应激。

5. 常规被打破：不让练习或不给提醒就要求运动员改变做事的方式也会对运动员产生威胁。

人格变量也被认为是竞赛焦虑的前因或者预测指标。这些指标包括竞赛特质焦虑、目标定向和完美主义。在高尔夫比赛中，人们发现那些竞争特质焦虑高的人在进入比赛环境之前，就表现出较高的状态焦虑（Marchant 等，1998）。哈尔、凯尔和马修斯（Hall，Kerr and Matthews，1998）观察到，自我目标定向高的选手相对于目标定向低的运动员的赛前状态焦虑要高一些。完美主义者经常给自己设定特别高的表现标准。

（四）减缓赛前焦虑的方法

目前，已有一些较为普及的方法，用来减缓运动员赛前焦虑程度。如瑜伽术、不同类型的沉思法、催眠术及其自我催眠之类，其中系统脱敏法是常用的一种重要方法。

系统脱敏训练（或称敏感递减训练）（systematic desensitization training）是心理治疗中的行为方法之一，适用于特殊领域的焦虑或恐惧症，其理论依据主要是沃尔普等人（Wolpe，1958，1985）提出的相互抑制原则。沃尔普认为，神经习惯是在引起焦虑刺激的情况下产生一种与焦虑不相容的反应，比如放松、自信等，那么刺激与焦虑反应之间的联系必将减弱，他称这个过程为相互抑制。一个人不能同时既紧张又放松，处于完全放松状态时，本来可引起焦虑的刺激也会失去作用，即对此刺激脱敏了。

在体育运动领域运用系统脱敏技术，可以帮助运动员解决一些情绪问题，如赛前焦虑。这种调节方法是在运动员处于松弛状态时，进行由轻到重的假想刺激情景。使运动员在想象中产生焦虑情境时，逐渐减弱直至不再体验到生理的唤醒。这种方法可以使运动员对焦虑情境脱敏，以期当面对真实的引起焦虑的情境时能够自我调节。

二、动机与运动员参赛

（一）动机与分类

动机（motivation）是推动一个人进行活动的心理动因或内部动力，是在人的需要基础上产生的，是指能引起并维持人的活动，将该活动导向一定目标，以满足个体的念头、愿望或理想等。动机是个体的内在过程，行为是这种内在过程的结果。

运动心理学中，运动动机是指运动员在运动场上发动或抑制运动行为的内在原因，它是各类竞技运动中领队、教练员、运动员十分关心的问题。随着运动竞争的日益激烈，运动动机的研究更加受到重视。研究表明，运动动机强度与运动成绩呈倒 U 型曲线关系，即中等偏上强度的动机更有利于运动成绩的提高，而动机强度过高或过低，运动成绩均不好。

动机根据来源可以分为外部动机和内部动机。外部动机以社会性需要为基础，人通过某种活动获得相应的外部奖励或避免受到惩罚以满足自己的社会性需要。如某运动员参加体育运动可能是为了获取赞扬和公众的承认或是为了奖杯和奖金等。内部动机以生物性需要为基础，通过积极参加某种活动，应对各种挑战，从中展示自己的能力，实现自身的价值，体验到莫大的快乐和效能感。如某运动员热爱自己的专项，参赛是为了一种内在的自尊，训练是为了迎接身体挑战时产生的兴奋感以及能力不断提高的满足感等。

（二）物质奖励与运动员比赛动机

动机既可以从内部被激发，也可以从外部被激发。强化是指出现可接受的行为时，或者给予奖励，或者撤除消极刺激的过程。正确的强化，是主要从外部激发动机的方法。如果运用得当，强化不仅可以激发外部动机，也有利于内部动机的培养。如果运用不当，强化则可能既破坏内部动机，又破坏外部动机。

1. 内部奖励与外部奖励

内在动机是一种要求自己在困难的挑战面前感到有能力、能作出决定的先天性需要，它潜伏于人的多种行为，包括探究活动、学习甚至游戏活动中，它激起人们去寻求并努力征服一系列对其能力来说是最理想或最合适的挑战。

物质奖励是一种外部动机，它对运动员的运动行为起着巨大的驱动作用。对为国家、集体争得荣誉的运动员给予一定的物质奖励是十分必要的，这既是我国当前市场经济形势的需要，又可促进竞争机制的形成。但运动员赛前对奖金等物质奖励手段看得过重反而会影响运动成绩的正常发挥，即奖励制度对内部动机产生了负面的破坏性作用。当运动员孤注一掷地将在奥运会或相应世界大赛上取得好成绩作为运动生涯的唯一目标，一旦功成名就，下半生衣食无忧，就很难再有继续奋斗的动力。

2. 德西效应

美国心理学家爱德华·德西（1971）进行过一项有趣的实验：他让学生在实验室里解答一组有趣味的智力题，不动脑筋还难以回答。德西把被试学生随机分成两组：实验组和控制组，同时在不同的教室进行。实验组的学生每做完一道题便可得到1美元的报酬，而控制组的学生做完后无任何奖励。观察发现，控制组的学生在实验休息时继续解题的人数明显多于实验组，时间越长，这种反差就越显著。由此，这位心理学家得出结论：当一个人正对活动充满兴趣时，给他提供外部的物质奖励，反而会减少这项活动的吸引力。这就是著名的德西效应（Westerners effect）。

因为有很多人比“外在附加奖励”更看重“内在的成功”，当这些人从事有内在兴趣的工作而取得好成绩时，会体验到由衷的满足感和成功感。当转而体验“外在附加奖励”时，会减弱其内在的满足与成功感，即当奖励不当时会产生使内在动机削弱的效应。

心理学的进一步深入研究发现：真正影响行为自我激发和调节的是人们对行为的自主性或控制性意识。奖金、奖品一类的外部奖励由于其携带的控制功能很强，限制了人的自主性动机，往往会对内部动机产生破坏性影响。在竞技体育这样高竞争、高压力的职业里，将运动员的自尊心、生活目标和比赛成绩挂钩，提供重奖和施加比赛压力，其他的外部手段虽然具有很强的激发动机的作用；但这些外部促进动机因素被广泛地用来控制人，使运动员感到自我决策权极大地下降时，其参加体育活动的内部动机也将下降。

“德西效应”及相关理论对我们的启示是：社会应该对运动员的奖励有正确的态度。如果奖励得当，外部奖励可激发运动员的正确行为，并促使外部动机向内部动机转化；但是，如果物质奖励成为主要的，甚至是唯一的驱动运动员参加竞赛活动的手段，那么“德西效应”就可能会出现。鼓励运动员进步的方法很多，而提供机会让他们充分发挥才干和体现自身价值远比一味地盲目物质奖励更有效果。

（三）运动员的学习定向与成就动机

Dweck（1986）提出，人们成就行为所追求的目标往往有两种：一种是学习目标，一种是表现目标。追求学习目标的人，一方面追求工作成功，另一方面追求自我成长。这类人成功了，自然会有成就感；失败了，也会从中学到知识、锻炼能力。追求表现目标的人，所追求的并非真正是工作的成功，而是借这种成功表现自己，博得他人的好评。

对于每个人而言都或多或少地存在学习定向和成绩定向两种成就动机，但是研究表明如果一个人更多地定向于任务的学习或过程，而更少地定向于学习的结果，即取得的成绩，那么他就更易于取得成功。

郝芳、刘淑慧（2003）认为初级射击运动员往往比较年轻，没有足够的大赛经验，有待升入高一级的运动队，因此在比赛的过程中，比较注重取得优异的成绩。随着年龄的增加，运动员更注重对任务的学习，表现在态度、行为控制、情绪、注意和自信心各个方面。高级射击运动员往往年龄较高，有着丰富大赛比赛经验，已经体验过比赛所带来的酸甜苦辣，并能充分地在自己的运动事业上定位，他们更注重任务的学习，而比较少地关注成绩。

成就动机是一种追求成功或成功地达到某种卓越水平的心理动力，它是激发人们投入各种竞争的最基本的原动力，是一种内部动机。此动机强者会积极进行身心动员，勇于克服困难，不过多计较外在的奖励，不过分苛求外界条件，而能认真训练，对适度难度的任务具有挑战欲，也喜欢接受他人的挑战，全力以赴地追求成功；相反此动机弱者，往往缺乏克服困难的精神、想赢怕输心理严重、焦虑水平高，不愿当众表现，害怕对手挑战，挫折耐受力差。

成就动机的强度与一个人的自我概念的高低有关。成就动机水平不同的人在完成任务和选择目标上有不同的行为表现。成就动机高的人往往通过各种活动努力提高自尊心和心理上的满足；成就动机低的人则常通过各种活动防止自尊心受伤害和产生心理烦恼。

三、人格与个性心理特征测量

（一）人格与个性心理

人格（personality）是个人独特的内在的动力组织及其个人相应的行为模式。个性是指具有一定倾向性的比较稳定的心理特征的总和。

个性心理指一个人在社会生活实践中形成的相对稳定的各种心理现象的总和。它包括个性倾向性（mental inclination of individual）和个性心理特征（individual mental characteristics）两方面。

（1）个性倾向性是关于人的行为活动动力方面的心理特征，包括需要、动机、兴趣、理想、信念、世界观、自我意识等。

（2）个性心理特征是个人身上经常表现出来的稳定的心理特征。它集中反映了人的心理活动的独特性，包括能力、气质和性格等。

（二）人格的个性心理特征测量

目前广为流传的各种人格测验主要是特质学派（trait approach）理论和实践发展的产物。所谓特质是个体有别于他人的基本特性，是人格的有效组成元素，也是测定人格常用的基本单位。

罗伯特·卡特尔（Robert Cattell，1965）认为人格是由16种特质构成，并设计编制了《卡特尔16种人格因素问卷》（16PF），以测量人格特征。他认为每个人身上都具备这16种人格特质因素，只是不同的人表现的程度不同；人格的差异主要表现在量上的差异。这16种因素分别是：乐群性、聪慧性、稳定性、恃强性、兴奋性、有恒性、敢为性、敏感性、怀疑性、幻想性、世故性、忧虑性、实验性、独立性、自律性、紧张性等。

经过漫长的探索，诺曼（Norman，1963）等一批人格心理学家逐渐达成共识，认为人格维度具有5个特质因素，分别是：神经质（neuroticism）、外倾性（extraversion）、开放性（openness to experience）、随和性（agreeableness）和意识性（conscientiousness）。

（三）运动员个性心理特征

运动心理学研究中，运动员的个性研究是首先受到系统研究的一个领域。20世纪40~70年代运动员个性心理特征研究一度成为运动心理学研究的主流。研究内容包括主要探讨优秀运动员的个性特征模式，个性特征模式与运动项目的关系，运动比赛与运动员个性的改变，运动员与非运动员，男、女运动员个性特征的差异，个性测试工具的有效性等问题。但是自80年代以后，个性研究所占比例明显减少。

研究发现，不同运动项目的运动员往往具有不同的人格特征，如集体项目运动员的人格特征与个人项目有所不同。集体项目的运动员更为焦虑、外向，信赖性更强，更为警觉、客观，但更不敏感、更少想象力。身体接触性运动项目（如篮球、橄榄球、足球等）运动员比非身体接触性运动项目（如排球、棒球等）独立性更强、自我的力量更弱。科洛尔和克伦肖（Kroll & Crenshaw，1970）利用16PF测试发现，橄榄球运动员与摔跤运动员的人格特征相似，体操运动员与其有所不同。

张力为、陶志翔、孙红标（1994）用16PF进行的研究发现，游泳运动员在聪慧性上的得分高于划船运动员和排球运动员；在稳定性上的得分低于划船、短跑和射击运动员；在兴奋性上的得分低于跳水运动员；在怀疑性上的得分低于划船、篮球、排球和射击运动员；在幻想性上的得分高于篮球运动员但低于排球运动员；在世故性上的得分低于射击运动员；在实验性上的得分高于跳水运动员，在独立性和自制性上的得分低于射击运动员。

来自不同国家和地区的运动员的人格特征之间也还是有些差异的。如方兴初、周家骥（1986）对上海地区20名世界冠军、世界记录创造者进行了16PF测验，并与美国伊利诺州大学人格及能力测验研究所用16PF测验世界性运动会的美国优胜选手所得结果进行比较。发现美国运动员较为敏感，易感情冲动，中国运动员则较能理智地处理问题；但美国运动员比中国运动员更多自信，更少焦虑。

（四）运动员人格研究的应用

有研究认为单纯的个性测验和描述，已无法满足运动心理学发展的需要，导致个性的研究减少。现在关于运动员人格的研究从描述性和预测性研究转向干预性和控制性研究；并从传统的个性评估转向行为评估。

目前对于运动员人格的研究主要应用于运动员的心理选材和心理咨询。

1. 人格评价与心理选材：所谓心理选材是指采用心理学的指标和方法，将具有发展潜能的人选入运动员训练体系的过程。了解运动员的人格特征，区分不同项目运动员之间的人格差异，可以使我们在科学的基础上预测运动员的行为，为运动员的选材提供参照系。

2. 人格评价与心理咨询：对运动员个性心理特征的评定是开展心理咨询和心理训练工作的第一步。咨询员首先需要全面地了解和把握咨询对象的背景情况，如发展状况、心理状况、训练比赛状况、人际关系状况以及健康状况。人格测验则是常用的一种分析和掌握咨询对象心理状况的工具。

四、感觉、知觉与运动训练

（一）感觉、知觉与专门化知觉

感觉（feeling，sensation）是指人脑对直接作用于感觉器官的事物的个别属性反映。知觉（perception）是指人脑对直接作用于感觉器官的事物的整体反映。

感觉和知觉既有区别，又有联系。感觉和知觉是不同的心理过程，感觉反映的是事物的个别属性，知觉反映的是事物的整体，即事物的各种不同属性、各个部分及其相互关系；感觉仅依赖个别感觉器官的活动，而知觉依赖多种感觉器官的联合活动。

运动技能的形成也是由感、知觉开始的。准确协调的运动技术是以高度分化的运动感、知觉为基础而实现的。各种感、知觉复合在一起使我们感知自身的运动、姿势以及身体内部器官的工作情况。运动员经长期专项训练所形成的一种以精细的主体运动知觉为主的复合知觉称为运动专门化知觉。它既包括外部知觉，也包括内部知觉。它是对器械、场地、运动媒介物质以及专项运动的时间、空间特性等做出高度敏锐和精确分化的识别和觉察。

（二）专门化知觉与运动训练

不同水平的运动员其专项的专门化运动知觉水平不同。改善运动员的专门化运动知觉，也是运动技能心理训练的核心内容。

王赞、刘兴（2006）报道优秀的蹦床运动员与中等水平运动员相比，平衡觉、用力准确性、时空判断和简单反应时等指标更为优秀，说明部分感、知觉能力与运动员的竞技水平有着相互促进的关系。平衡觉和用力准确性对蹦床运动员的技术发展和成绩稳定起着重要的作用，是运动员发展更高难度动作、表现更完美的动作艺术、获得理想的运动成绩应具备的感、知觉能力。在蹦床训练中，运动员感、知觉水平的优劣与伤病的发生也有着紧密的联系，如果运动员专门化感、知觉能力不够准确，肌肉的用力感及运动的节奏感被打破，就会导致着网不准和伤病事故的发生。

自由式滑雪空中技巧要求运动员具备良好的助滑速度知觉、空中翻转的空间知觉、着陆的平衡知觉等等（周成林，2004）。这些良好的知觉，要在平时严格的训练及紧张的比赛中，在教练员的指导下，才能逐渐形成，运动员良好的感知觉为安全训练和比赛成功提供了保障。周成林（2004）曾对自由式滑雪空中技巧运动员在助滑阶段的速度知觉进行测试，帮助运动员寻找出最佳的助滑速度的知觉阈，并且在训练中运用运动最优化反馈控制技术，使运动员每次练习尽量控制在最佳的知觉阈内，改善运动员的专门速度知觉，提高运动员的测速能力，从而使运动员的成绩得到明显提高。

苏联学者拉托夫认为运动员要提高运动速度，就必须打破现有速度的感觉，建立一个新的、更高速度的动作感觉，力量才有可能发挥出来。他在跑道和泳道上空架设专门的设施，放下一根绳子挂在运动员的身上，绳子可随运动员向前运动，目的是减轻一点运动员的体重，使他现有的肌肉力量能获得更高的速度，获得一个新的、高于他原来速度的动作感觉。当新的动作感觉完全建立和巩固后，逐步减少外力帮助，直至最后恢复到运动员最初的体重。该理论和实践强调动作感觉的重要性。在这种理论和方法的指导下，诞生了一批世界冠军（张力为、毛志雄，2004）。这一经典的操作提示：提高运动技术水平应该重视运动专项感知觉的训练，为设计和制定科学心理训练方法指出新的思路。它是对传统的大负荷、超量恢复、机械重复的运动训练理念的挑战。

第三节　运动员心理训练与心理咨询

现代运动的特点是运动成绩快速增长，运动员之间的技术水平愈益接近，运动竞技更加激烈。竞赛双方技术、战术、身体素质等方面势均力敌时，胜负往往取决于心理因素。

也就是说，运动员体能、技术的发挥、最佳竞技状态的获得以及战术的运用均应以良好的心理训练（psychological training，mental training）为基础。

我国运动心理学家紧密结合运动员、教练员参加奥运会、亚运会和全运会的比赛实践，在高水平运动员心理训练领域进行了长期的、富有开创性的探索，取得了丰硕的成果。优势运动项目如国家射击队、国家跳水队等都有心理学专家常年进行运动员心理技能训练的辅导工作，为运动员优异成绩的取得打下了坚实的基础（姚家新等，2008）。

一、运动员心理训练

获得理想竞技表现是所有运动训练与体育比赛的目标，也是运动员心理训练的现实目标。

运动心理技能训练是有目的、有计划地对运动员的心理过程和个性心理特征施加影响的过程，其目的是采用特殊的方法和手段使运动员学会调节和控制自己的心理状态，进而调节和控制自己的运动行为，争取在比赛中达到和保持最佳竞技状态。

（一）运动心理技能训练的组成

早在19世纪末、20世纪初就有运动心理技能训练的研究，如Jastrow早在1892年就发现了表象过程中有肌肉的活动现象。经过一个世纪的实验与研究，运动心理技能训练有了很大的发展和丰富的内容。目前普遍应用的运动心理技能训练的技术主要有：放松训练、表象训练、注意力集中训练、目标设置训练、系统脱敏训练、模拟训练、生物反馈训练等。主要是有行为矫正和认知调整两大方面。

（二）放松训练

放松训练（relaxation training）是以暗示语集中注意，调节呼吸，使肌肉得到充分放松，从而调节中枢神经系统兴奋性的过程（张力为、毛志雄，2004）。目前普遍采用的有渐进性放松方法、自生放松方法和松静气功法等。

其中自生放松（autogenic relaxation）是一种通过暗示语使身体各部位直接放松，最后达到全身放松的方法。自生放松强调的是呼吸调节、温暖感和沉重感。

渐进放松（progressive relaxation）是一种通过暗示语使身体各部位先紧张再放松、最后达到全身放松的方法。渐进放松强调的是肌肉不同程度的紧张和放松的准确体验。

（三）表象训练

表象（imagery）是人脑对过去感知过的事物形象的反映。表象具有直观性和概括性。与之类似的概念，想象（imagination）是利用已有的事物形象，在头脑中形成新形象的过程叫想象。想象的材料来源于客观事实，同时是新形象的创造过程。

运动表象（motion imagery）指在运动感知的基础上，在大脑中重现出的动作形象或运动情境。运动表象反映运动动作在时间、空间和力量方面的特点，如对身体的位置，动作的幅度、方向、速度的表象。

表象训练（imagery training）是体育运动领域最为普遍的一种心理技能训练，被视为心理技能训练的核心环节。它是在暗示语的指导下，在头脑中反复想象某种运动动作或运动情境，从而提高运动技能和情绪控制能力的过程（张力为、毛志雄，2004）。表象训练有利于建立和巩固正确动作的动力定型，有助于加快动作的熟练和加深动作记忆；测验前或比赛前对于成功动作表象的体验将起到动员的作用，使运动员充满必胜的信心，达到最佳竞技状态。

身体任何部位的肌肉出现紧张，都会影响表象的清晰性，因此，表象练习一般从放松练习开始。下面是一个乒乓球运动员进行表象练习的自我指示语（张力为、毛志雄，2004）：

1. 自然放松5分钟。

2. 活化动员：我已得到了充分的休息。我的头脑清醒，注意集中，全身充满力量，准备投入新的工作。

3. 表象练习：我正在清晰地想象训练的情境。先看优秀运动员正手攻球的动作，第一板，第二板，第三板……第三十板。现在，我准备练习正手攻球。我可以清晰地想象出场地、灯光、球台、同伴、教练以及各种声音。教练正站在对面给我发球，我应特别注意向优秀运动员学习，调整好引拍和挥拍方向、用力程度、击球部位、重心交换、步法移动、放松和紧张的配合以及还原动作。第一板，第二板，第三板……第一百五十板。

（四）生物反馈训练

生物反馈训练（biofeedback training）是指使用仪器来帮助人们控制自主神经系统的反应。利用生物反馈训练可以控制人的生理反应，降低运动时的焦虑，增加工作肌肉强度，减少痛苦、疲劳和调节心率，以提高运动效果。

在进行生物反馈训练时，主训者通过诱导性的语言使练习者产生各种相应的感觉或知觉，同时利用相关的仪器来显示练习者相应的生理信号，然后再利用视频影像或声频信息反馈给练习者。使用的仪器可以是肌电图（EMG）、皮肤温度、皮肤电流阻抗、脑电图（EEG）、心率（heart rate，HR）以及血压（blood pressure，BP）等。

例如，训练者通过监控自己的心跳，并利用各种想法、感觉和知觉来使心跳频率减慢。一旦训练者学会辨认心跳频率减慢的感觉，就可以脱离仪器，在没有仪器帮助的情况下控制心跳（考克斯著，张力为等译，2003）。

当生物反馈训练结合其他的心理技能训练，如放松训练、表象训练时可以增强心理技能训练的效果。Blumenstein、Bar - Eli 和 Tenenbaum（1995）研究发现100米短跑运动员进行生物反馈训练和心理技能训练整合在一起时，会比仅使用单独一种方法更有效果。

二、心理咨询与运动员认知调控

运动中的“克拉克现象”是运动员在赛场上出乎意料失败的现象。从心理学的理论分析，此现象产生的根本原因是由于比赛中心理状态的破坏（不良认知）而导致行为的失常所造成的。要想解决这一问题，要从完善运动员的认知入手进而调控不良行为。

（一）心理咨询的目的

运动员心理咨询（psychological consultation，psychological counseling）的对象，主要是那些在应对日常训练、比赛、人际关系和生活环境中的压力和任务方面产生暂时的心理状态变动而需要帮助的心理正常的运动员。

运动员心理咨询的目的在于运用心理学的方法和手段帮助运动员提高认知水平，减缓或消除运动员的消极心理状态，消除心理疲劳、促进伤病的心理康复，增强自信心，形成最佳竞技状态，促进运动员人格的完善，增进心理健康发展，挖掘运动员的潜能，提高运动水平，延续运动生涯。

运动员心理咨询重视在运动员成长过程中可能出现的障碍问题的早期发现和预防，强调导前性、预防性；既采用个别咨询的方式，也经常采用集体辅导、小组咨询的方式，个别咨询与团体辅导相结合的方式。

（三）心理咨询理论依据

20 世纪 50 年代，美国学者阿尔伯特·艾利斯（A. Ellis）提出了 ABC 理论。ABC 理论认为人的情绪和行为障碍不是由于某一激发事件（activating events，A）直接所引起，而是由于经受这一事件的个体对它不正确的认知和评价所引起的信念（beliefs，B），最后导致在特定情景下的情绪和行为后果（consequences，C），这就称为 ABC 理论。通常认为情绪和行为后果的反应直接由激发事件所引起，即 A 引起 C，而 ABC 理论则认为 A 只是 C 的间接原因，B 即个体对 A 的认知和评价而产生的信念才是直接的原因。

对于运动员在竞赛期间，诱发事件 A 是将影响运动员竞赛成绩的因素，如：比赛结果、技术和战术、动机及目标取向、心理适应能力、身体素质、伤病、体能、比赛经验及训练年限；教练员的技战术安排、教练员的关心程度、教练员对成绩的要求；对手实力、社会支持、队友评价、裁判员判罚、比赛现场的条件等等各方面的因素。信念 B 是运动员认知观念，是运动员在比赛过程中与各种社会因素和场地、天气等客观因素交互作用的过程中产生和发展的想法等。结果 C 指由运动员产生的合理或不合理认知观念所导致的情绪反应。

根据 Ellis 提出的 ABC 理论，一般认为在比赛过程中，使运动员产生情绪变化进而影响运动水平发挥的直接原因，不是运动员面对的影响竞赛成绩的因素本身，而是对这些因素所持的认知观念。

（三）不良认知与纠正

不合理信念的几个特征是：绝对化的要求、过分概括化、糟糕至极。在运动心理学的研究中，Schienberg（2003）研究总结了运动员不合理认知观念的 8 个特征（表 10－1）。

表 10－1　运动员不合理认知观念的特征表现一览表

	不合理认知观念	特征表现
1.	十全十美（perfectionism）	过分要求完美，把失败归于极端消极的结果，害怕失败的并发症。
2.	灾难化（catastrophizing）	相信已经发生的或者即将发生的事情十分糟糕和难以忍受，以至于自己不能够承受它（如"如果我失败了，那将太可怕了"）。
3.	成就决定自我价值（self－worth depends upon achievement）	直接把自我价值等同于竞技成绩，在比赛中产生压力，进而产生低水平和不稳定的自我价值观（如"我不想打败他，因为这只是个地方性的比赛"）。
4.	个人化（personalization）	在每次失败和发生错误的时候，过高估计自己的能力成为思维的趋势（如"如果再给我一次机会，我一定能赢得这场比赛"）。
5.	公平扭曲（fallacy of fairness）	公平的概念经常被理解为"在整个运动队里，自己想成为的与其他人认为的最好的标准是一致的"，导致人际关系的混乱。
6.	责备（blaming）	把失败完全归结于外界原因，拒绝承担改变自己的责任（如"我的表现很好，只是球拍坏了"）。
7.	两极化思维（polarized thinking）	以一种黑白评价的方式来思考问题（如轻击三次球入洞，就认为"我的打球入洞太糟糕了"），不尽完美就是完全失败。
8.	一概而论（one－trial generalizations）	通过一件事情来对将来的事情做出预测和判断或使用"总是"、"从不"这些词语描述（如"我从来没有和裁判发生过争执"）。

（资料来源：Paul Schienberg. Cognitive style and Athletic Performance Part 1：Distortions. Psyched，2003，3（3）. www. psychedonline. com）

（转引自：石岩，岳宝华．运动员认知观念的界定、理论建构及测评方法．体育科学，2007，27（4）：48～54.）

一般说来认知决定了情绪（焦虑）与行为，认知问题解决了，情绪（焦虑）和行为问题可能也会随之得到解决。

合理情绪治疗（rational－emotive therapy，RET）是建立在 ABC 理论基础上的一种认知心理治疗方法。在合理情绪疗法的整个过程中，由于与非理性信念进行辩论（disputing）是帮助病人的主要方法，并获得所设想的疗效（effect），所以由 ABC 理论所建立的本疗法可以五个字头作为其整体模型。即：A（activating events）诱发性事件；B（believes）由 A 引起的信念（对 A 的评价、解释等）；C（emotional and behavioral consequences）情绪和行为的后果；D（disputing irrational believes）与不合理的信念辩论；E（new emotive and behavioral effects）通过治疗达到的新的情绪及行为的治疗效果，即所谓的 ABCDE 法。

一般心理学家在纠正错误认知方面主要通过以下一些方法：

1. 采取步步诱导的苏格拉底对话方式，启发引导来访运动员发现和改正自己的错误认知。

2. 向来访运动员提问。证据是什么？

3. 假设来访运动员的队友有此错误认知。让来访运动员劝解其队友，从而使其本人能以“旁观者清”的角度领悟自己的问题。

4. 表象。是让运动员在安静环境下体验运动情景的具体内容，对内容更清晰；在安全环境下体验恐惧和惊骇感觉，直到这些感觉开始减弱，然后鼓励其用更适当的情感来替代不适当的情绪反应。

5. 以其他优秀运动员为参照点。以与来访运动员有不同观念的优秀运动员的训练或比赛经历说明来访运动员观点的错误。

6. 阅历检验。与来访者一起探讨其信念如何起源，如何维系至今，包括对其在从小训练与比赛的经历，按照来访运动员的不同训练和比赛段进行回顾检查，逐阶段纠正其不合理信念，并尽可能让来访运动员自己做每一阶段的矫正总结。

名　词

克拉克现象、焦虑、唤醒、动机、德西效应、人格、感觉、知觉、表象、想象

复习思考题

1. 动机是如何影响运动员的？
2. 如何进行放松训练？
3. 如何进行生物反馈训练？
4. 不同专项运动员是否具有不同的人格特征？
5. 心理咨询为什么能够改善运动员的心理状态？

主要参考文献

1. 郝芳，刘淑慧. 射击运动员的成就动机特点分析［J］. 首都体育学院学报，2003，15（2）：88－91.

2. 王智，张忠秋，张力为，等. 对我国优秀运动员个性心理特征的研究［C］. 第七届全国体育科学大会，北京：中国体育科学学会，2004.

3. 考克斯著. 运动心理学——概念与应用［M］. 张力为等译. 北京：清华大学出版社，2003.

4. 郭元奇. 关于运用音响助跑节奏模式进行跳远助跑训练的实验研究［J］. 北京体育学院学报，1991，5（3）：522611.

5. 周成林. 自由式滑雪空中技巧运动员主要技术和心理控制研究［J］. 体育科学，2004，24（12）：612－671.

6. 邱芬，姚家新. 现代运动心理技能训练研究现状及未来走向［J］. 武汉体育学院学报，2007，41（2）.

7. 石岩，岳宝华. 运动员认知观念的界定、理论建构及测评方法［J］. 体育科学，2007，27（4）：48－54.

8. 陈丹萍. 体育运动中认知调节训练的理论与应用研究现状探析［J］. 上海体育学院学报，2002（4）.

9. 张力为. 赛前情绪的因素结构及注意特征［M］. 北京：北京体育大学出版社，2001.

10.（美）希尔（Hill，K. L.）著. 运动心理咨询理论——运动心理学系列［M］. 张忠秋等译.

北京：中国轻工业出版社，2005.

11. 姚家新，张力为，李京诚，等. 运动心理学研究进展［J］. 天津体育学院学报，2008，23（1）：1－10.

12. 颜军，陈剑锋. 对我国运动员心理咨询模式的思考［J］. 体育与科学，2007，28（2）：75－78.

13. 王赞，刘兴. 我国女子蹦床运动员感、知觉能力与竞技水平关系研究［J］. 体育科学，2006，26（12）：60－65.

14. 张忠秋. 优秀运动员心理训练实用指南/中国体育教练员参考教材［M］. 北京：人民体育出版社，2007.

中英文对照索引